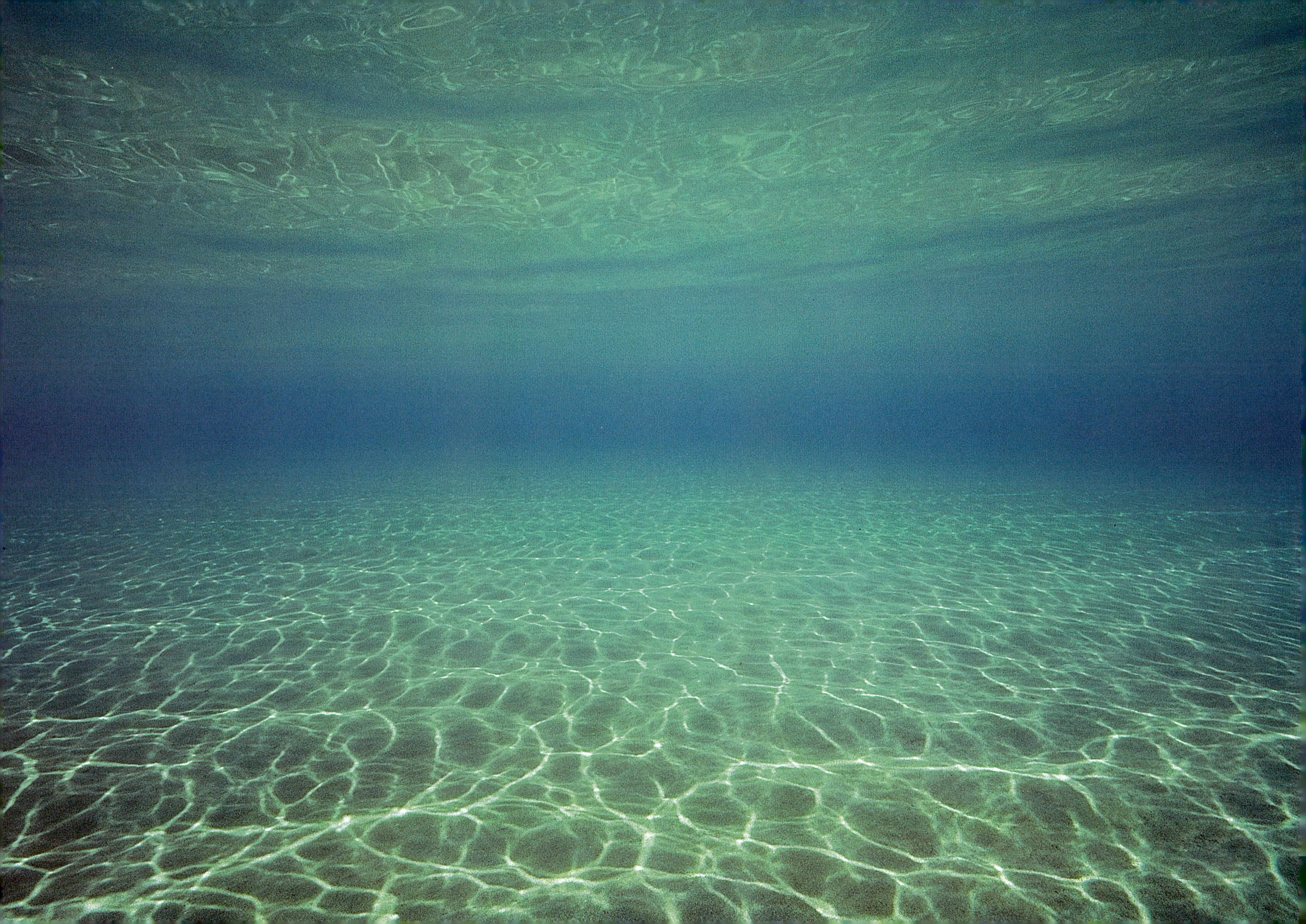

Pagina precedente: Deserto sottomarino, Marsa Mukubella, Egitto, 1980

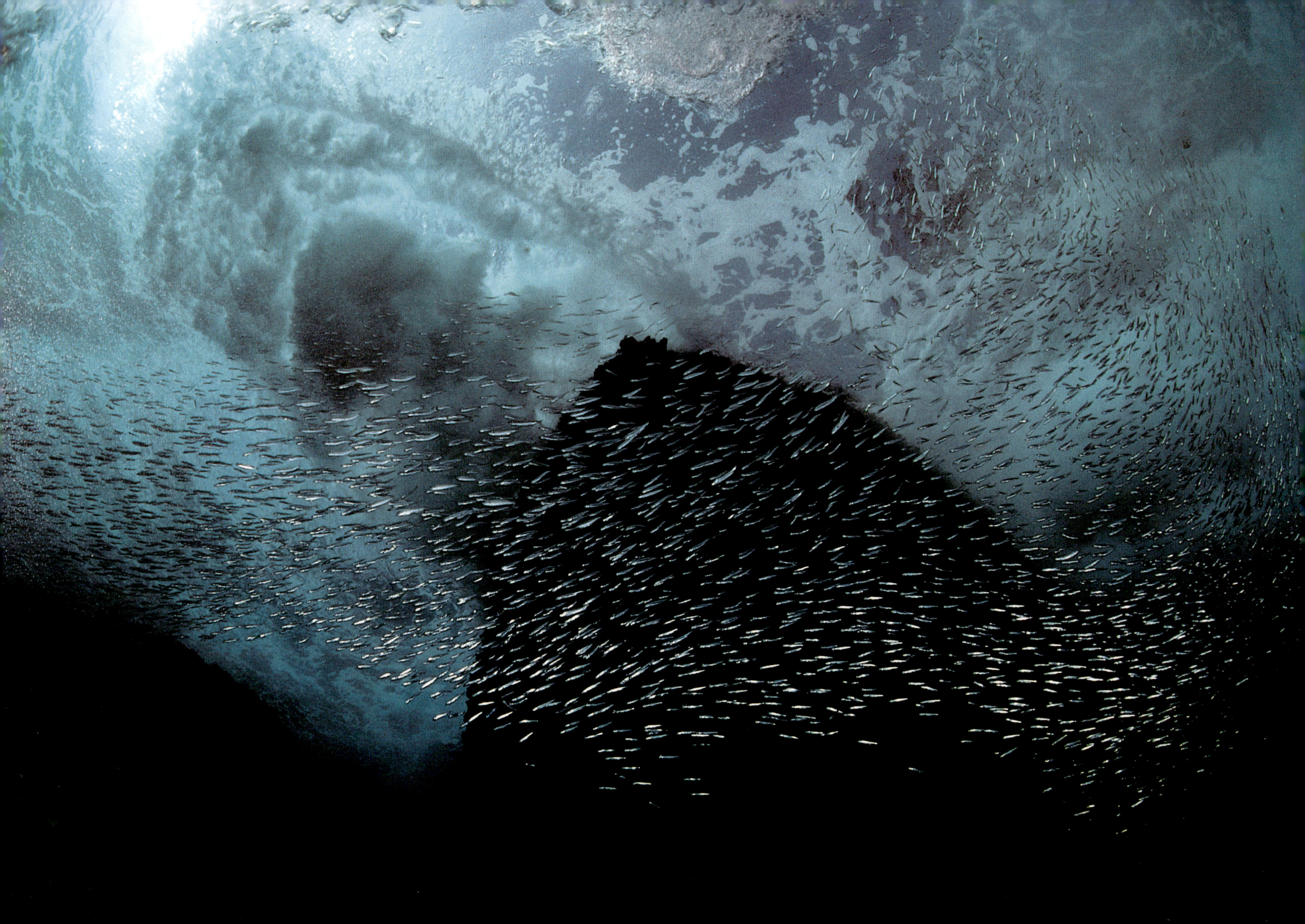

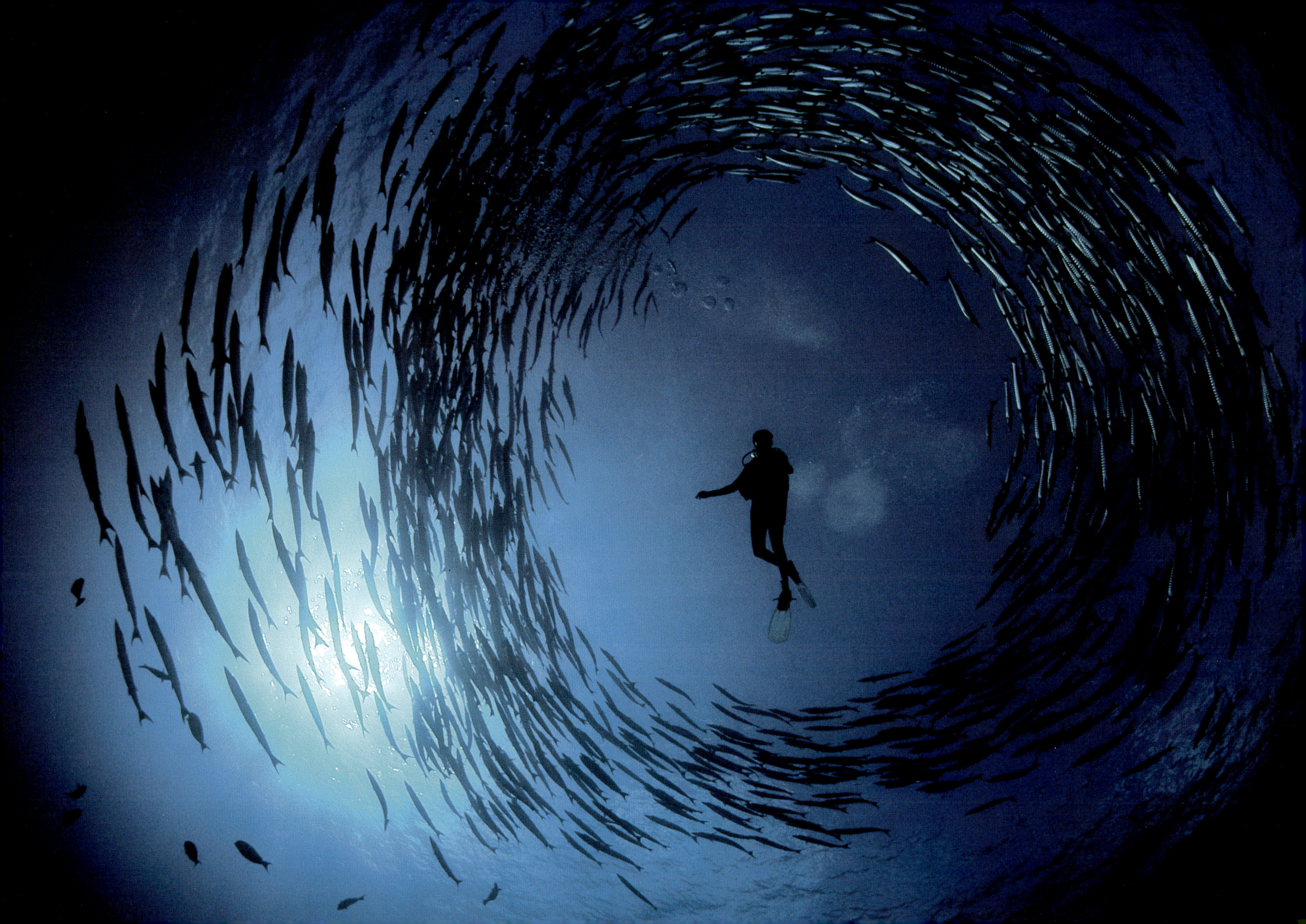

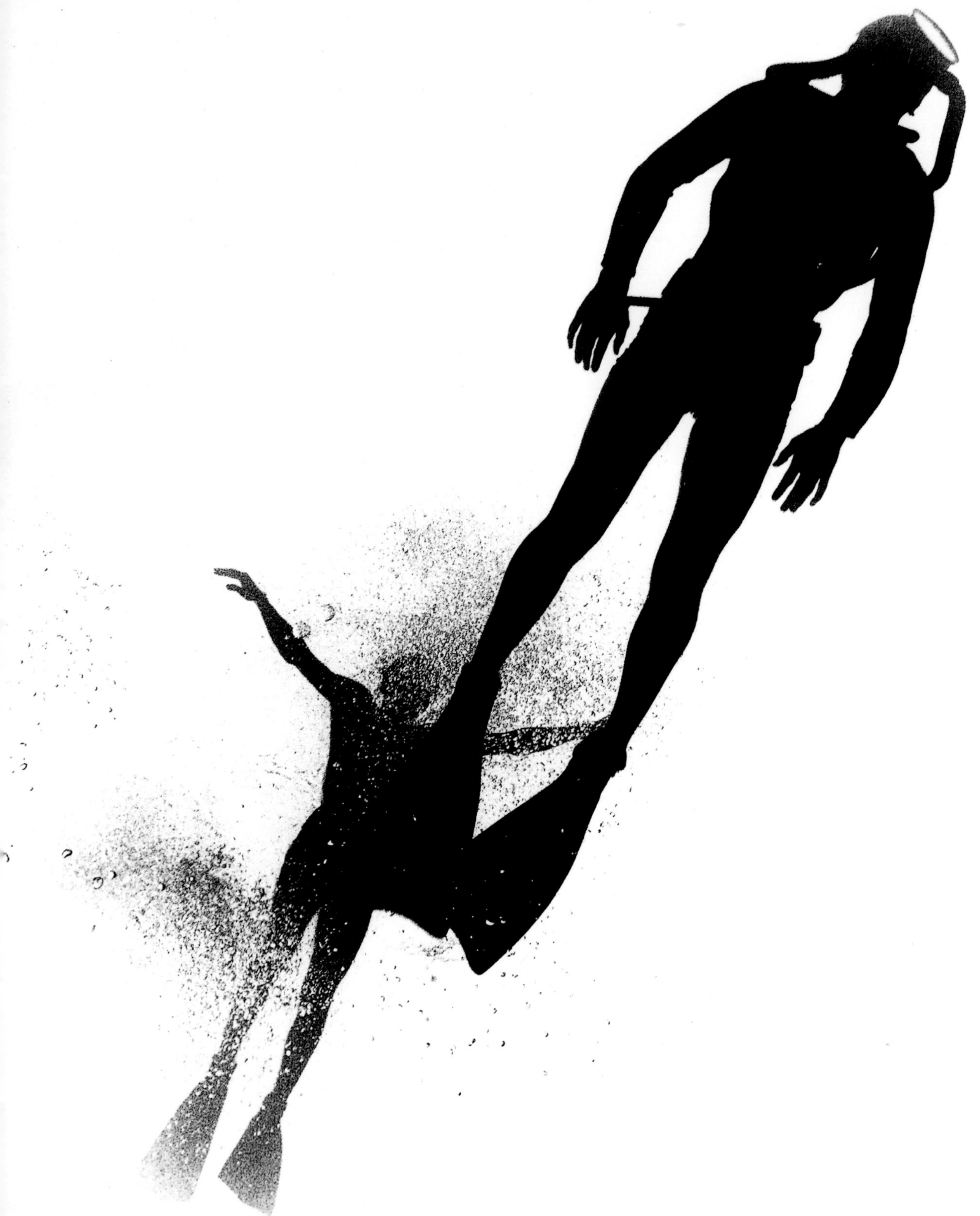

David Doubilet
Acqua Luce Tempo

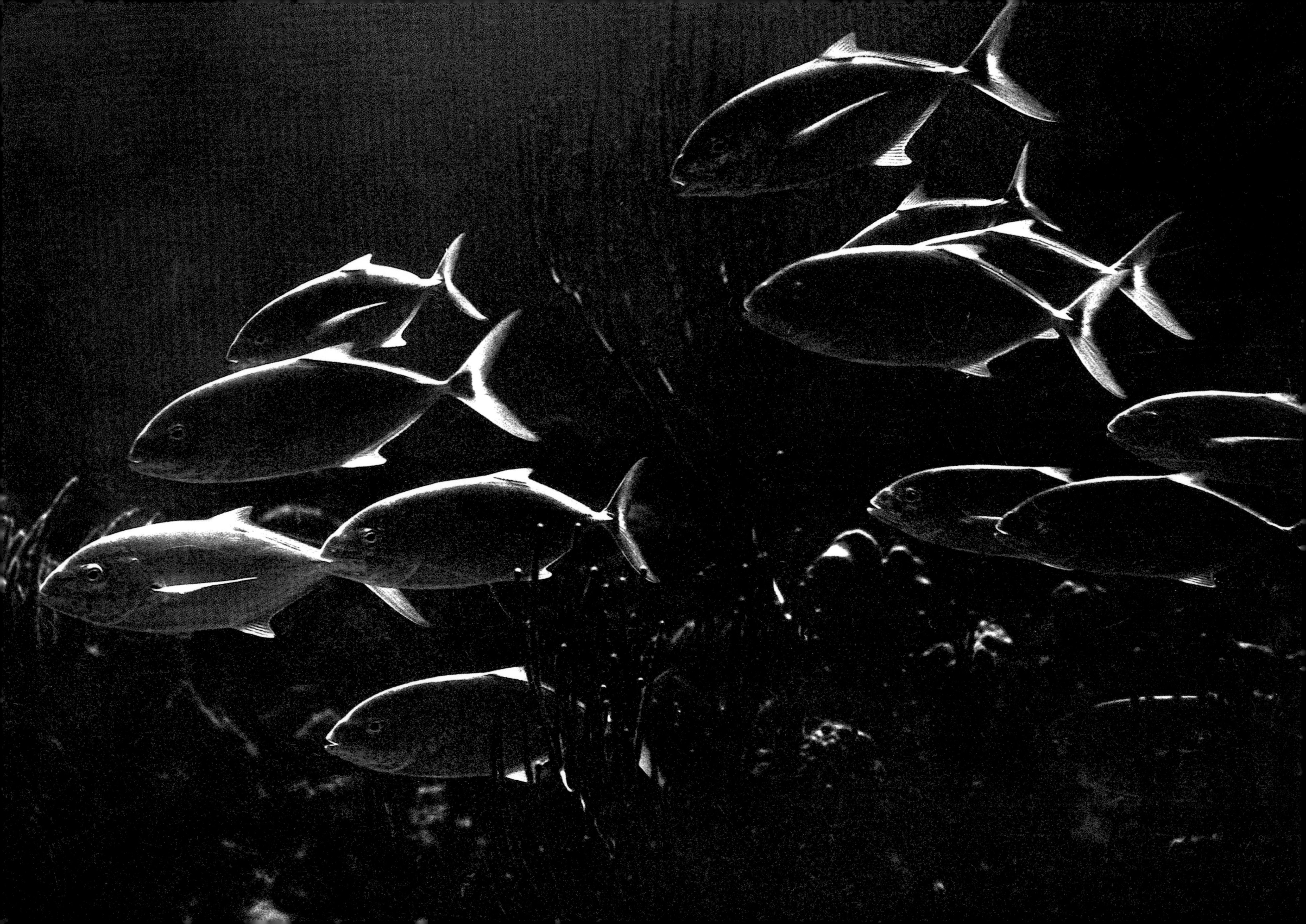

Sotto la superficie

di Graeme Gourlay

Innumerevoli chilometri di pellicola vengono impressionati ogni anno: milioni di persone hanno accesso a macchine fotografiche raffinate ed efficienti. Perfino nelle condizioni tecnicamente difficili e spesso fisicamente ardue dell'ambiente sottomarino, viene scattato ogni giorno un incredibile numero di fotografie. Pochissime di tali immagini eccellono, balzano per così dire dalla pagina al cuore, o comunicano verità essenziali, capaci di aggiungere significati a un mondo complesso e spesso contraddittorio. Eppure l'opera di David Doubilet è riuscita a farci superare quel magico varco in un mondo pressoché sconosciuto. Per oltre trent'anni Doubilet ha riportato da quel mondo immagini talvolta intense, spesso stupende, sempre appassionate. Ha definito criteri a cui oggi altri si attengono e ha aperto gli occhi di una generazione alle meraviglie del mondo marino.

Due temi sono qui strettamente intrecciati: il primo è quello dell'amore e della profonda comprensione di Doubilet per il mare e la vita che lo abita; il secondo è l'impulso, l'energia di un mastro artigiano che conosce a fondo i mezzi espressivi a sua disposizione ed è costantemente alla ricerca di modi con cui potenziarli. Queste forze si nutrono a vicenda e alimentano la vitalità del cinquantaduenne Doubilet. La stessa difficoltà del suo compito rappresenta per lui una sfida: la vastità degli oceani, le complesse leggi fisiche di propagazione della luce nell'acqua; la natura elusiva delle sue prede e i problemi pratici necessariamente legati al lavoro in un ambiente estraneo.

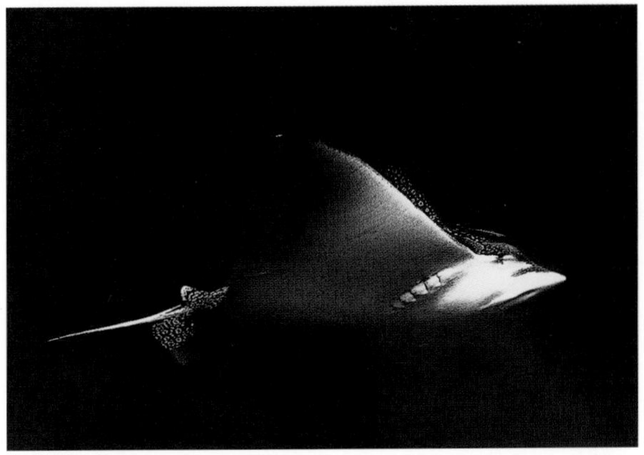

Razza, Andros Island, Bahamas, Indie Occidentali, 1963

Tutto ebbe inizio con l'amore per il nuoto di un bambino asmatico. Debole e ansimante quando si sforzava di salire le montagne e sui campi da gioco, diventava un atleta grazie al sostegno dell'acqua. Liberi dalla gravità, i suoi polmoni riprendevano a funzionare. Si dedicò con passione al nuoto agonistico a livello nazionale, se non proprio olimpionico. Un giorno d'estate, in un campeggio nel nord dello Stato di New York, qualcuno gli prestò una maschera e per la prima volta, all'età di nove anni, guardò sott'acqua.

"Come faceva osservare Jacques Cousteau, guardate sott'acqua e la civiltà scompare 'con un ultimo inchino,'" disse una volta Doubilet. "*Il mondo silenzioso* di Cousteau mi colpì molto quando lo lessi nel 1956. Se vi immergete nel mare e guardate attentamente, vedrete quel fenomeno straordinario che è il lato inferiore della superficie. In realtà è uno specchio e ha un potere ipnotico; la luce lo penetra, in una danza di scintille. Amo questa visione dell'acqua, mi emoziona profon-

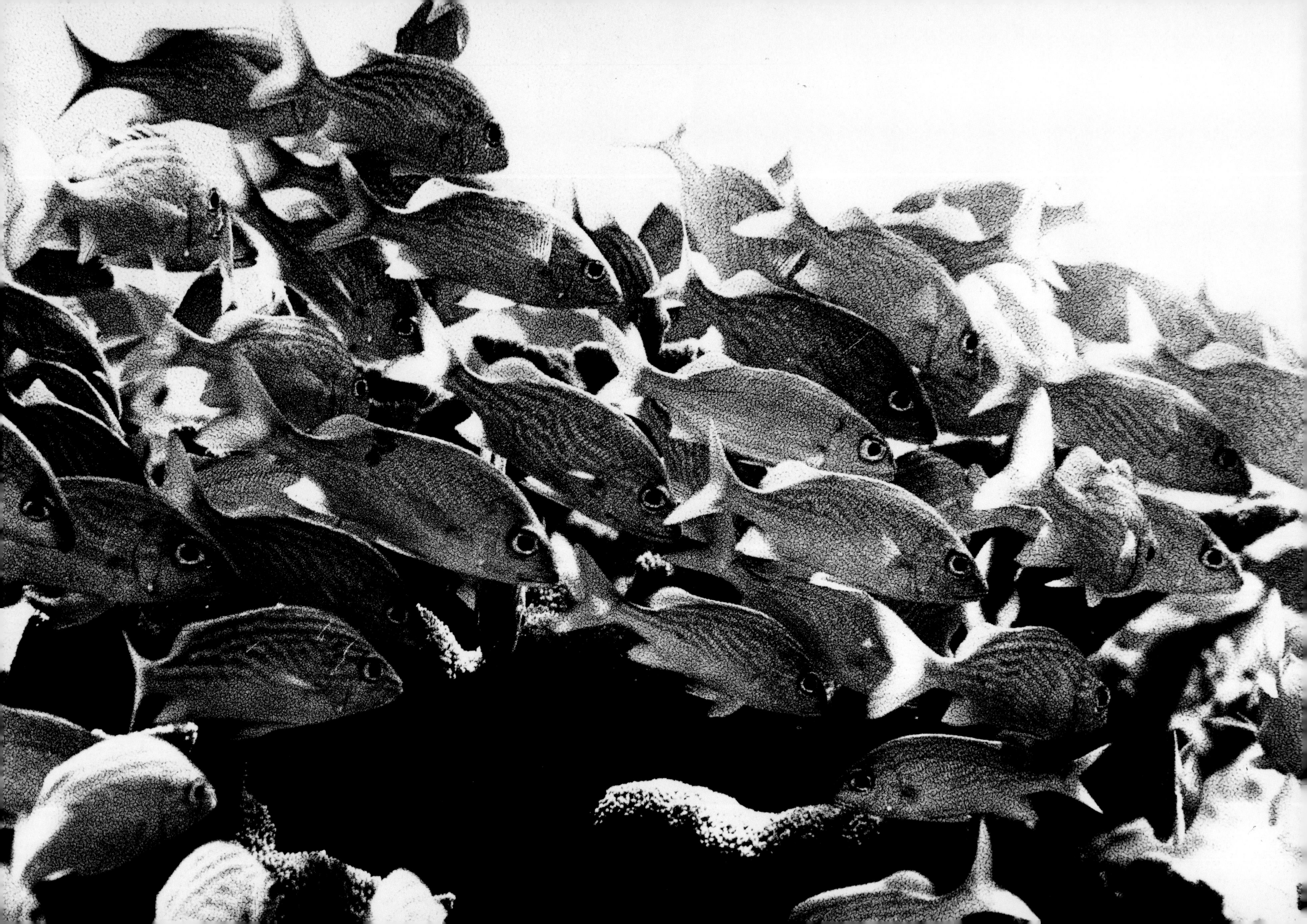

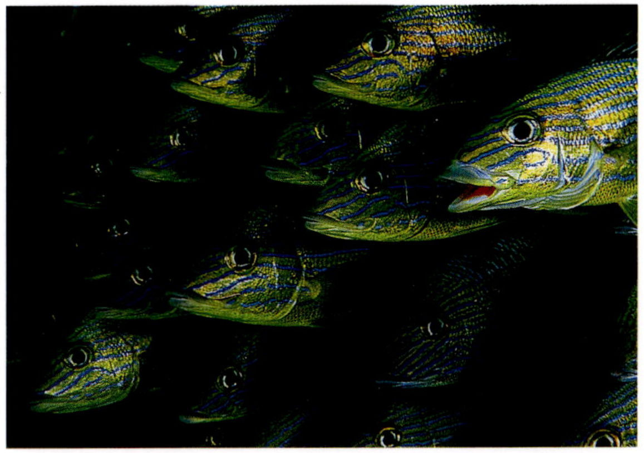

Emulidi striati, Florida Keys, USA, 1997

damente. Anni dopo, Cousteau mi disse che la prima volta che si era immerso era stato proprio in un lago simile al mio e in un simile campeggio, a 150 chilometri di distanza. Che coincidenza!"

Per il giovane Doubilet il salto attraverso lo specchio in un paese delle meraviglie tutto suo finì per diventare un'ossessione. Nato a New York nel 1946, figlio di un chirurgo reduce dalla guerra in Italia, crebbe in città e fu mandato a scuola nel New England. Trascorreva però le estati nel piacevole ritiro di Elberon, New Jersey; qui, con pinne e maschera, esplorava quel fantastico mondo sotto i pontili protesi nell'opacità verdebruna dell'Atlantico. Settembre portava con sé il ritorno alla monotona routine della scuola; lontano dall'acqua poteva solo sognare i fantastici mondi di Hans Hass e Jacques Cousteau che ammirava sul *National Geographic*.

Il legame di Doubilet con il mare si rafforzò ulteriormente in occasione di un viaggio alle Bahamas con il padre. Lì si immerse per la prima volta con le bombole; per cinque anni venne invitato a Small Hope Bay, nell'isola di Andros, prima per riempire i serbatoi, poi per condurre barche e insegnare immersione.

Suo padre morì quando aveva 17 anni e quello studente ribelle che fino allora studiava solo quando la materia lo interessava decise rapidamente che era tempo di chiarirsi le idee e di concludere qualcosa a scuola. Voleva andare a Harvard, ma il colloquio d'ammissione ebbe luogo nel giorno dell'assassinio di Kennedy, non certo il giorno ideale per fare impressione; così finì all'Università di Boston a studiare cinema e teletrasmissione. Sapeva già di voler diventare fotogiornalista subacqueo per emulare i suoi eroi del *National Geographic* come il celebre Luis Marden.

Doubilet aveva fotografato sott'acqua fin dall'età di 12 anni, iniziando con un'attrezzatura fatta in casa e accrescendo la sua professionalità a ogni nuovo sviluppo tecnico. L'equipaggiamento fotografico stava diventando più accessibile. I mercatini dell'usato di New York erano pieni di Leica riportate dalla guerra e le prime Nikon erano già sul mercato. La fotografia era sempre più popolare e il *National Geographic* portava quel mondo esotico e favoloso, recentemente reso accessibile dalla tecnologia e dai viaggi, alla confortevole quiete dei sobborghi. Per un ragazzo brillante e di temperamento artistico la fotografia poteva diventare una passione dominante, tanto più in quanto il campo prescelto era quello sottomarino .

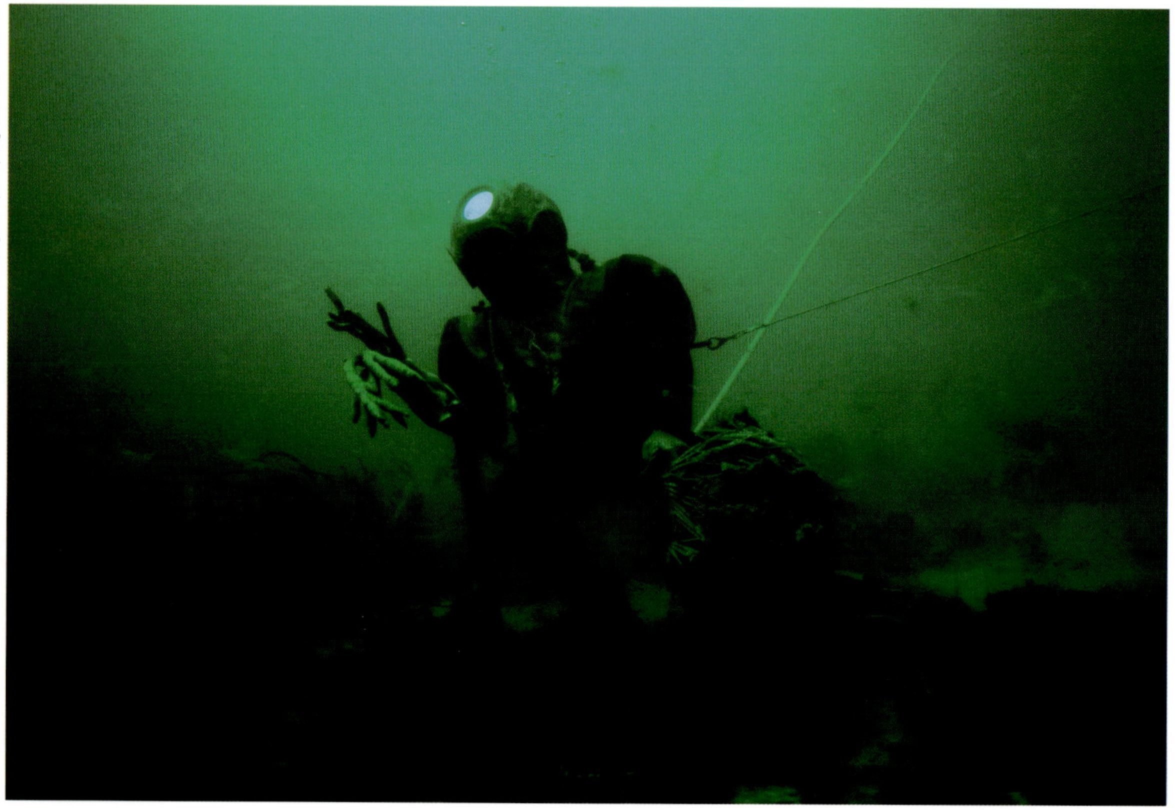

Pescatore di spugne, Tarpon Springs, Florida, USA, 1975

Per anni il giovane Doubilet tenne con sé la copia sgualcita di un servizio di Marden del 1956 dal titolo "Camera Beneath the Sea". Il fotografo e scrittore aveva accompagnato Cousteau sulla *Calipso* in un viaggio nel mar Rosso e nell'oceano Indiano. "Il *National Geographic* era molto importante per me. Era una rivista di avventura e di scienza, ma soprattutto pubblicava fotografie interessanti. A quel tempo non stavo cercando di fare servizi giornalistici. Il mio primo lavoro subacqueo di successo fu in bianco e nero, non a colori; erano foto subacquee quasi artistiche per cui mi ispiravo all'opera di grandi fotografi quali Eugene Smith, Robert Capa e Cartier Bresson". Man mano che la sua abilità di fotografo subacqueo cresceva ed egli vinceva concorsi come quello indetto dall'Underwater Photography Society of California, il suo sogno di diventare il futuro Marden appariva realizzabile.

Terminata l'università, Doubilet andò a trovare Bob Gilka, il noto direttore del *National Geographic*, uomo burbero, schietto e coinvolgente. Diede un'occhiata al lavoro di quel giovanotto entusiasta e gli disse che non conteneva nulla di nuovo. Mortificato, Doubilet andò a cercare conforto dal suo amico Bates Littlehales, fotografo del *National Geographic*, il quale pose le sue 6 x 6 a colori sul visore, schioccò la lingua, si grattò la testa e decretò a sua volta che non contenevano nulla di nuovo. In seguito Doubilet capì dove fosse il problema. "Effettivamente la mia opera era imitativa, ma questo era in parte dovuto all'apparecchiatura. La Rolleimarin era all'epoca la migliore macchina fotografica subacquea, ma aveva una lente a fuoco fisso. Con un obiettivo da 75 o 80 mm solo un oggetto delle dimensioni di un pallone da calcio o – retrocedendo un po' – anche di un ombrello, si adattava al formato quadrato. In tal modo era possibile fotografare un pesce pappagallo, ma non un gamberetto. E non era certo possibile rendere la meravigliosa panoramica caratteristica dell'ambiente sottomarino."
Fu Littlehales a trovare una soluzione. Progettò una delle prime custodie subacquee dotate di un'emisfera in grado di correggere la distorsione della Nikon 35 mm, che alla fine degli anni Sessanta dominava negli altri settori della fotografia, permettendo così a Doubilet di farsi conoscere e di catturare quei panorami marini che conosceva così bene.

La prima grande opportunità gli si presentò quando Stan Waterman, celebre regista e produttore subacqueo, lo invitò a unirsi alla biologa marina Eugenie Clark in un viaggio nel mar Rosso per studiare le anguille di sabbia. Era una spedizione del *National Geographic* e il fotografo del gruppo, James L. Starfield, permise cortesemente all'aspirante fotografo di aggregarsi. Impiegando un'apparecchiatura comandata a distanza, Doubilet riprese immagini stupefacenti delle anguille che si protendevano dal sabbioso fondo marino nella corrente; quando il servizio fu pubblicato nel novembre 1972 apparve anche il suo nome. Successivamente avanzò l'idea di documentare la pesca delle aragoste nell'America del Nord, lavorando a fianco del suo idolo, Luis Marden. Il servizio apparve

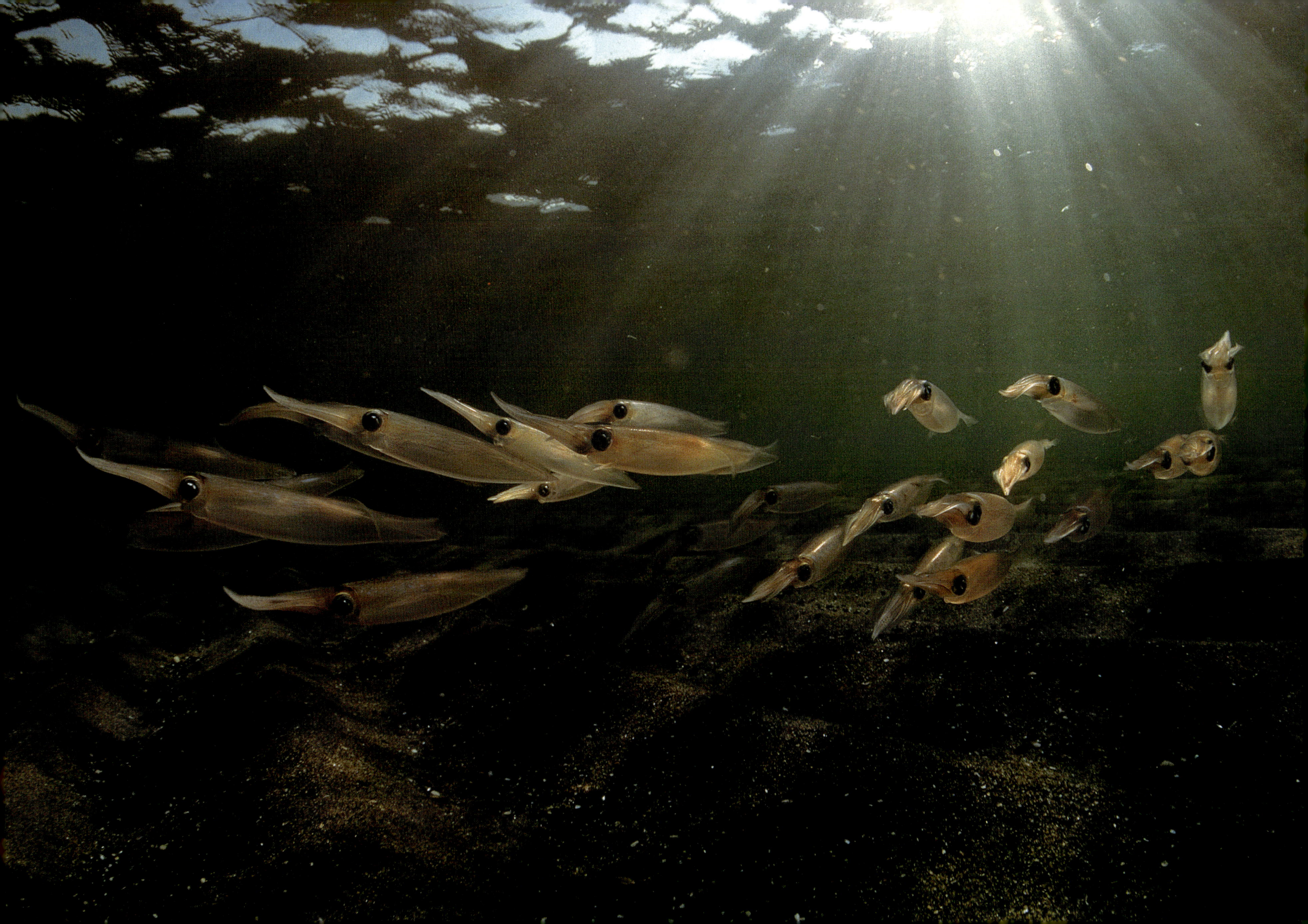

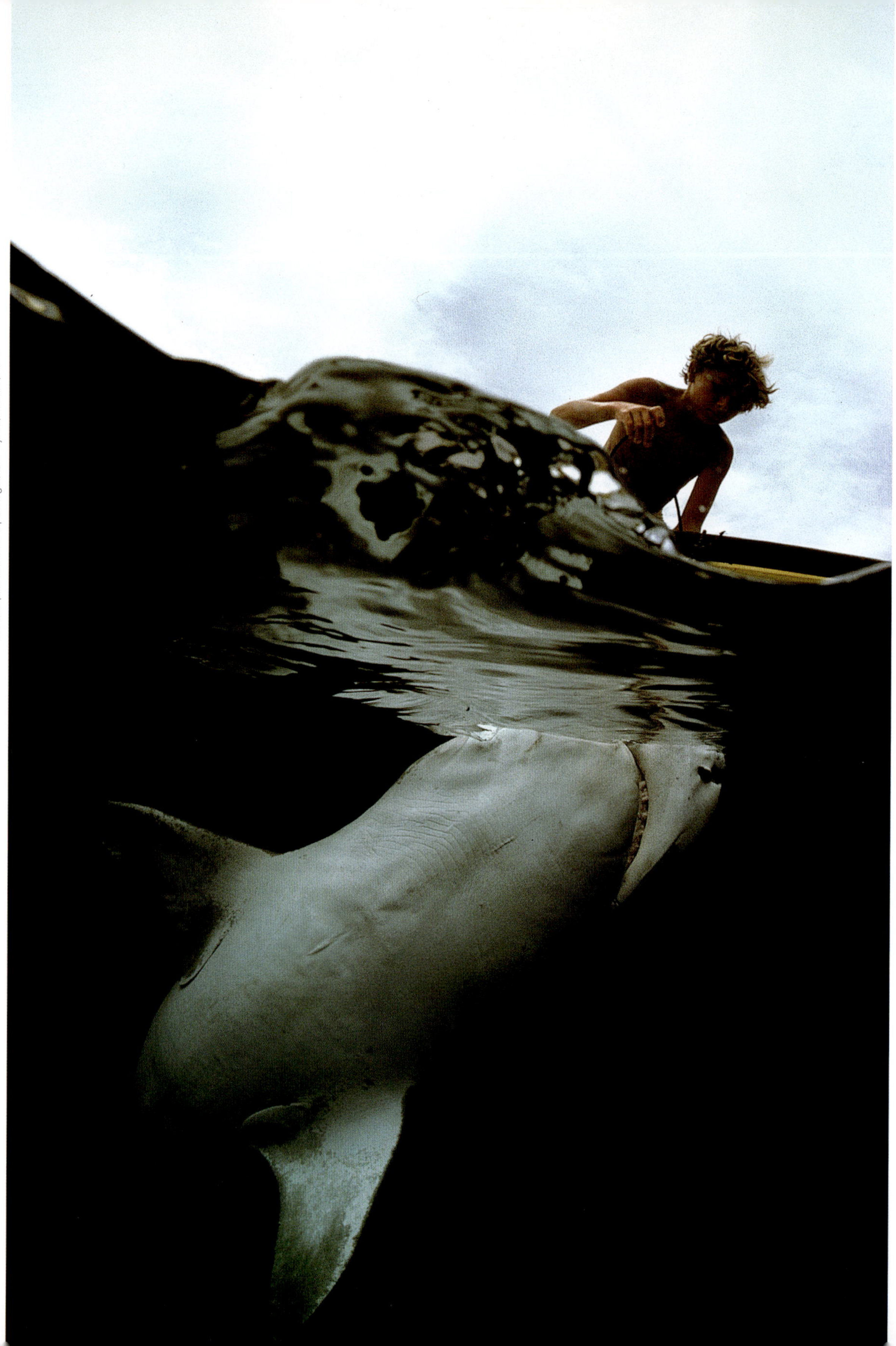

Giovane pescatore con squalo tigre, Isla Mujeres, Messico, 1973

l'anno successivo con l'arguto titolo "Delectable Cannibal" [Delizioso cannibale]. Cominciò così a farsi conoscere; l'anno seguente fu inviato di nuovo nel mar Rosso e ne seguì una serie di servizi con Eugenie Clark che consacrarono il suo grande talento. Nel 1976 Doubilet si unì all'eletto gruppo di fotografi stabili del *National Geographic*, sul quale sono ormai apparsi più di cinquanta articoli suoi; ha viaggiato nel Pacifico, in Australia, nell'oceano Indiano e ai Caraibi. Pur lavorando come fotogiornalista, è dalla fotografia d'arte che egli trae la sua ispirazione.

"Sono appena cinquant'anni che gli esseri umani hanno cominciato a conoscere il mondo sottomarino: siamo ancora in un' epoca di esplorazione. Oggi si tende ad andare per il mondo, a scoprire e documentare cose sempre nuove. C'è inoltre una fotografia personale e una professionale giornalistica: io credo di unire entrambe. Il *National Geographic* è un'impresa giornalistica, ma la cosa non avrebbe senso se io non spingessi nell'altra direzione, cosa che faccio ogni volta. Non dimentico mai di essere un giornalista, ma sono anche un narratore: esamino tutti i fatti, ma è il modo in cui vengono tessuti in un insieme d'immagini coerente che induce la gente a fermarsi e a farsi domande: in fondo la miglior cosa che uno possa fare è stupire la gente". E Doubilet non ha mai cessato di fare proprio questo raggiungendo un livello giornalistico straordinario. "Incalzati da un'enorme responsabilità, andate da qualche parte per cogliere l'essenza del luogo e riportarla indietro. Però deve essere filtrata attraverso i vostri occhi, i vostri stati d'animo, i vostri sentimenti. Poniamo che dobbiate far vedere un relitto sommerso: dov'è la prua? Dov'è la poppa? Prende forma emergendo dall'oscurità? Ditemi che è una nave, o almeno mostratemene una parte che mi faccia sentire o imparare qualcosa. E quando l'immagine si va definendo, sorgono altri problemi: da dove viene la luce? Qual è il rapporto fra l'osservatore e il relitto? Ma la cosa assolutamente più importante è il desiderio di esprimere il luogo, la sua essenza, e di darle un elemento di seduzione. L'immagine stessa deve essere bella, indipendentemente dalla bellezza o bruttezza del soggetto." Doubilet è conscio del suo ruolo politico, ma non si considera in primo luogo come un reporter d'attualità. "C'è chi lamenta il fatto che non faccio servizi sull'inquinamento marino e sugli importanti problemi connessi; dicono che dovrei fare un giornalismo più incisivo, più pesci morti sulla spiaggia, fogne che scaricano in mare. Ma in fondo quelle immagini sono notizie, il loro posto è sulla prima pagina del *Times*; una buona foto di un pesce morto può essere significativa e convincente ma io ho bisogno d'altro. Quello che io sento di dover dire è: perché la gente si interessa a questo posto? Cos'è che ne fa un gioiello? Un principio del fotogiornalismo è quello di illustrare un problema al fine di provocare cambiamenti; e si può dire che queste belle foto di pesci sono state efficaci in questo senso proprio perché hanno contribuito a ispirare un'etica ambientalista."

Oggi Doubilet è entusiasta nel suo lavoro proprio come 30 anni orsono, sempre alla ricerca di nuove frontiere. Esemplare è un recente servizio del *National Geographic* sulla luce ultravioletta e i coralli, tecnicamente innovativo e artisticamente stimolante allo stesso tempo. Oggi fotografa sempre più spesso in bianco e nero, con risultati straordinari. In un certo senso è ritornato al punto di partenza, alle sue radici monocromatiche, ma le sue immagini in bianco e nero sono l'opera di un artista maturo in cui confluiscono tutti i suoi punti di forza. Sono opere visive che narrano magnifiche storie sull'oceano, che riuniscono perfetta padronanza della luce, comprensione dei comportamenti e uno sguardo graficamente acuto. "Alla fine dei conti," dice, "si tratta di attimi: l'arco dell'ala di una razza nei Caraibi, il pulsare della vita sulle scogliere del mar Rosso, il movimento senza peso di un leone marino alle Galápagos. Tutti questi attimi colgono il gioco della luce nel mare".

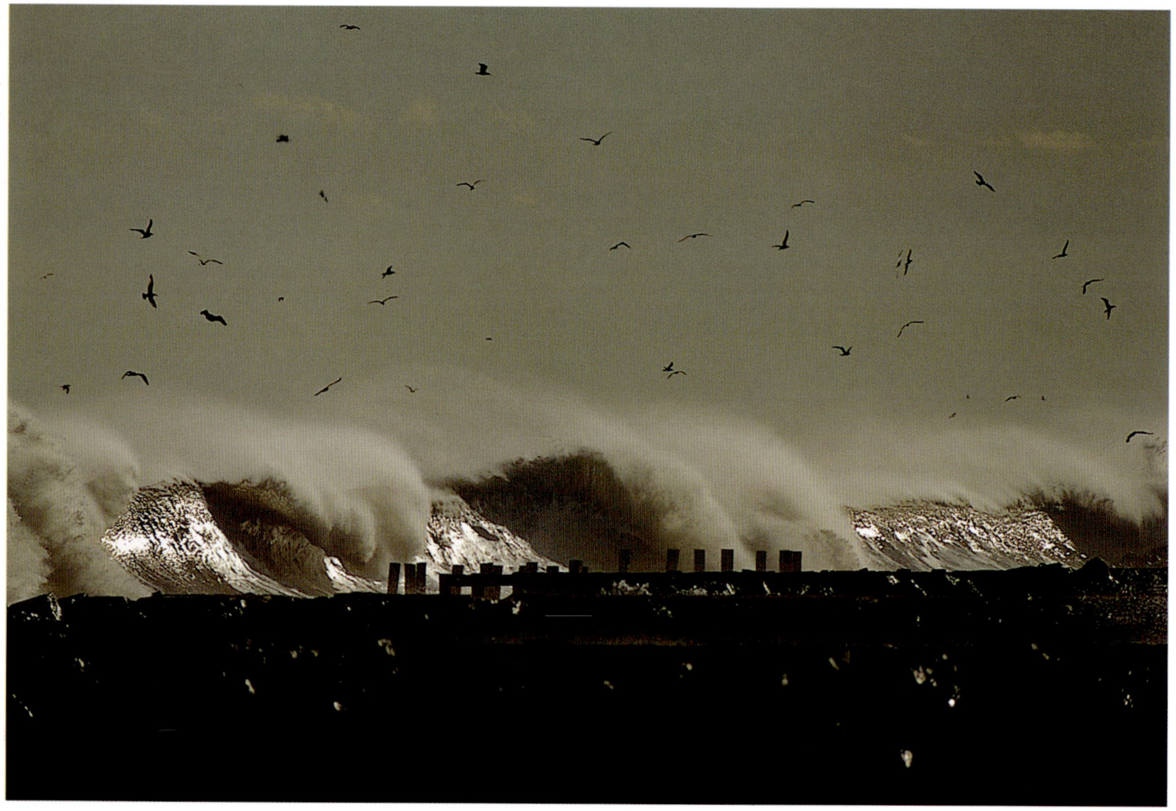

Tempesta di onde, Elberon, New Jersey, USA, 1969

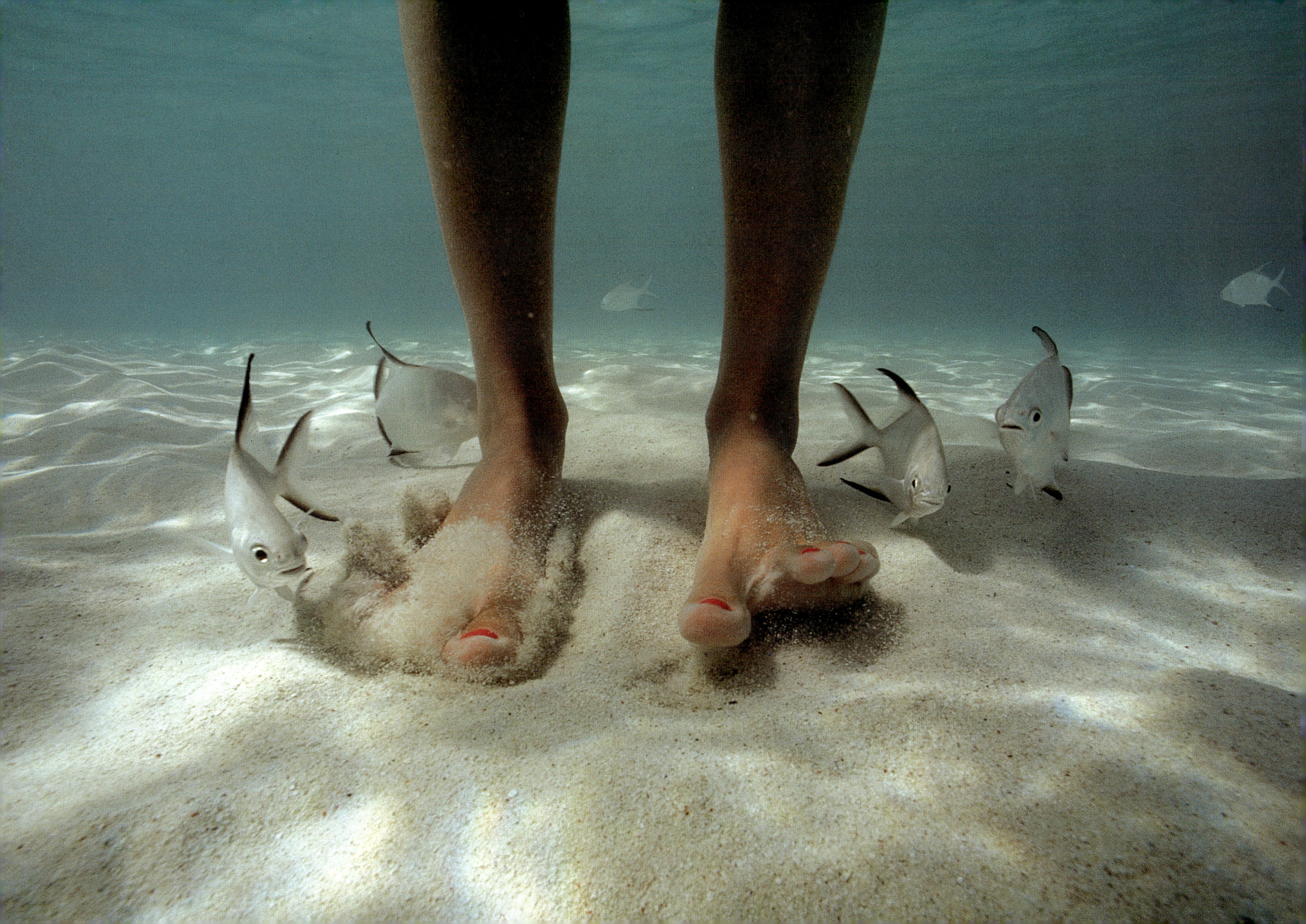

Mare di luce

L'acqua era limpida, calda e vellutata. Questo è il mio primo ricordo dei Caraibi. Avevo 12 anni ed ero alla mia prima immersione: in un oceano pulito ricordo una bassa barriera ricoperta di gialle gorgonie e banchi di emulidi gialli che scivolavano attraverso una foresta di coralli bruni.

In seguito ricordo come fluttuavo sul dorso, respirando attraverso un erogatore a doppio stadio e osservando la luce che attraversava il lato inferiore della superficie. Danzava, vibrava e perforava il mare: una visione della luce che si può avere solamente attraverso il visore di una maschera.

I Caraibi sono un grande bacino che si estende dalle Isole Sopravvento fino alla costa dell'America centrale. Durante l'era glaciale il livello del mare scese e questo caldo stagno si raffreddò, uccidendo gran parte della fauna e flora marine. Dove la vita riuscì a tornare, il mare divenne omogeneo, con variazioni biologiche minime per migliaia di chilometri; per questo le scogliere orientali di Cuba sono simili a quelle dell'Honduras.

È un semplice mare di coralli in cui spiccano luoghi di delicata intensità. D'estate gli alisei, soffiando attraverso la catena delle Isole Vergini, portano la sabbia africana. Le acque si riscaldano e grandi banchi di sardine argentee lunghe cinque centimetri si raccolgono al largo di St. John Island, infittendosi al punto di oscurare il sole. I tarpon se ne nutrono. Anna e io abbiamo fotografato questi banchi di notte mentre si assiepavano intorno a una potente lampada da set HMI a luce bianca. I tarpon squarciavano l'argentata giostra di pesci e la luce rimbalzava sullo specchio delle loro squame.

Nel 1974 fotografai squali addormentati in grotte al largo di Isla Mujeres, di fronte alla penisola dello Yucatán. In una grotta una nuvola di carangidi argentati fluttuava sul capo di uno squalo corallino.

La corrente del golfo, nata nei Caraibi, irrompe a nord oltre le Florida Keys. Qui fotografai il corteggiamento delle tartarughe marine: una danza amorosa che si svolgeva fra la superficie liscia come uno specchio e il fondo sabbioso 20 metri più in basso. Due maschi si contendevano in una lotta atavica i favori della femmina ricettiva; a un certo punto arrivò un terzo maschio, il quale, guardandomi attraverso i suoi velati occhi cisposi, mi confuse per un attimo con la femmina. Educatamente lo indirizzai nella direzione giusta.

Fin dai miei primi ricordi i Caraibi sono sempre stati una scuola e un laboratorio dove ho appreso a osservare come la luce entra nel mare.

[illegible] Key West, Florida, USA, 1997

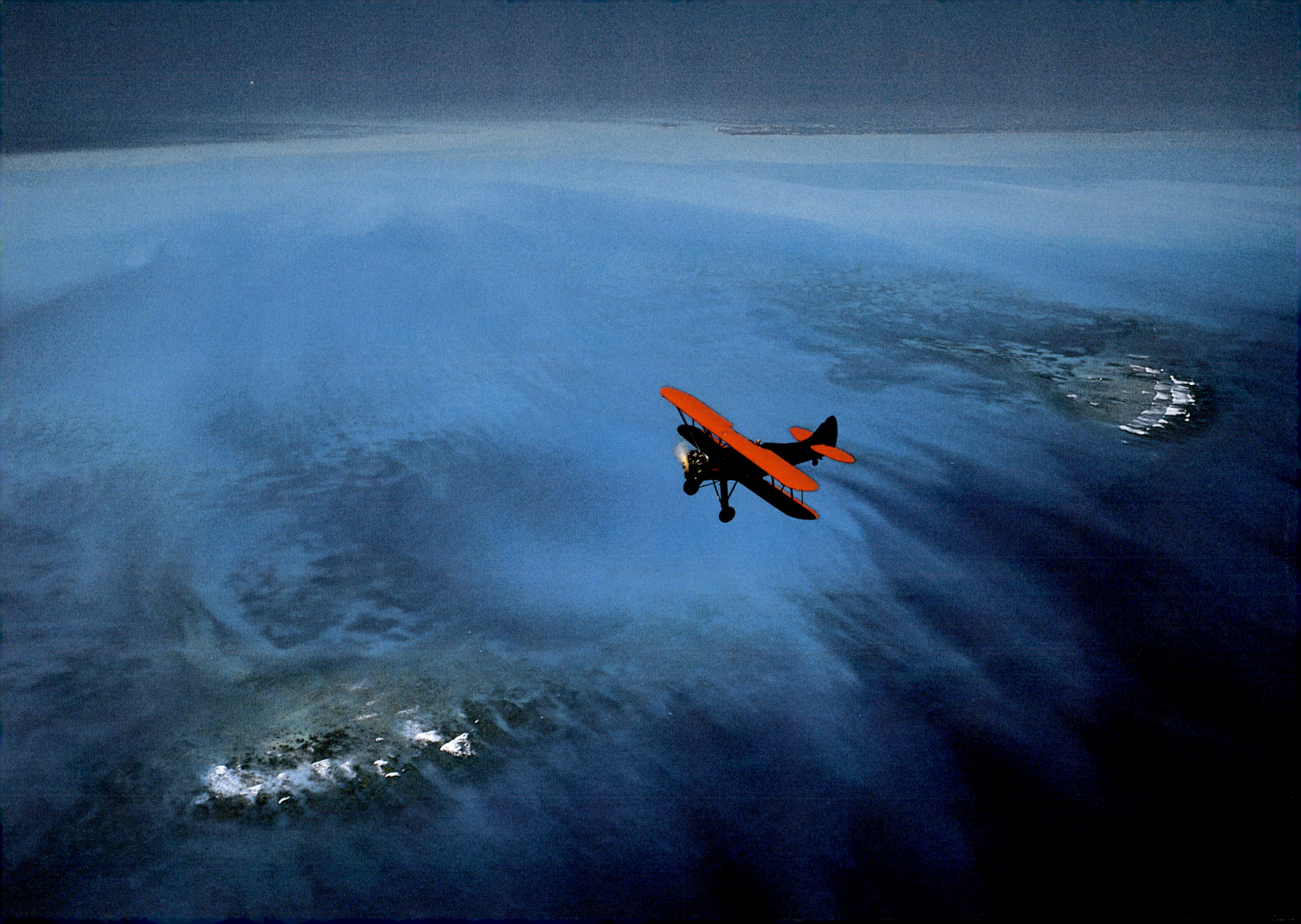

Cavalluccio marino, Florida Keys, USA, 1997

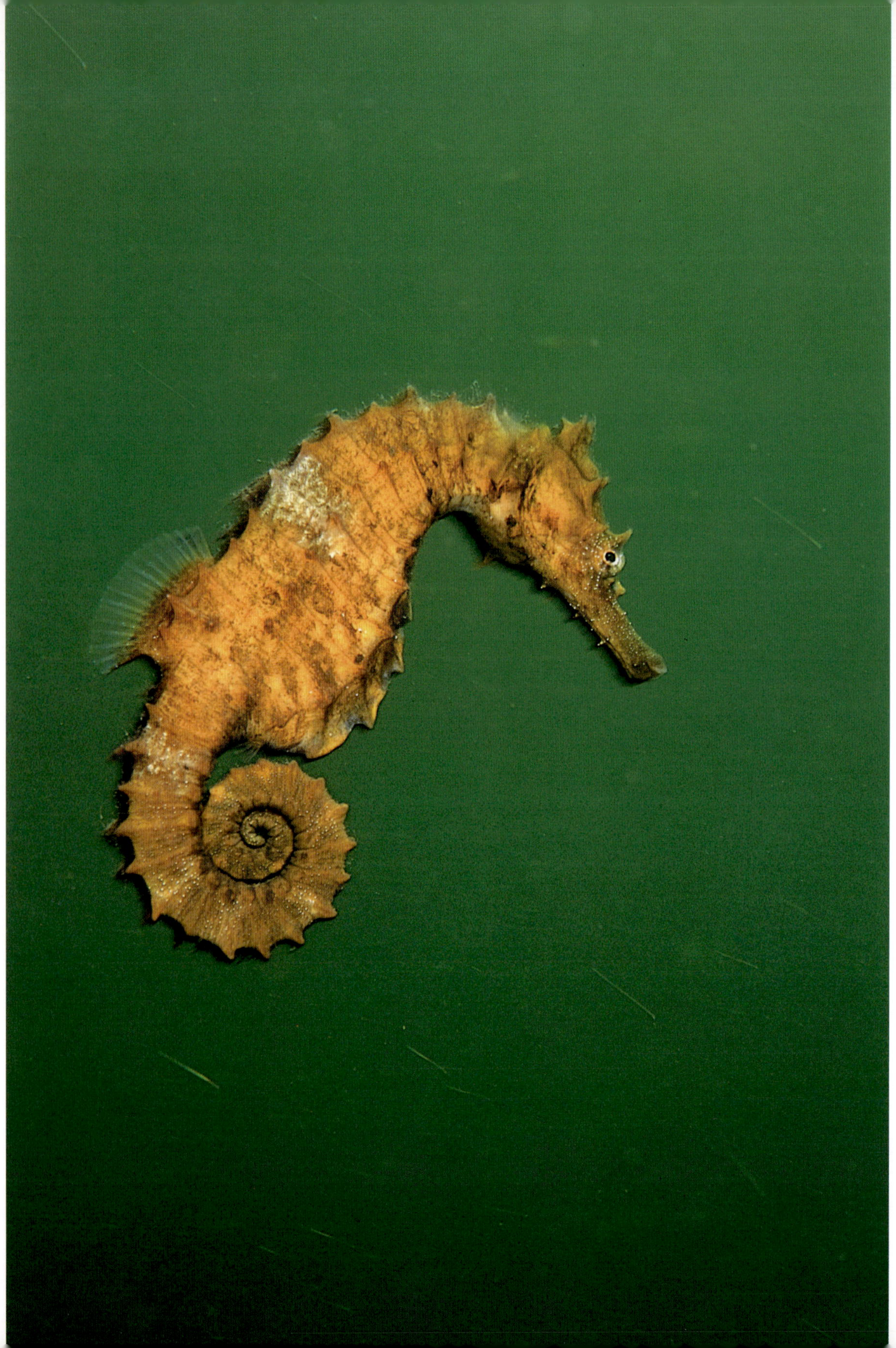

Blennide circondato da uova di pomacentride, St. John, Isole Vergini, USA, 1995

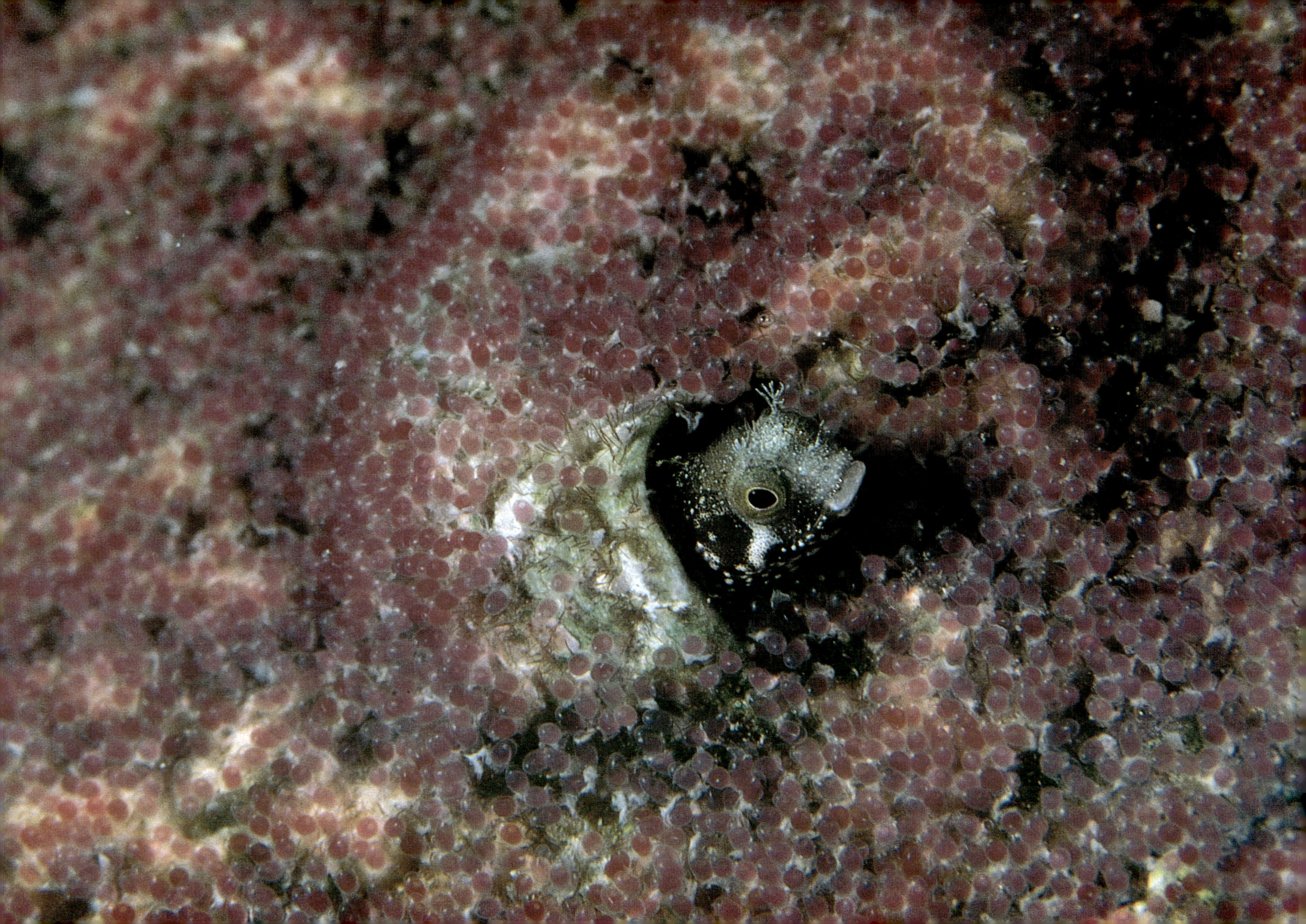

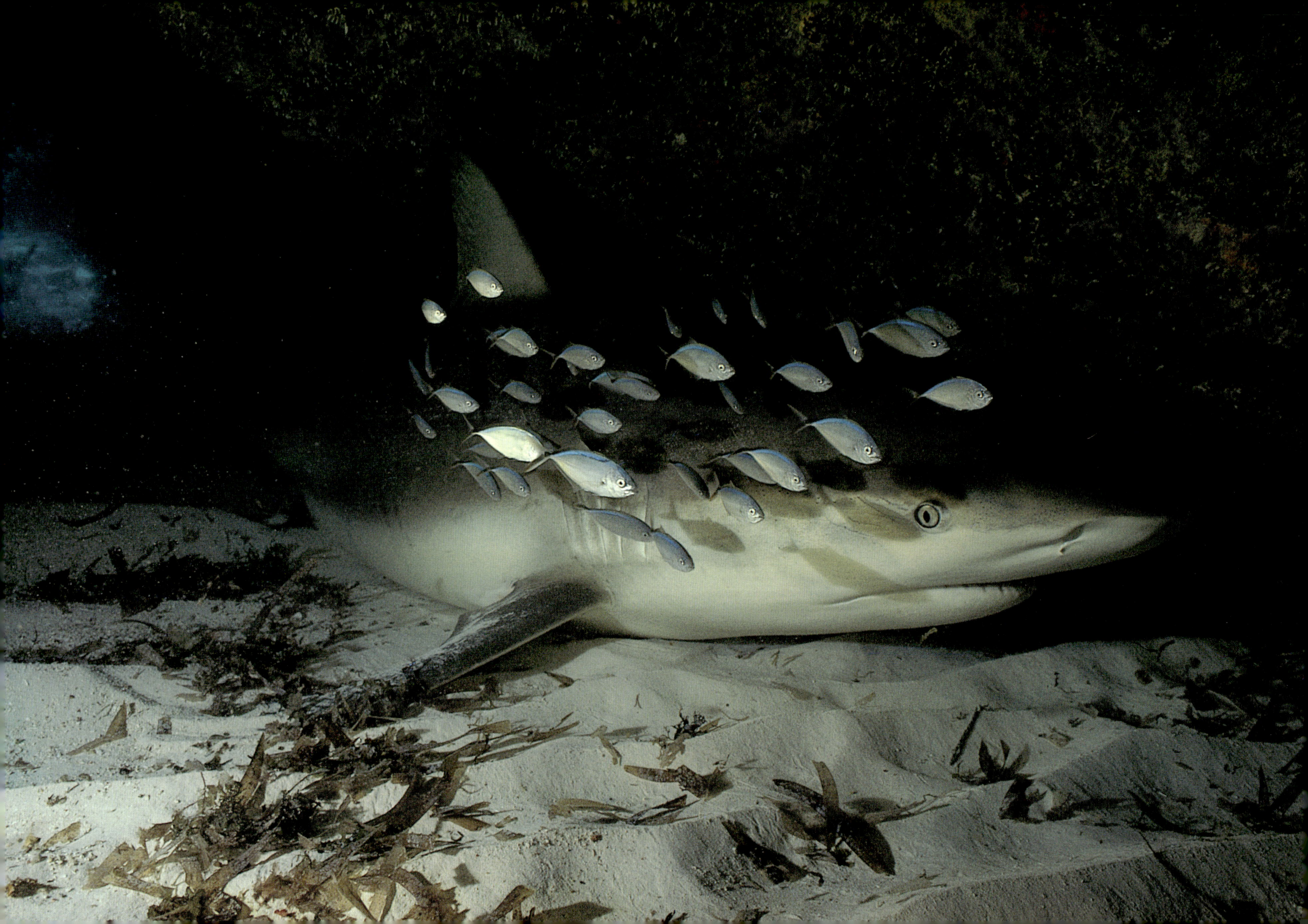

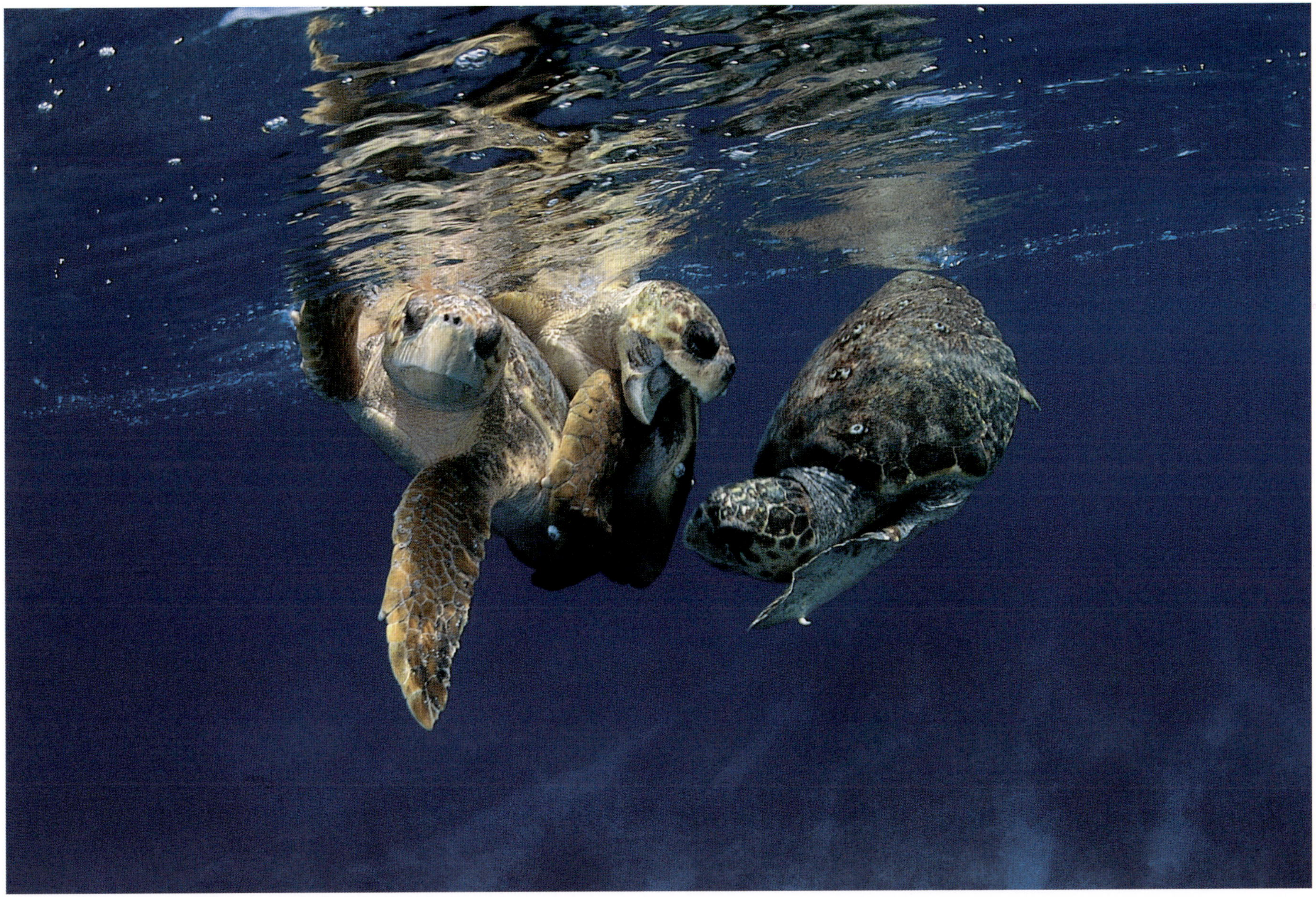

Corteggiamento fra tartarughe marine, Florida Keys, USA, 1997

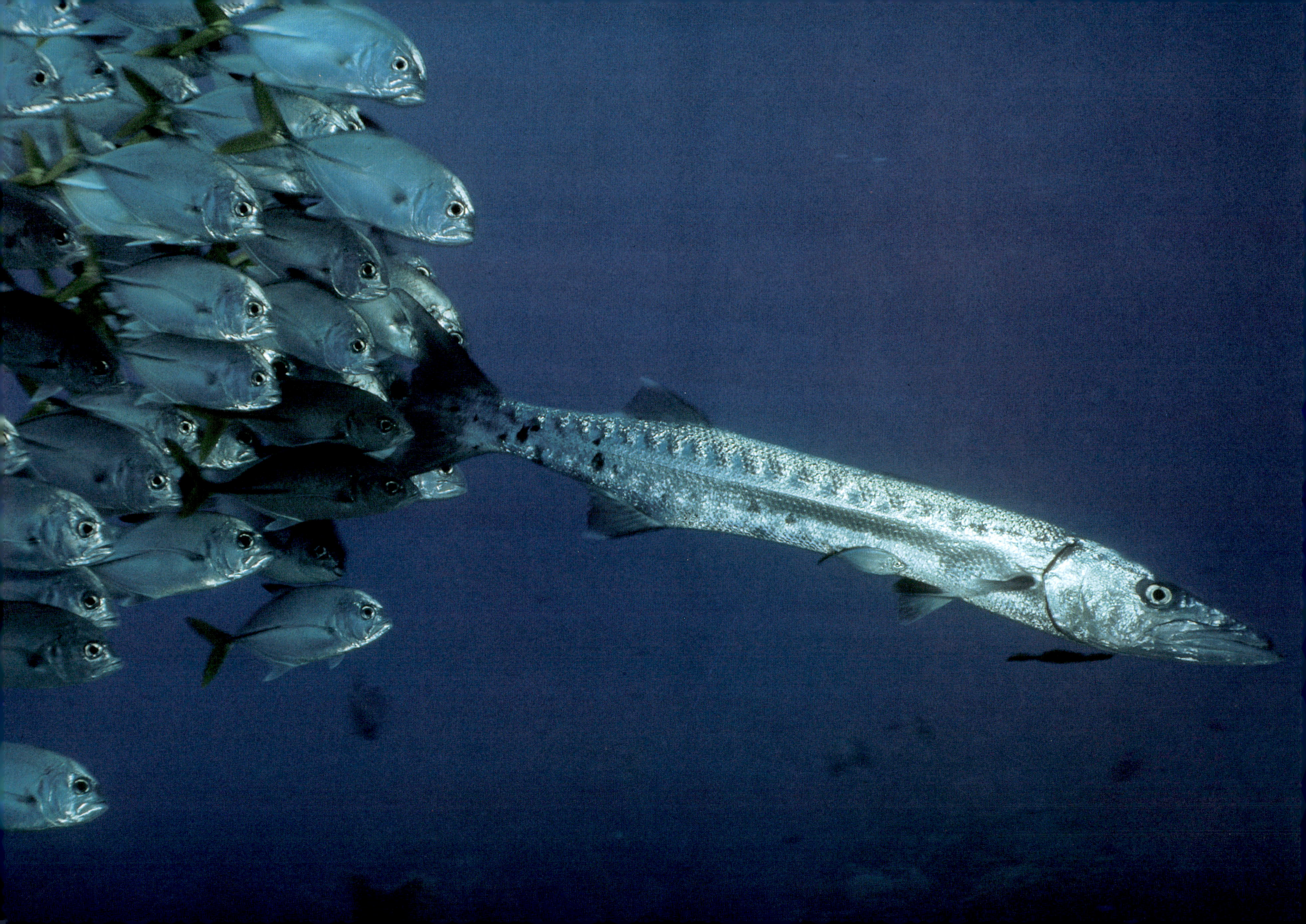

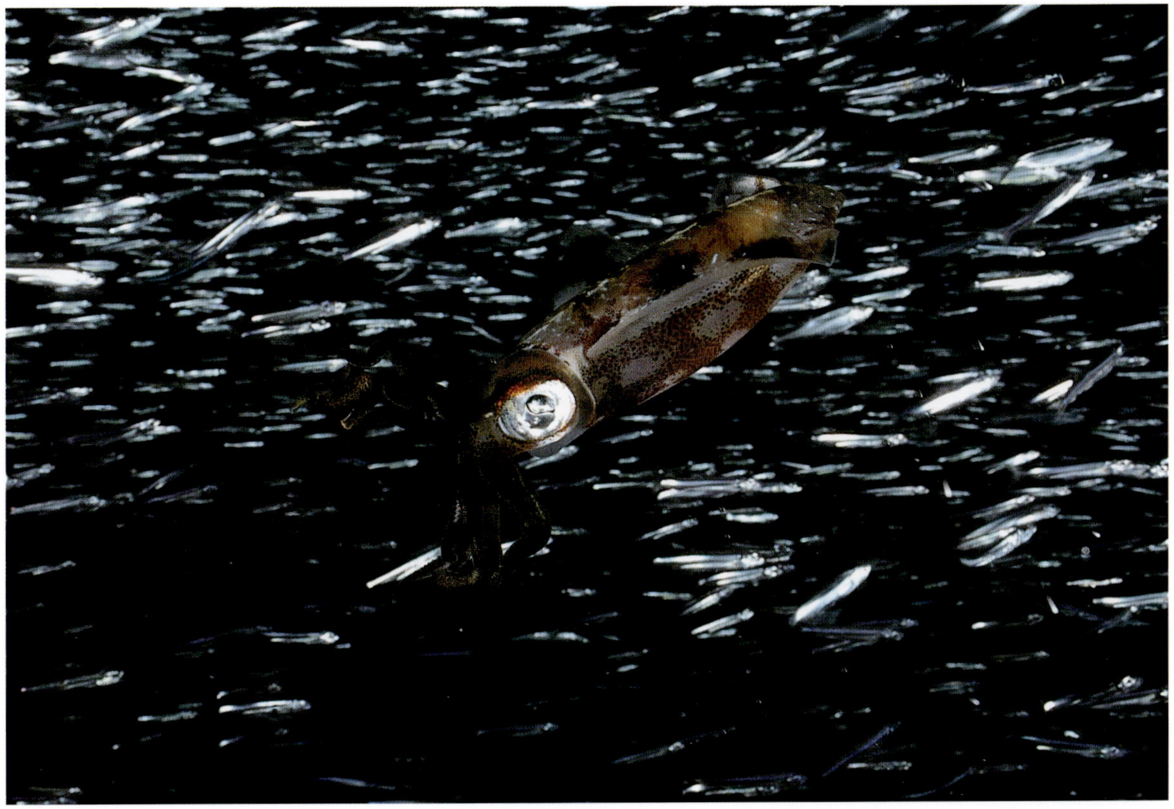

Calamaro a caccia in un banco di alici, Isole Vergini, USA, 1994

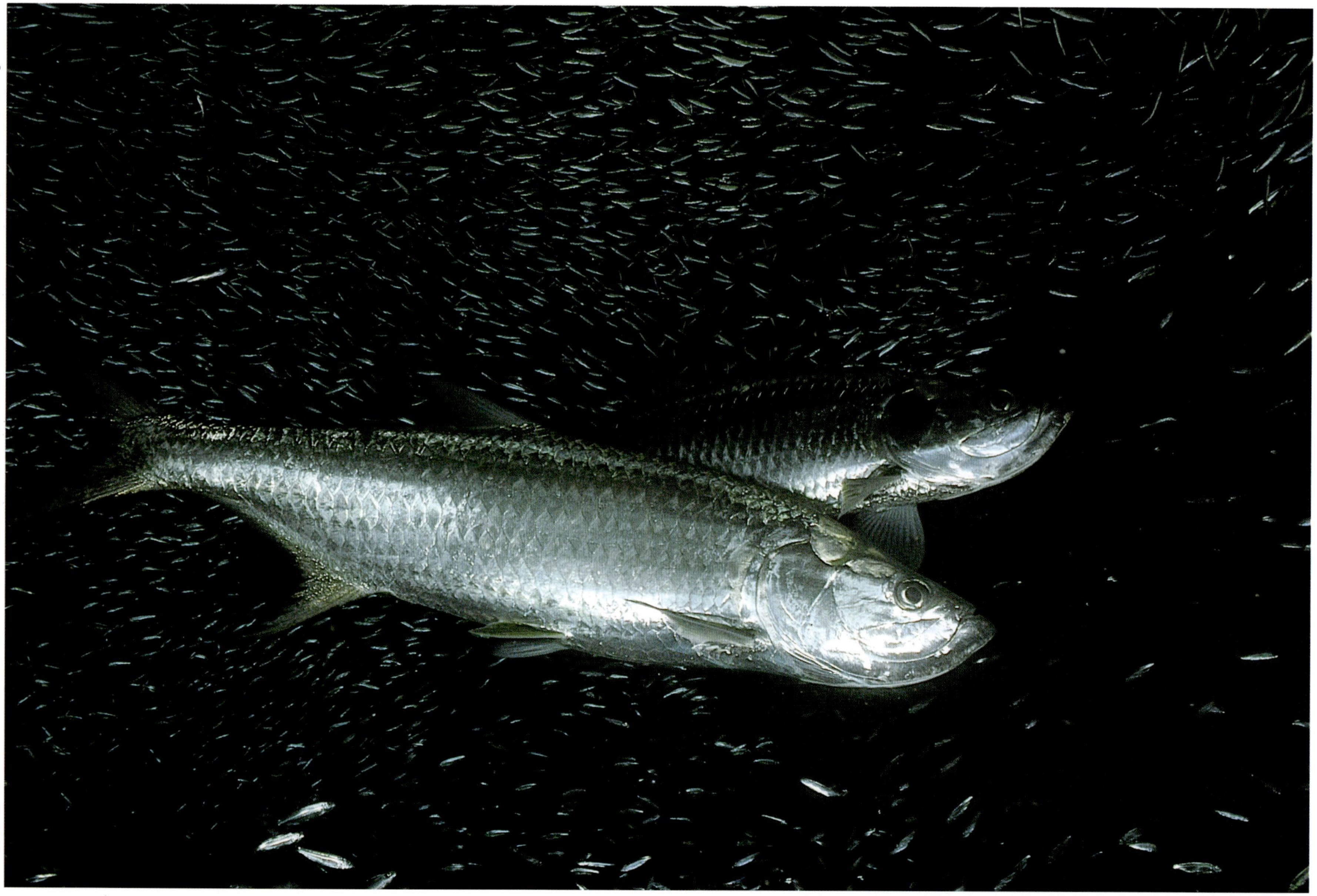

Tarpon a caccia di alici, Isole Vergini, USA, 1994

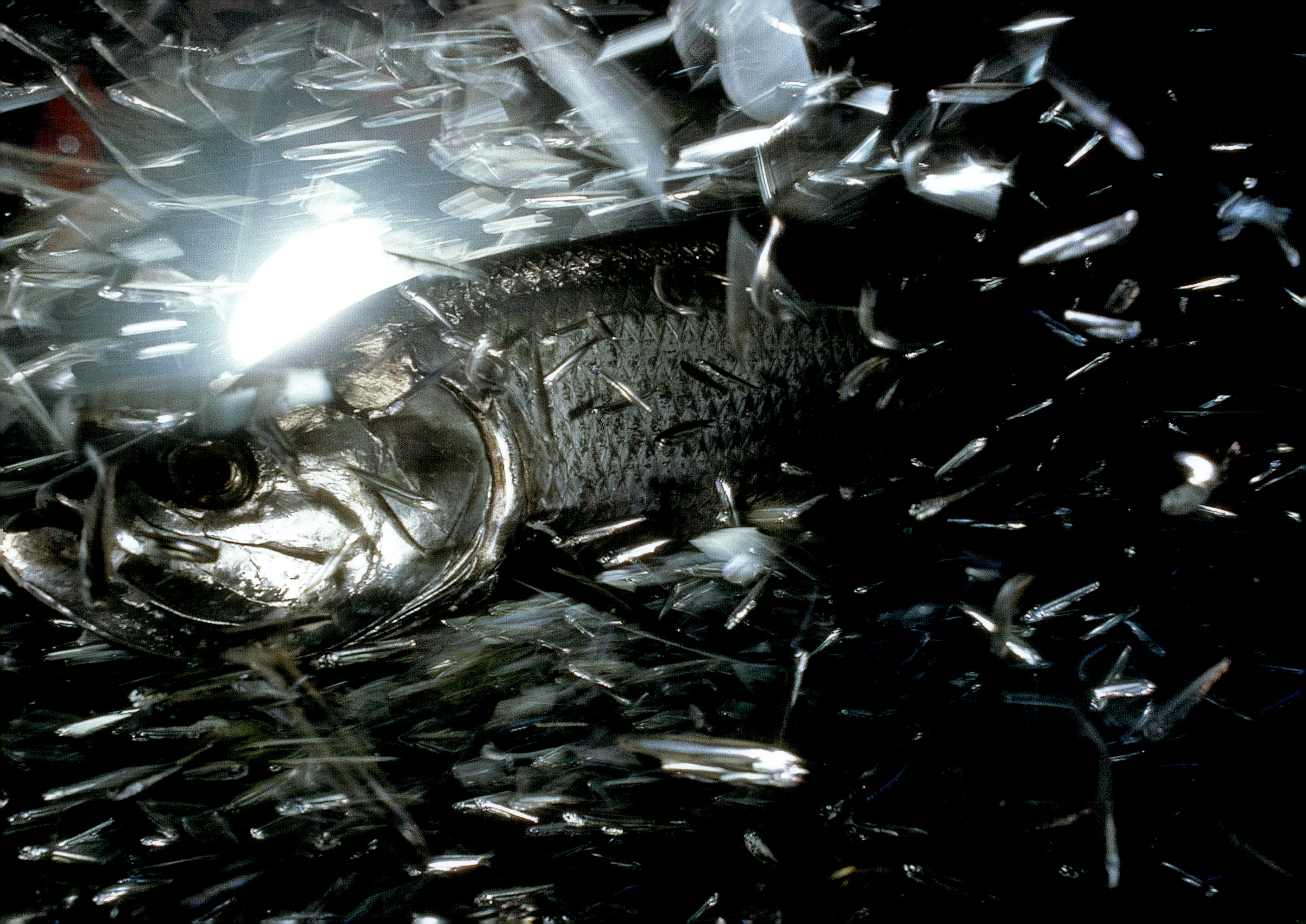

Acque fredde

La luce penetra una foresta californiana di alghe brune con operistica grazia e, filtrata, si tramuta in oro. I fuchi, le più grandi tra le alghe, ancorate al fondo marino con speciali organi radicolari, s'inarcano verso la superficie, spesso oltre trenta metri più su, come piante di fagiolo prive di peso. Immergersi qui è un po' come volare fra le cime più alte di una foresta. Attraverso questo mondo irreale scivolano le foche comuni; una mi morse la pinna, si volse, appoggiò il capo a un'ansa di fuco e mi fece l'occhiolino.

Al largo dell'Isola di Vancouver osservai un polpo gigante panneggiare i suoi tentacoli come il manto di un mago. Quando la temperatura cade, la concentrazione di ossigeno sale e le acque acquistano un verde smeraldo intenso.

Il colore della vita marina nelle fredde acque della Nuova Zelanda è sbalorditivo. Nelle Isole Poor Knights, al largo dell'Isola del Nord nuotai entro grotte le cui pareti erano tappezzerie ricoperte di anemoni gioiello. Osservai piccoli blennidi di cinque centimetri dagli occhi blu – si trovano solo qui – che volteggiavano fra spugne arancioni.

Lungo la costa sudoccidentale della Nuova Zelanda il mare si addentra nella terraferma con dita di fiordi. La superficie dell'acqua di Doubtful Sound è color verdebruno, ma si tratta solo di uno strato di acqua dolce che dalle montagne alte 1500 metri scende nel fiordo sottostante; immergersi attraverso questo strato è come penetrare attraverso uno specchio in un mondo chiaroscuro. La fosca acqua di superficie bagna d'una verde malinconia lo scosceso scenario marino. Tempeste occidentali attraversano il mare di Tasmania e battono questa costa meridionale. Quando si placano, le acque dei fiordi, lisce come specchi, riflettono il complesso cielo che le sovrasta.

Nei freddi oceani meridionali che circondano la Tasmania, in terse acque profonde, ci sono foreste di fuco della stessa specie esistente in California. Ma questo è l'altro lato del Pacifico, un mondo che sembra lo stesso, ma è enormemente diverso. Scomparsi sono i gradevoli pesci Garibaldi color arancio. Al loro posto bizzarri, gracili pesci drago, panciuti cavallucci marini e scorpenidi, creature che sembrano quasi prodotti della fantasia. Correnti calde si mescolano all'acqua fredda e specie che vivono nelle acque profonde salgono verso quelle basse. In questo costante moto ascensionale brachionictidi dagli occhi blu si trattengono al fondo con pinne pettorali evolute a mani. Il mare qui cambia in un attimo: pioggia, vento, neve, sole. Sorprende che sia un mondo subacqueo molto più vario di quello della Nuova Zelanda, appena dall'altro lato del grigio ondoso mare di Tasmania.

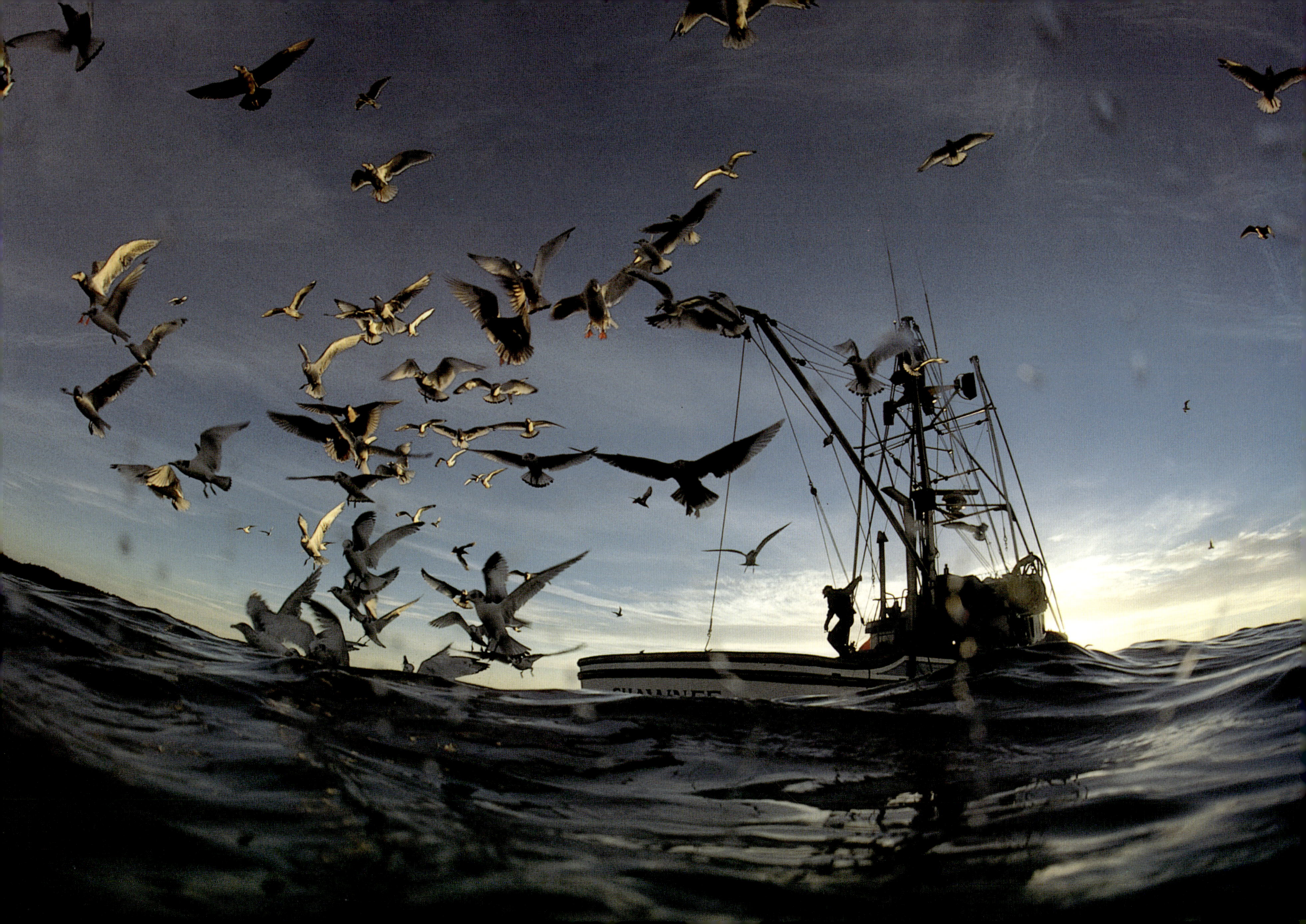

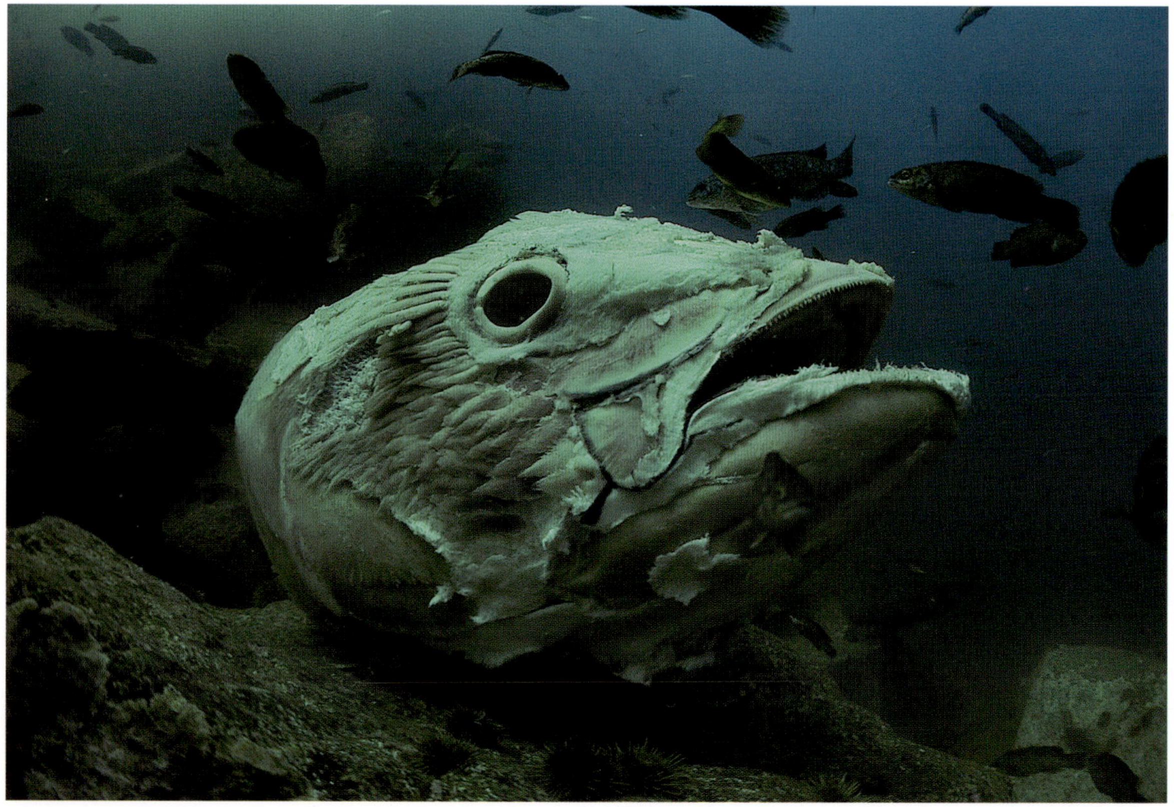

Cranio di tonno pinna blu, St. Margaret Bay, Nuova Scozia, Canada, 1978

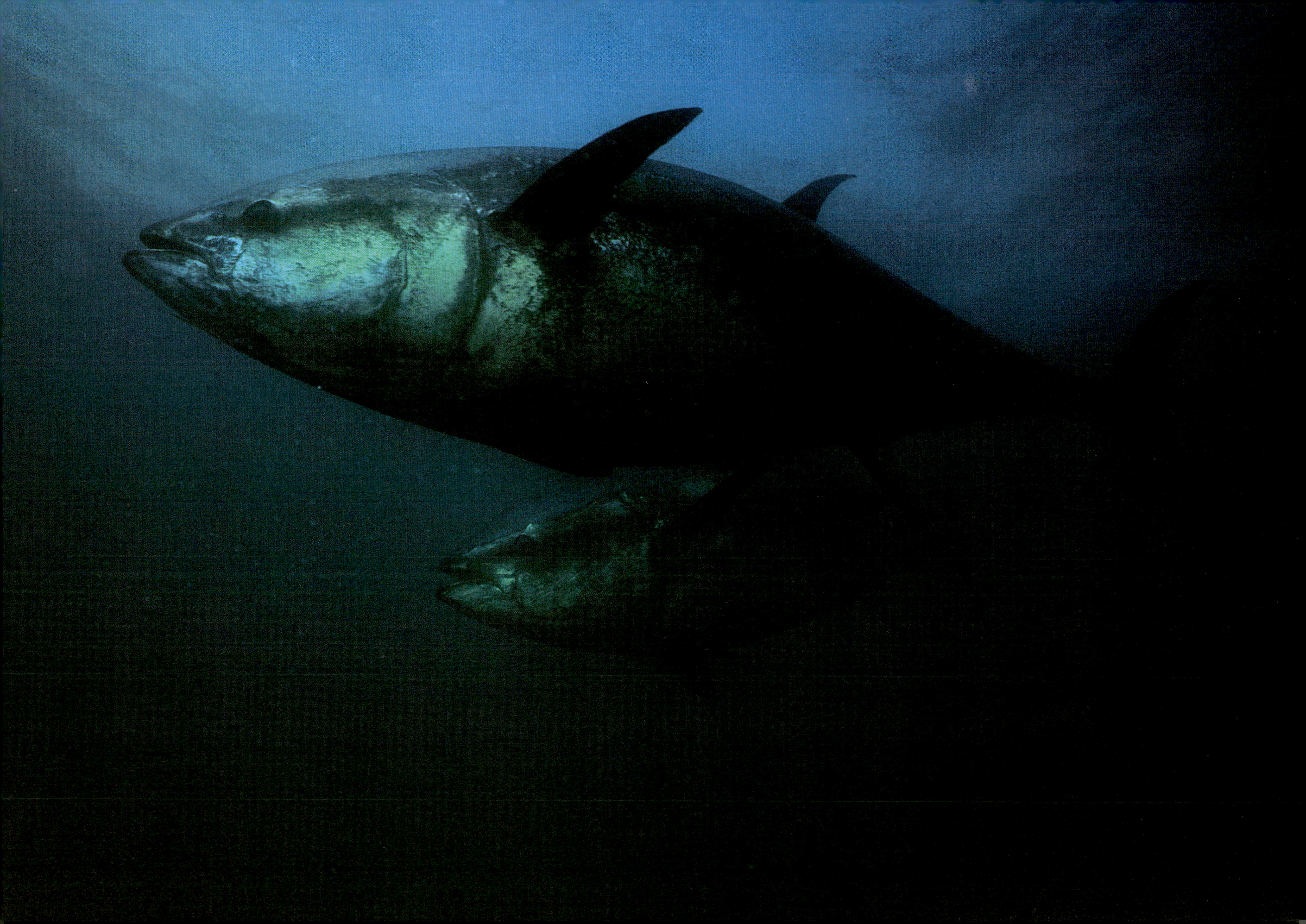

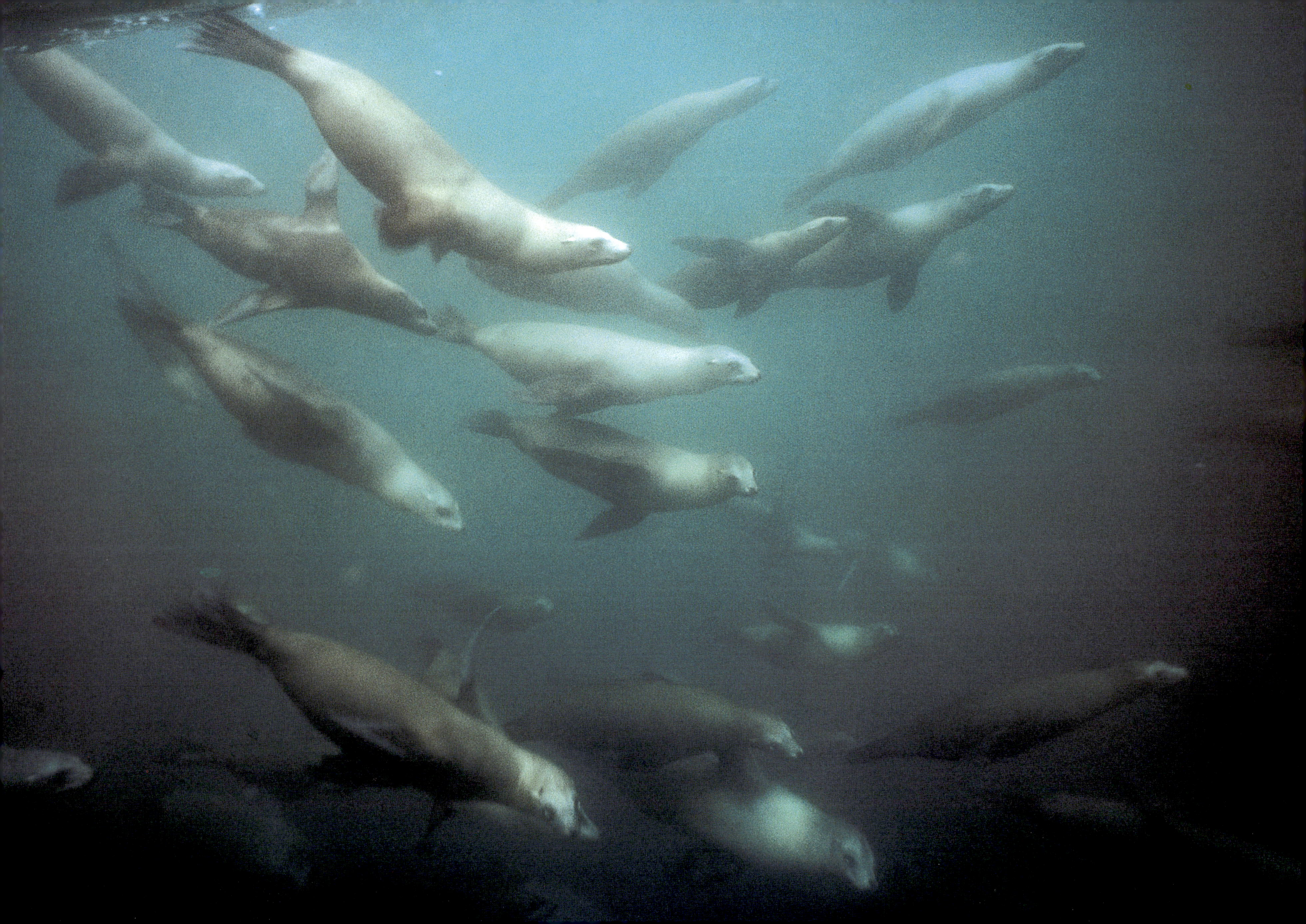

Leoni marini in migrazione, Baia di Monterey, California, USA, 1987

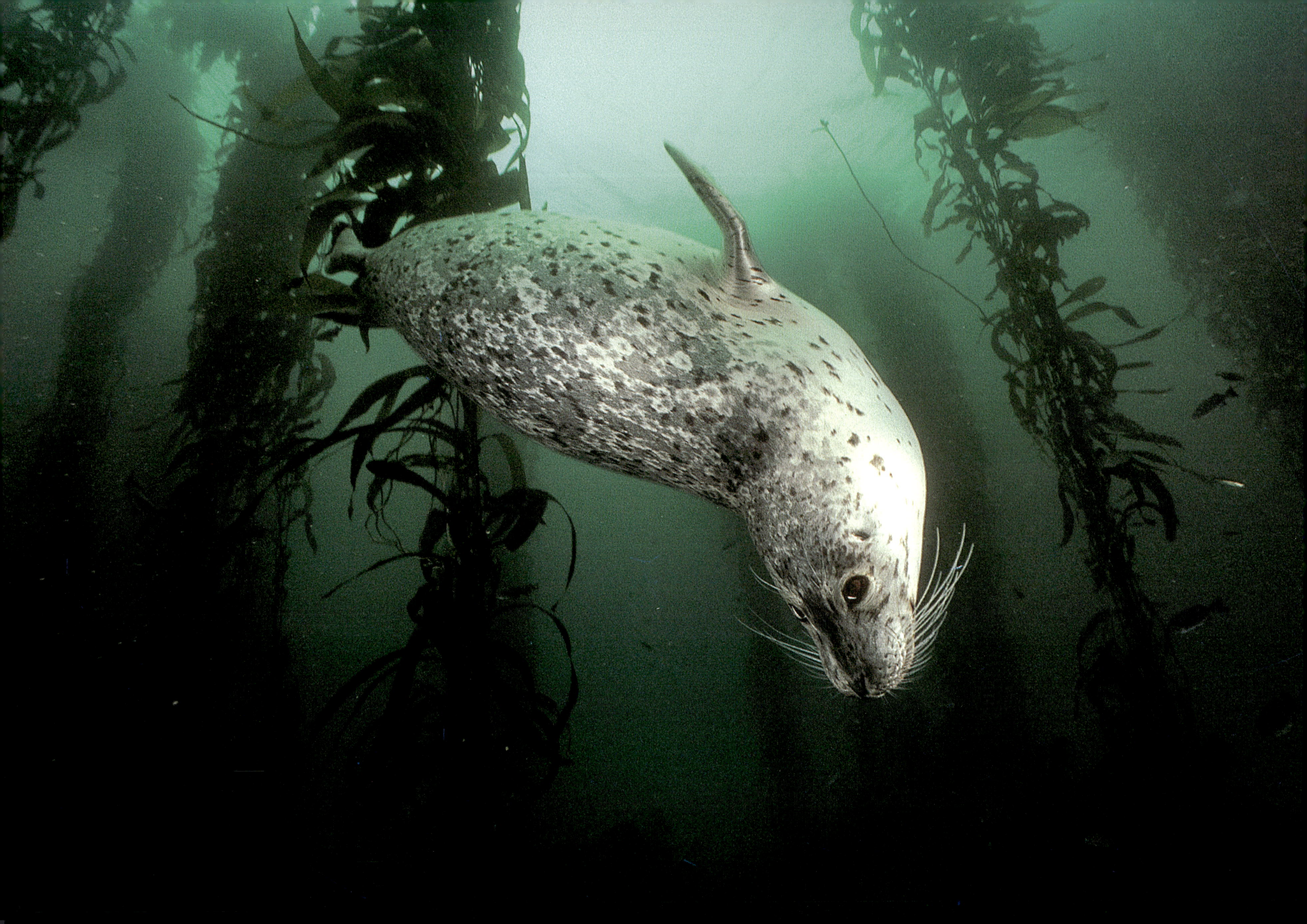

Phoca vitulina, Baia di Monterey, California, USA, 1989

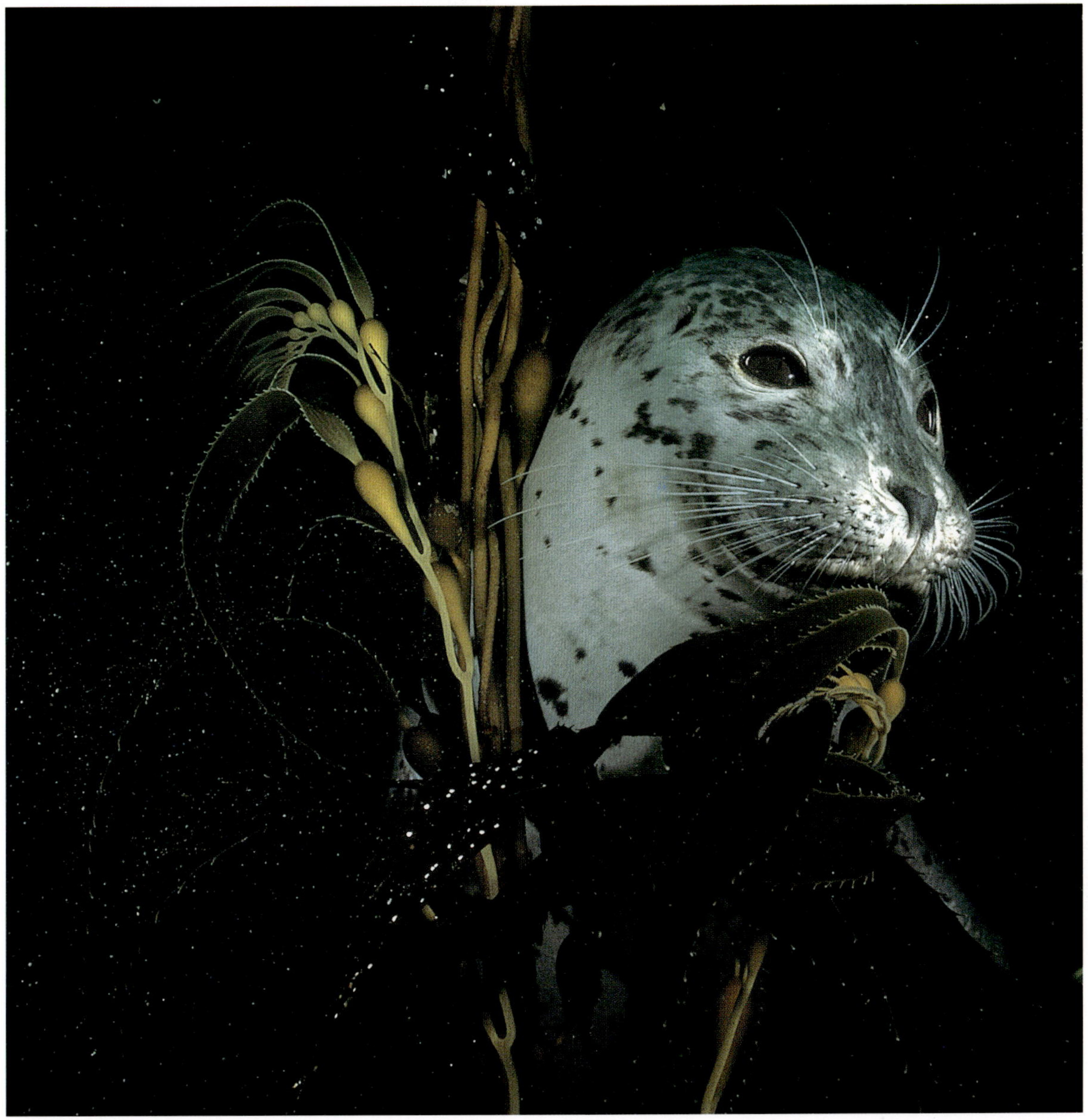

Phoca vitulina tra le laminarie, Baia di Monterey, California, USA, 1989

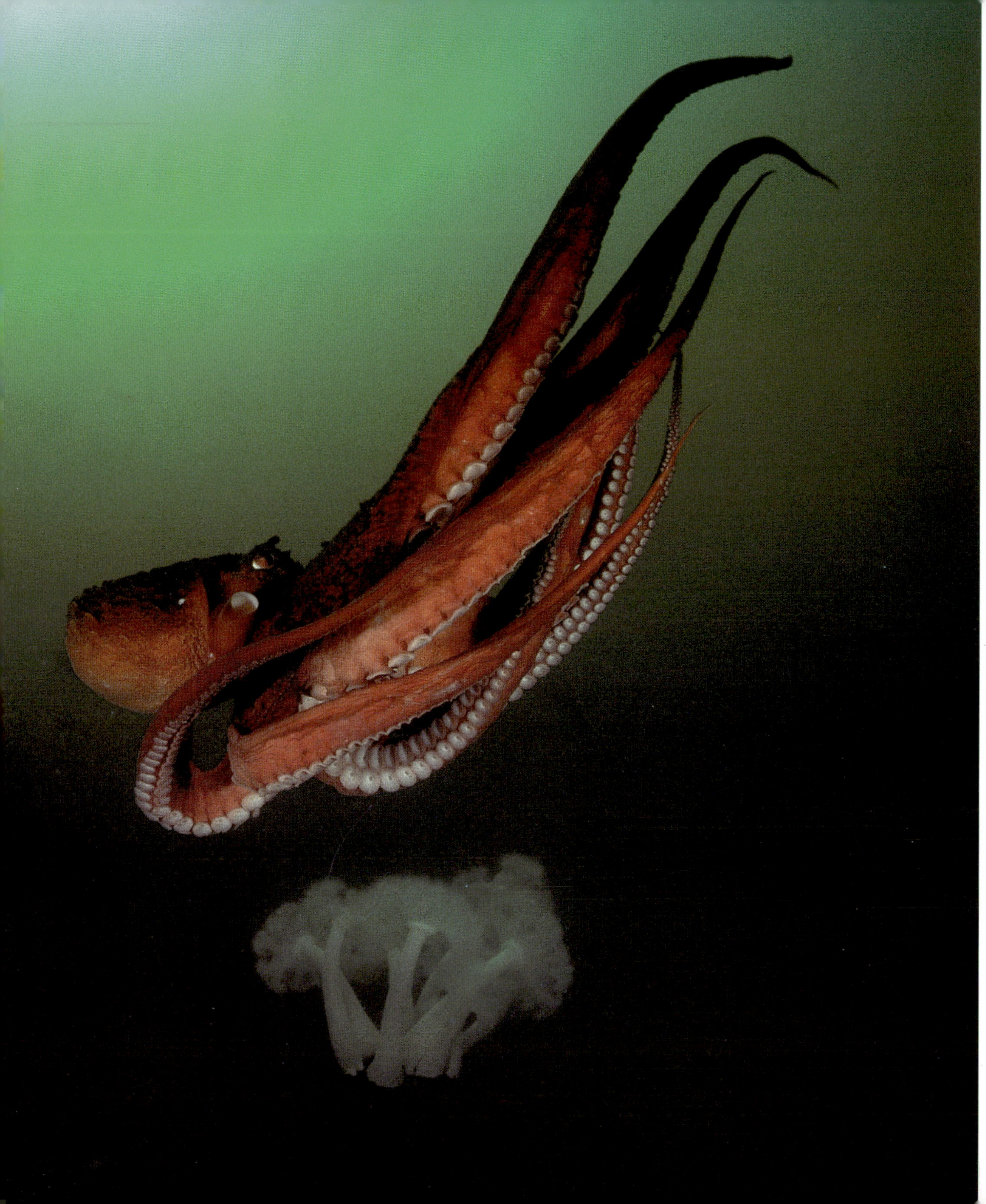

Grosso polpo e anemone, Vancouver, Columbia Britannica, Canada, 1979

Labridi e damigelle rosse in una foresta di laminarie, Channel Islands, California, USA, 1997

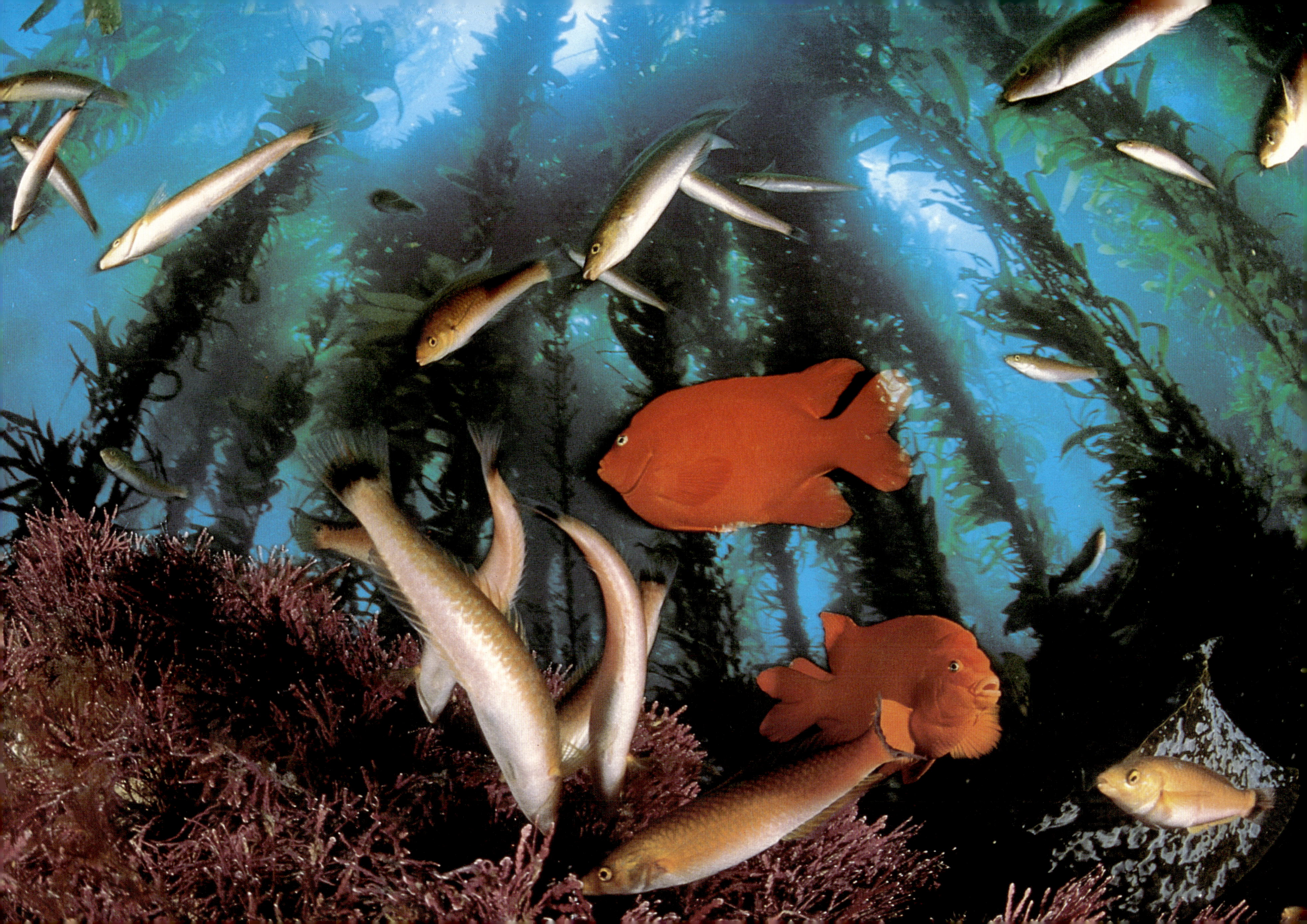

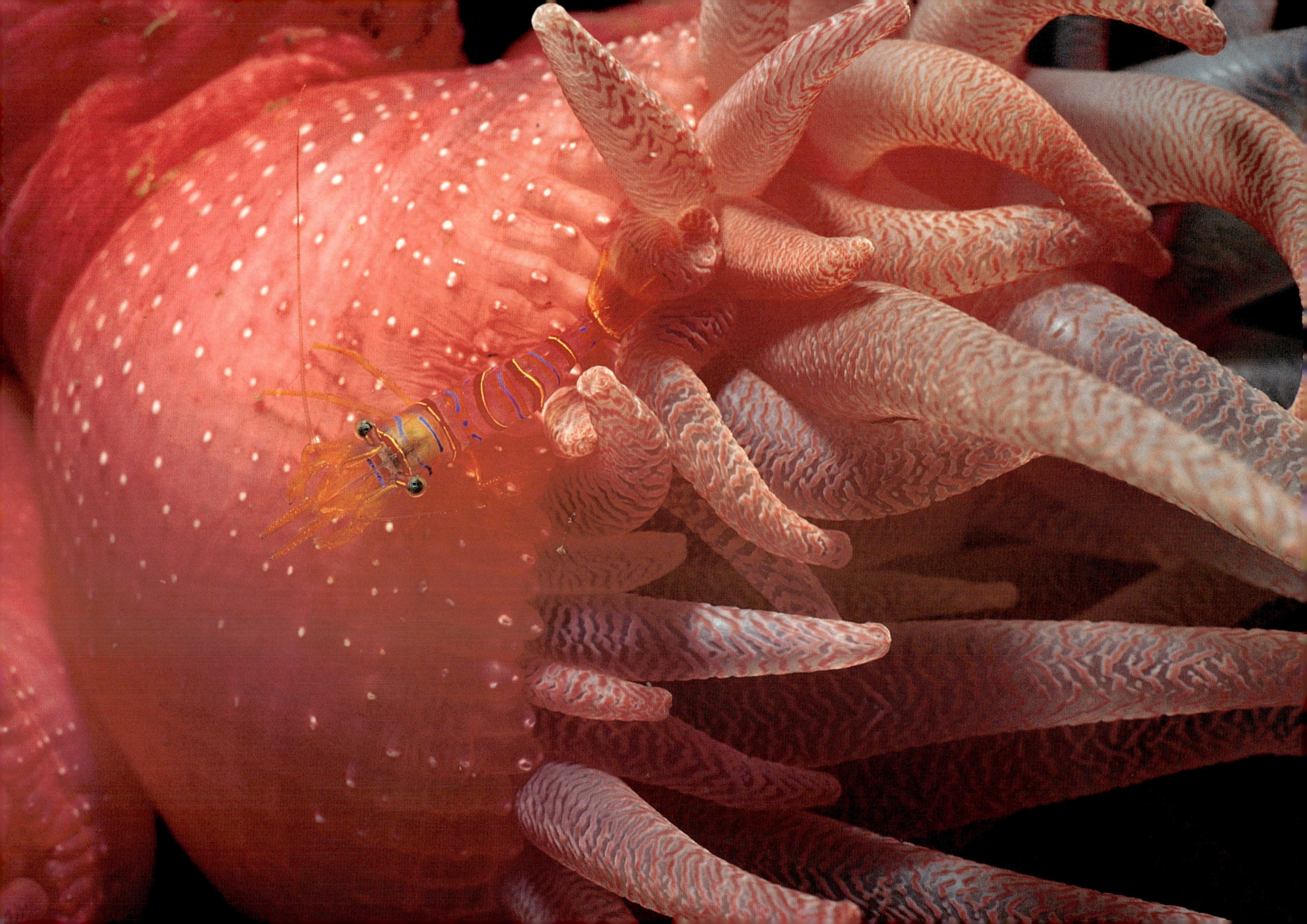

Murena del Pacifico e gamberetto pulitore rosso, Channel Islands, California, USA, 1985

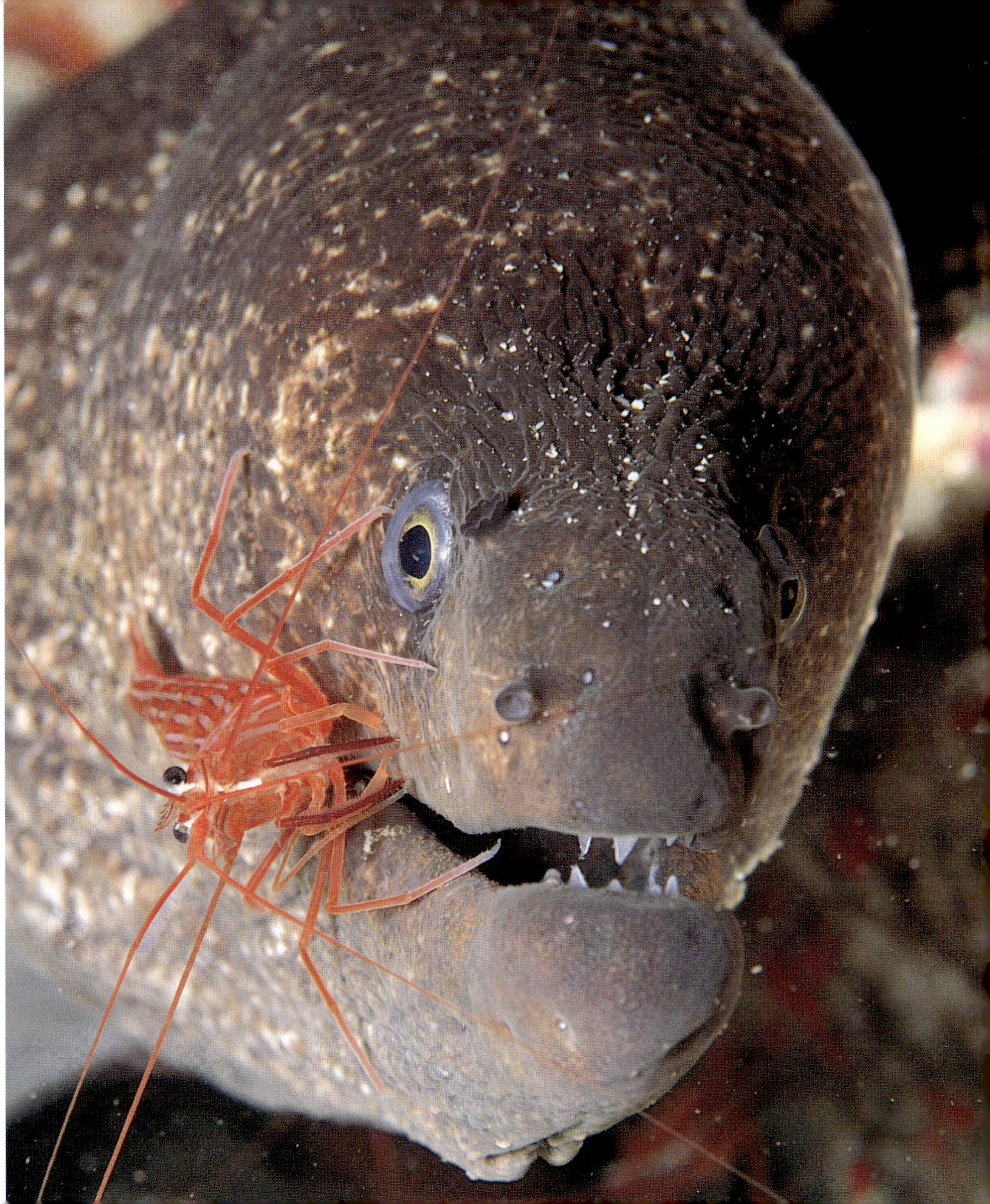

Vecchia murena lupo, Vancouver Island, Columbia Britannica, Canada, 1979

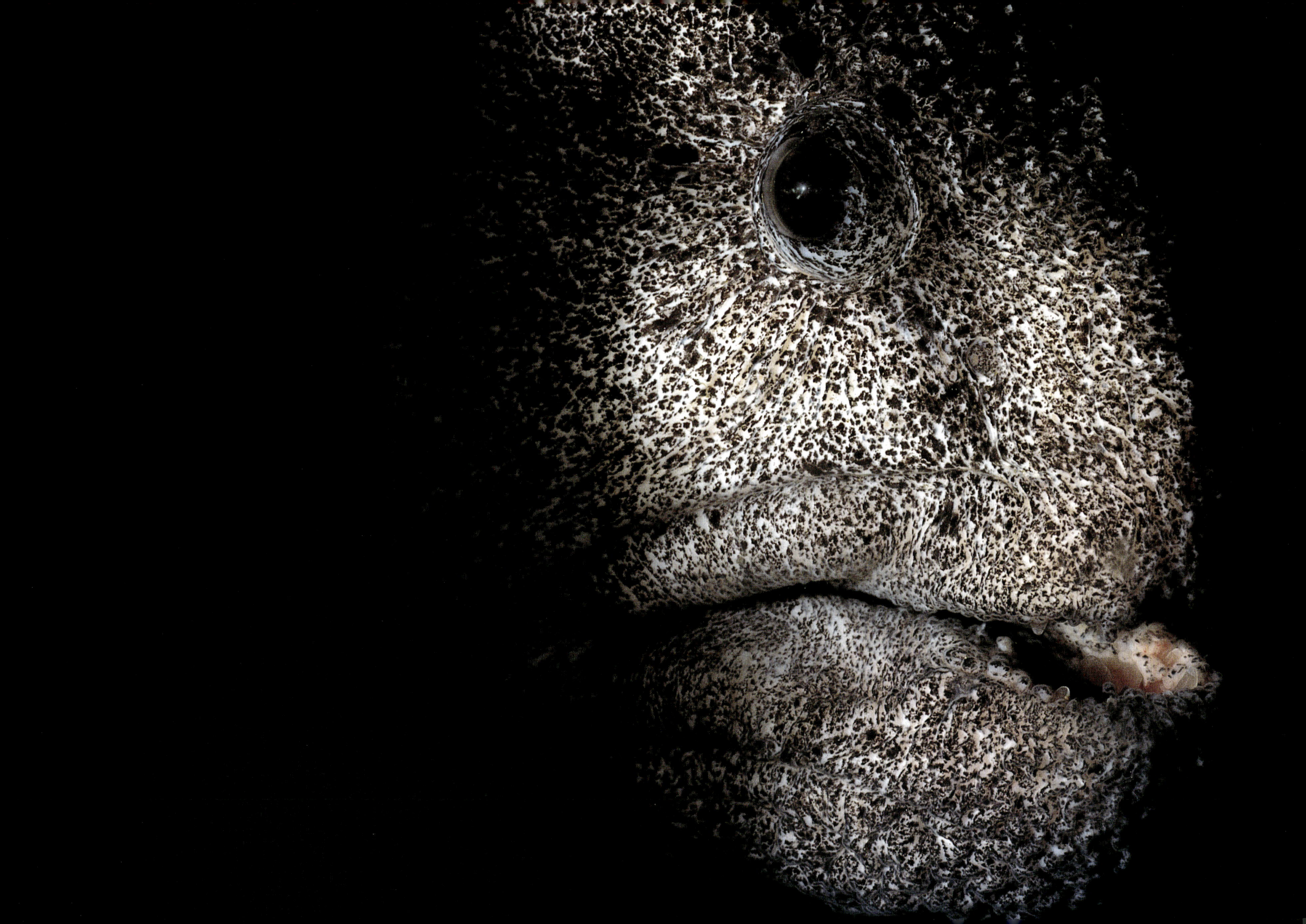

Isola di Tasmania, Tasmania, Australia, 1995

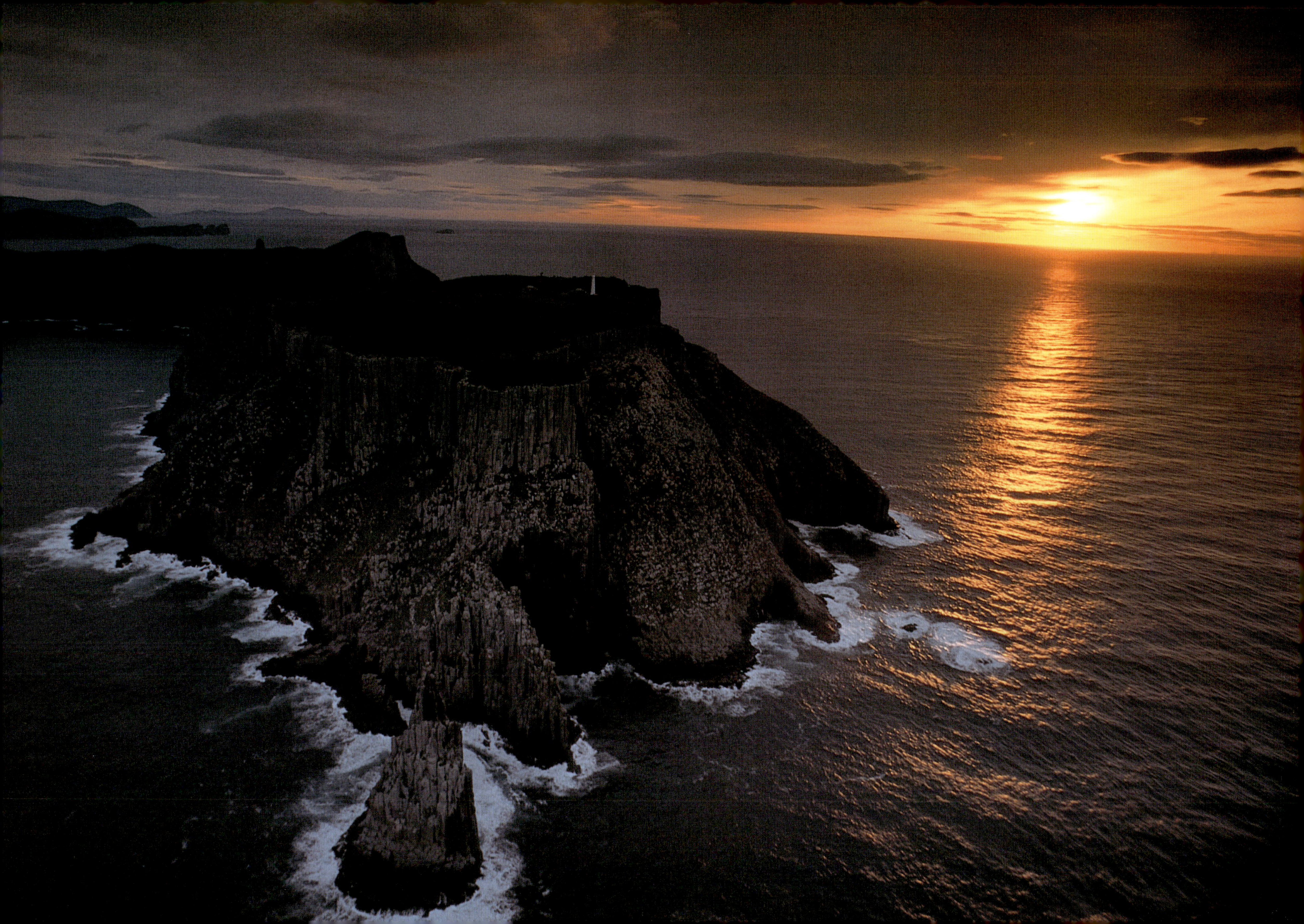

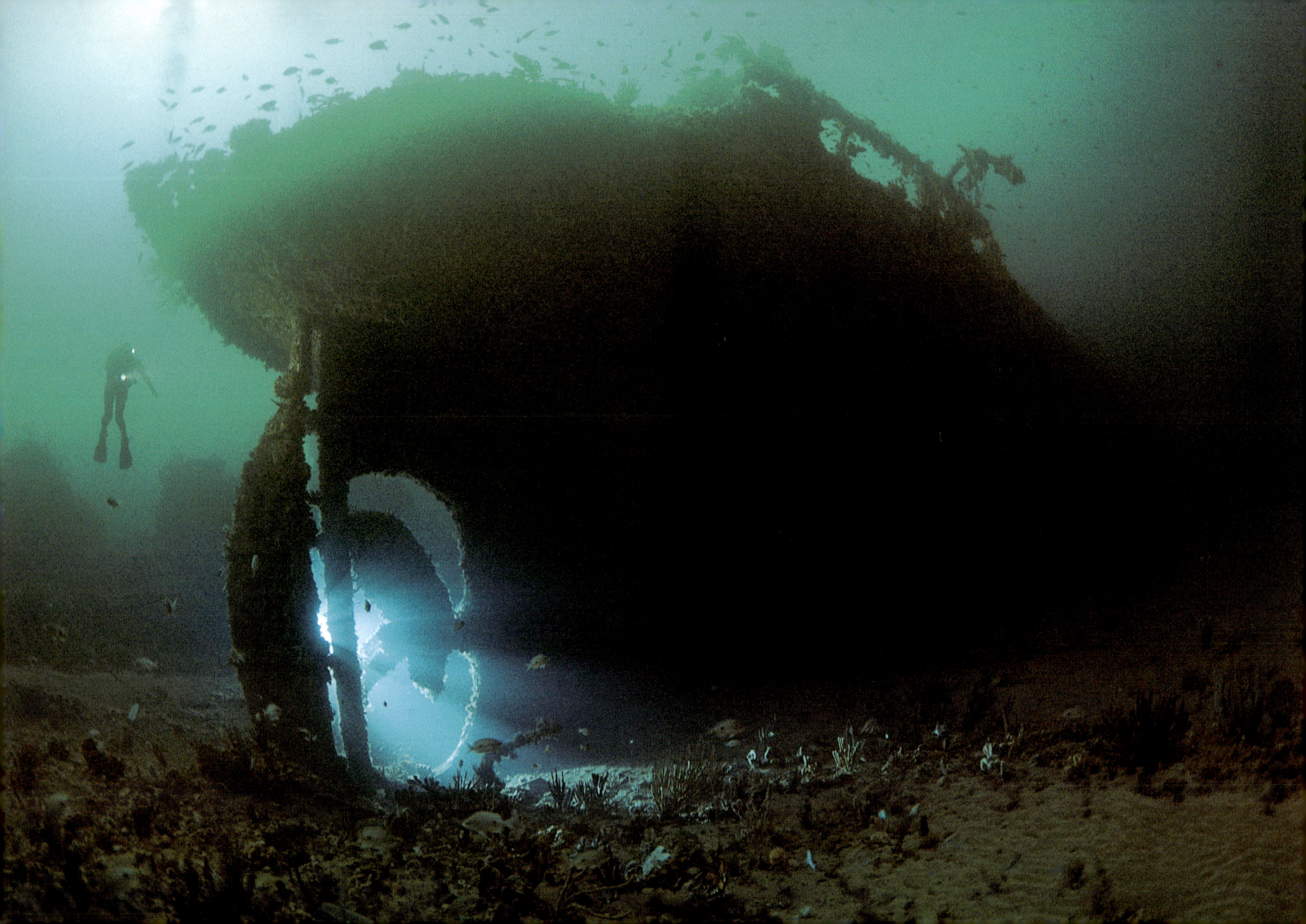

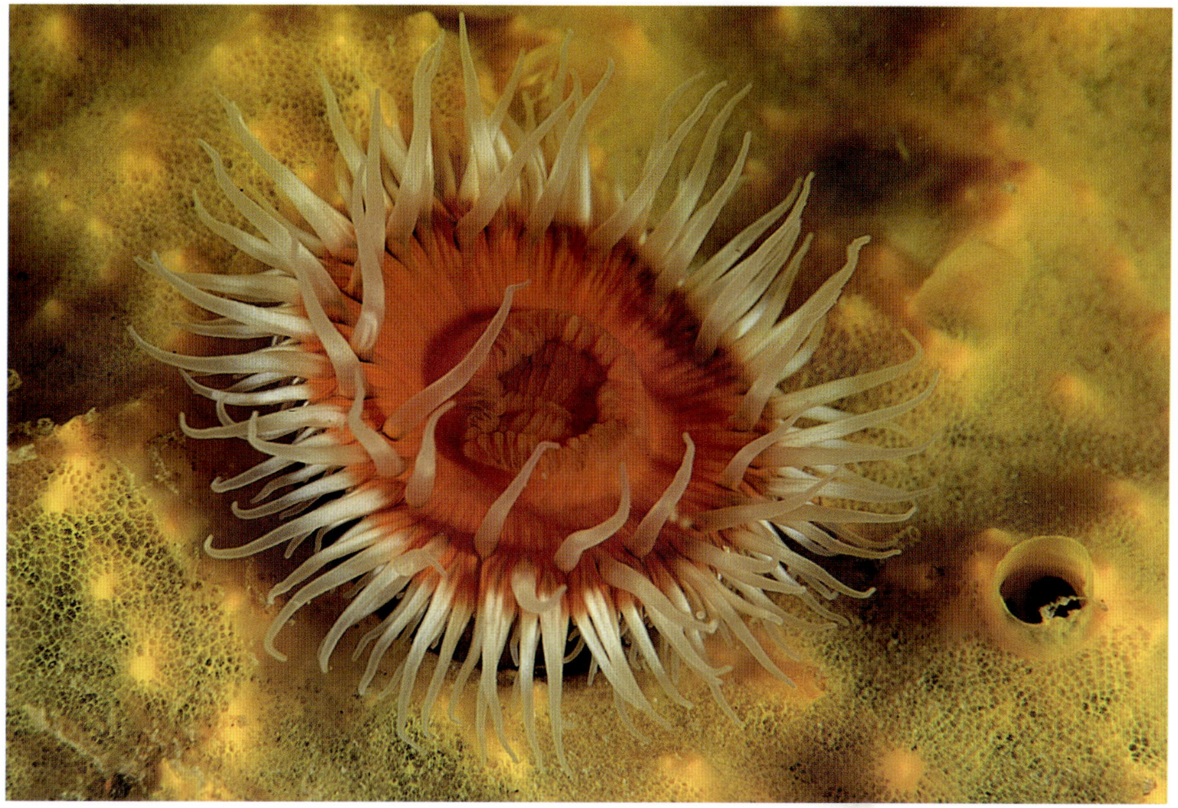

Anemone e spugna, Tasmania, Australia, 1995

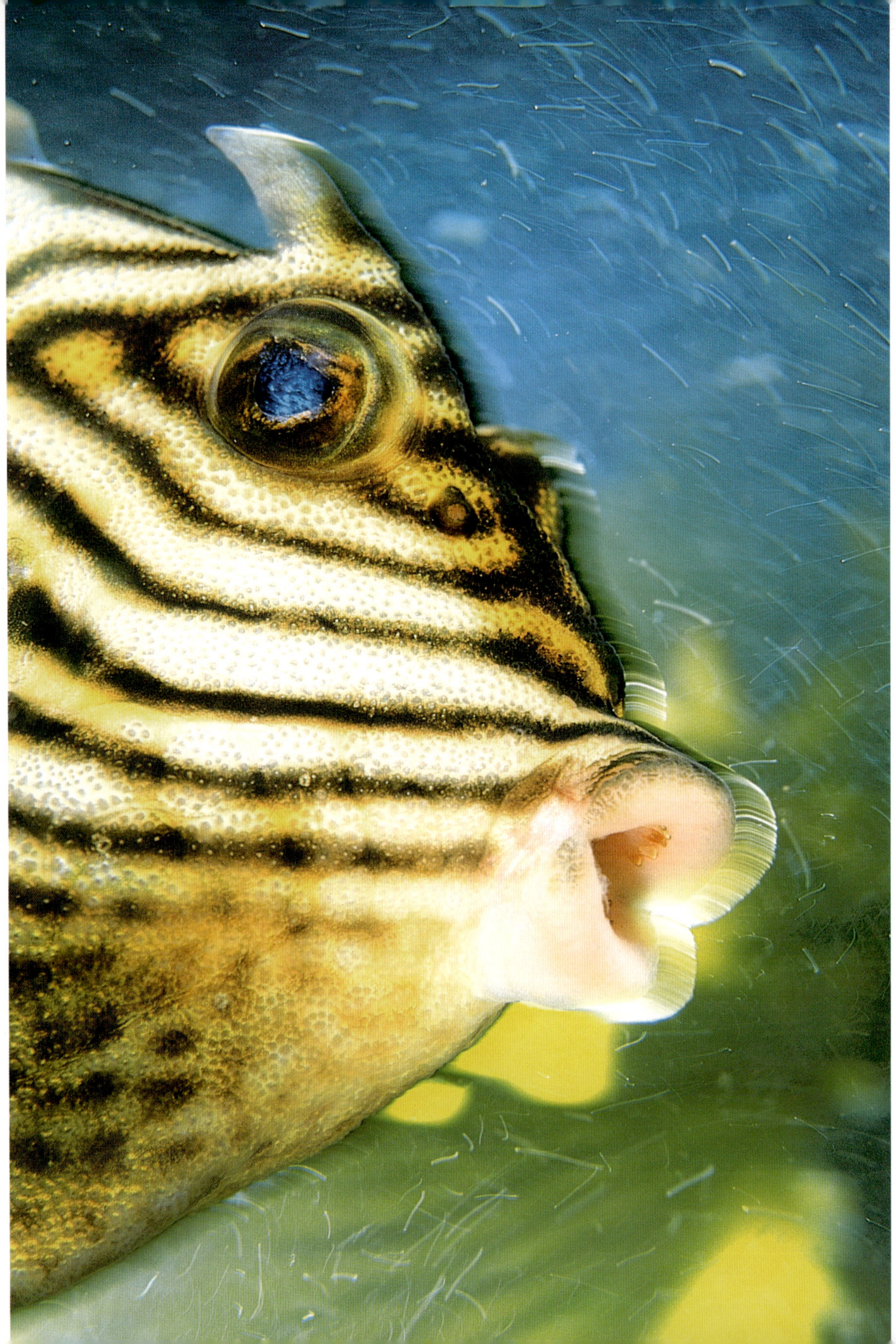

Pesce scatola striato, Tasmania, Australia, 1995

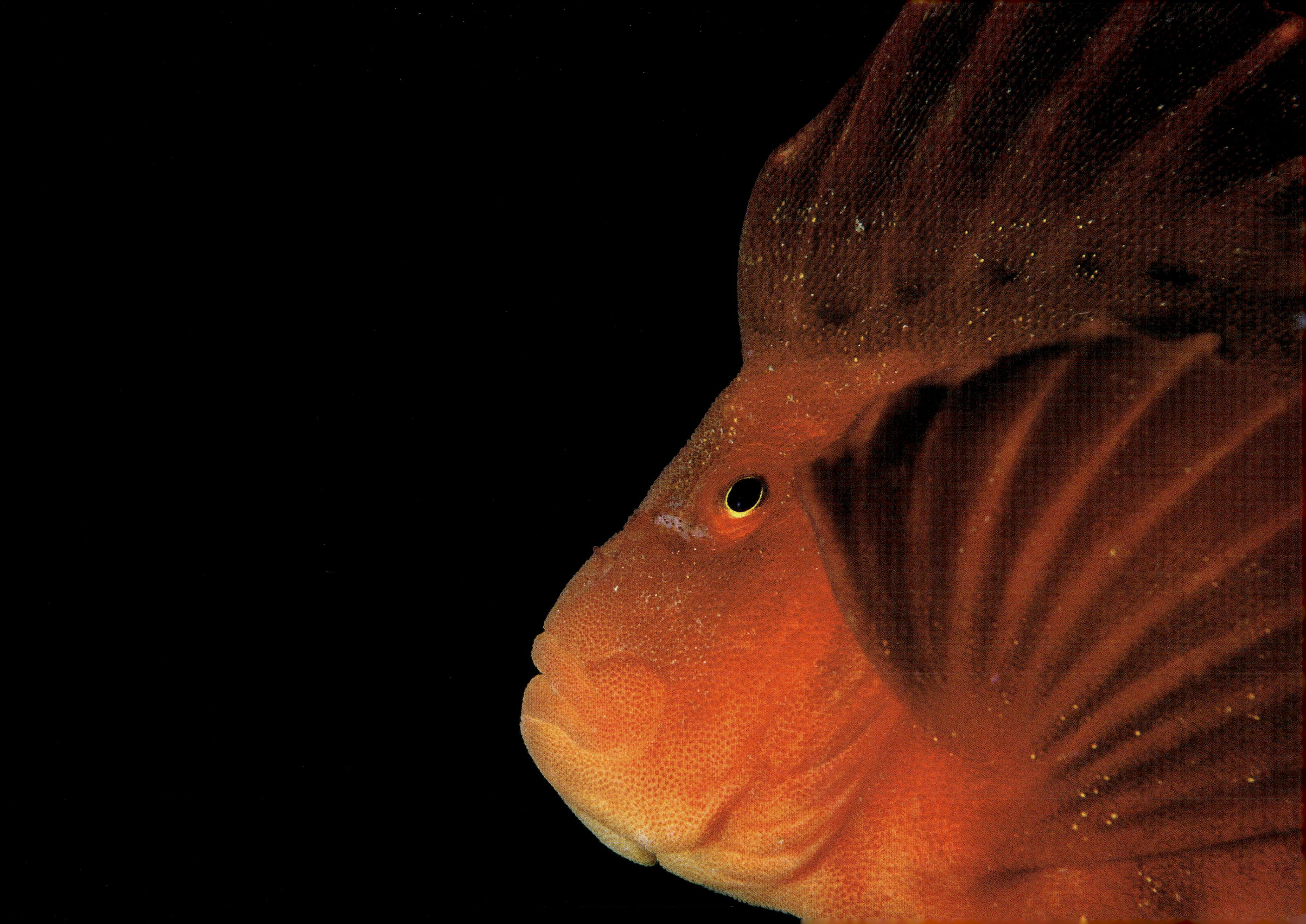

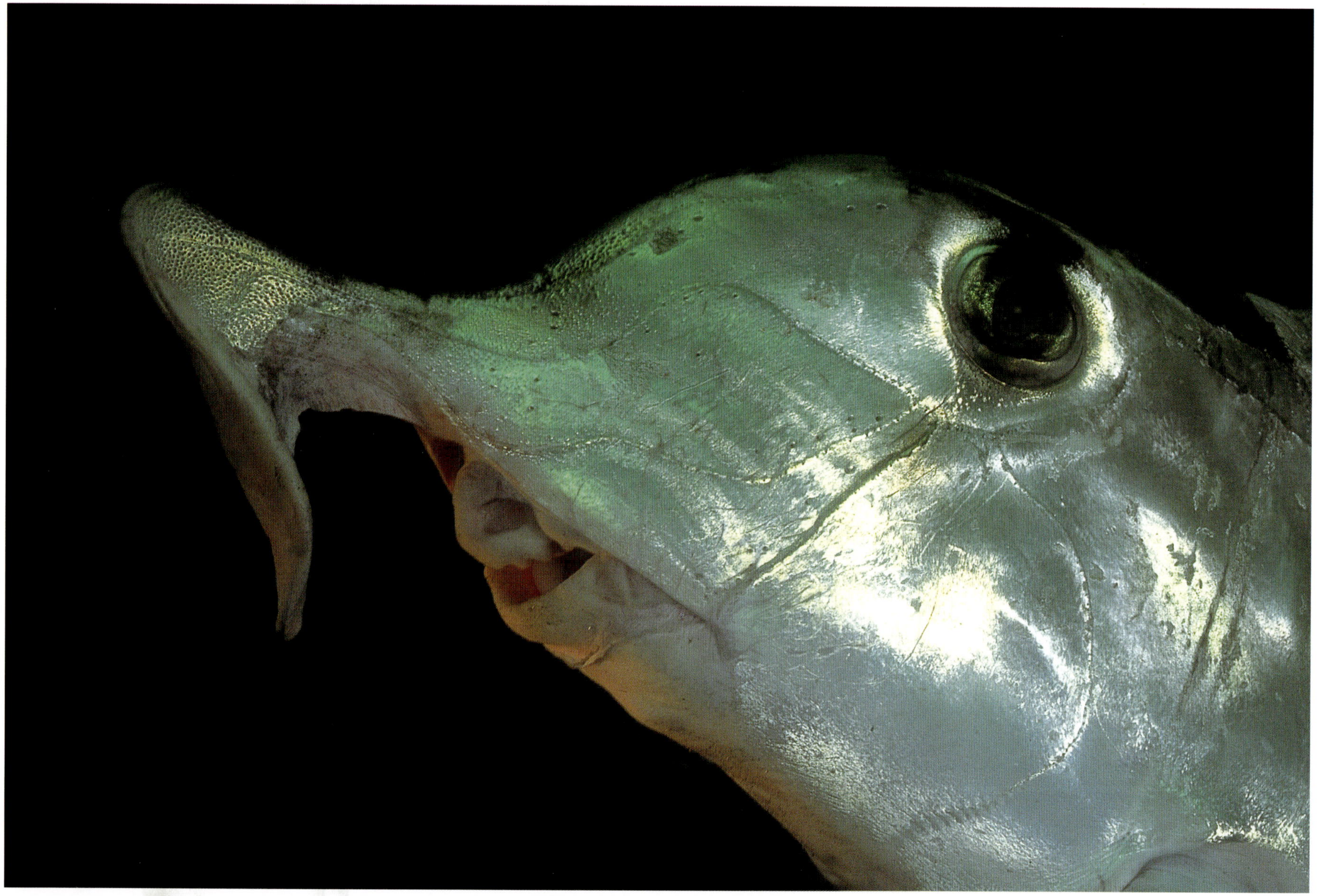

Pesce elefante, Tasmania, Australia, 1995

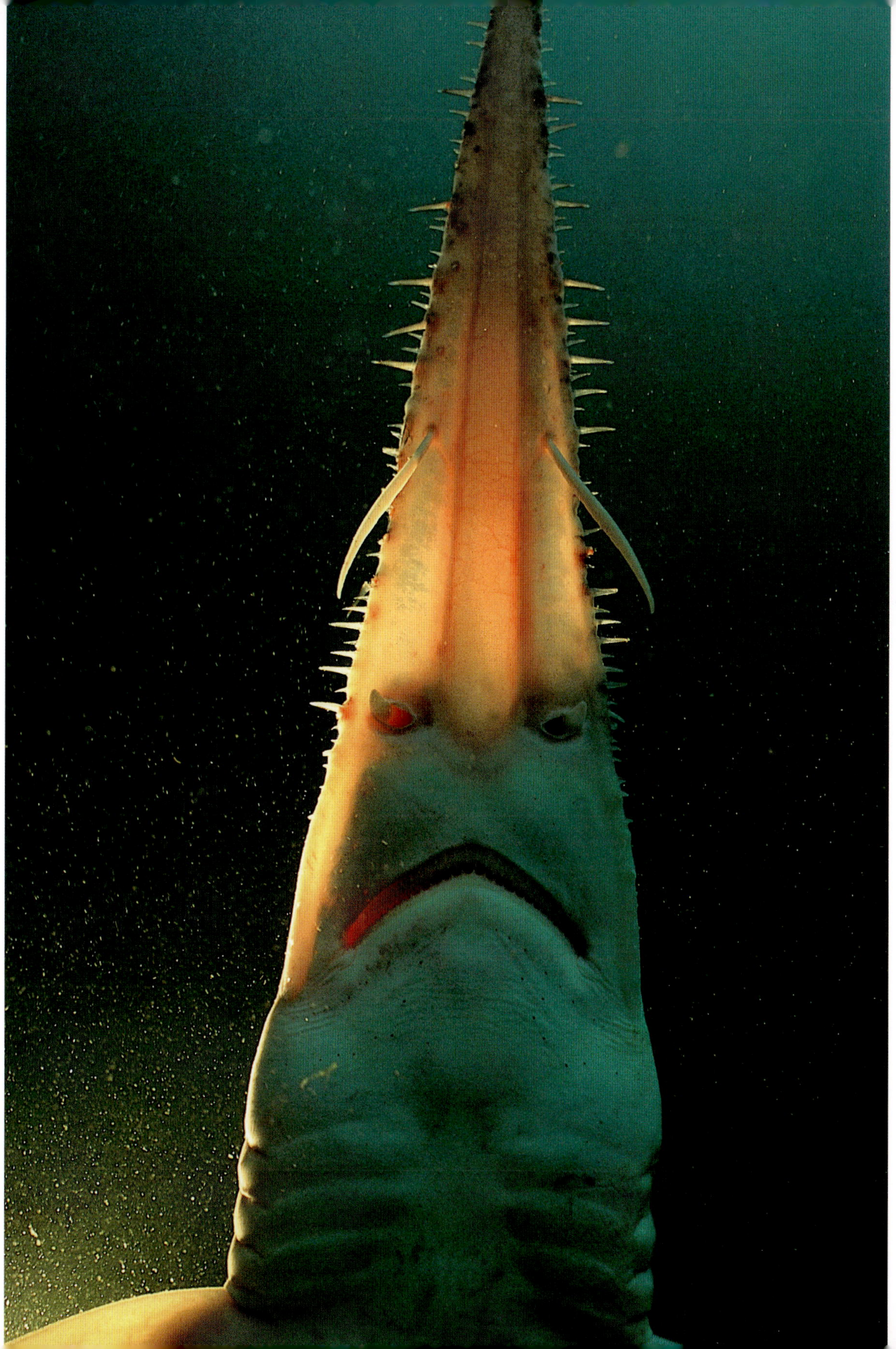

Pesce sega dal naso corto, Tasmania, Australia, 1995

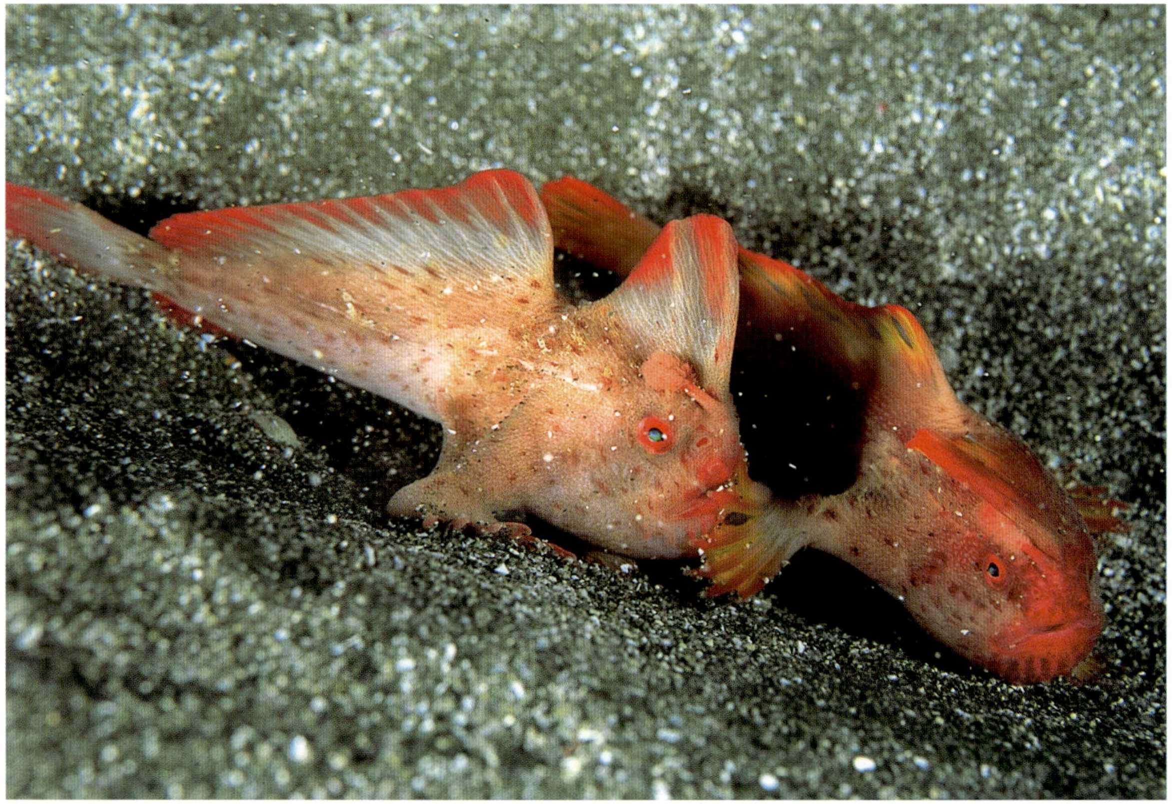

Brachionictide rosso, Tasmania, Australia, 1995

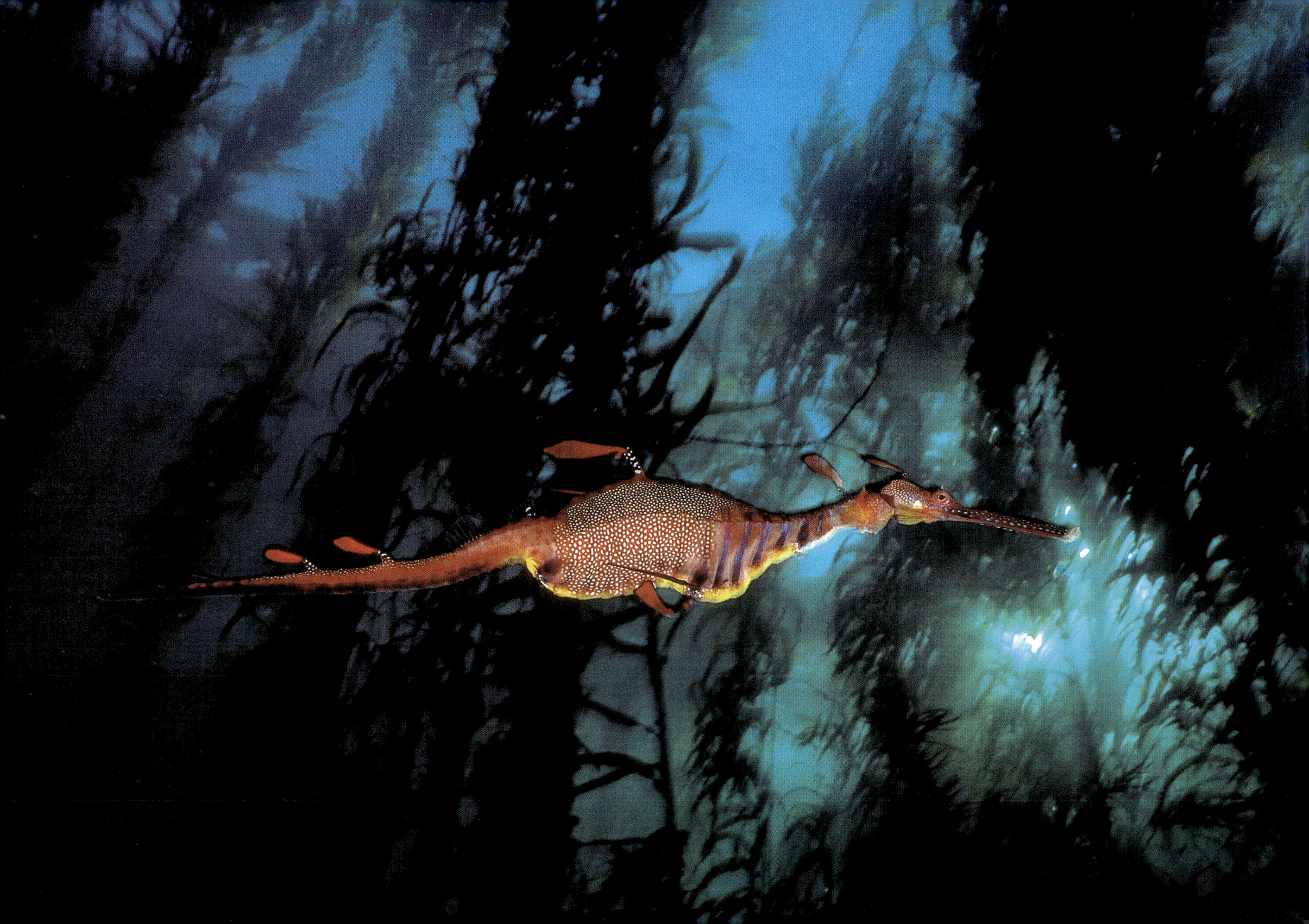

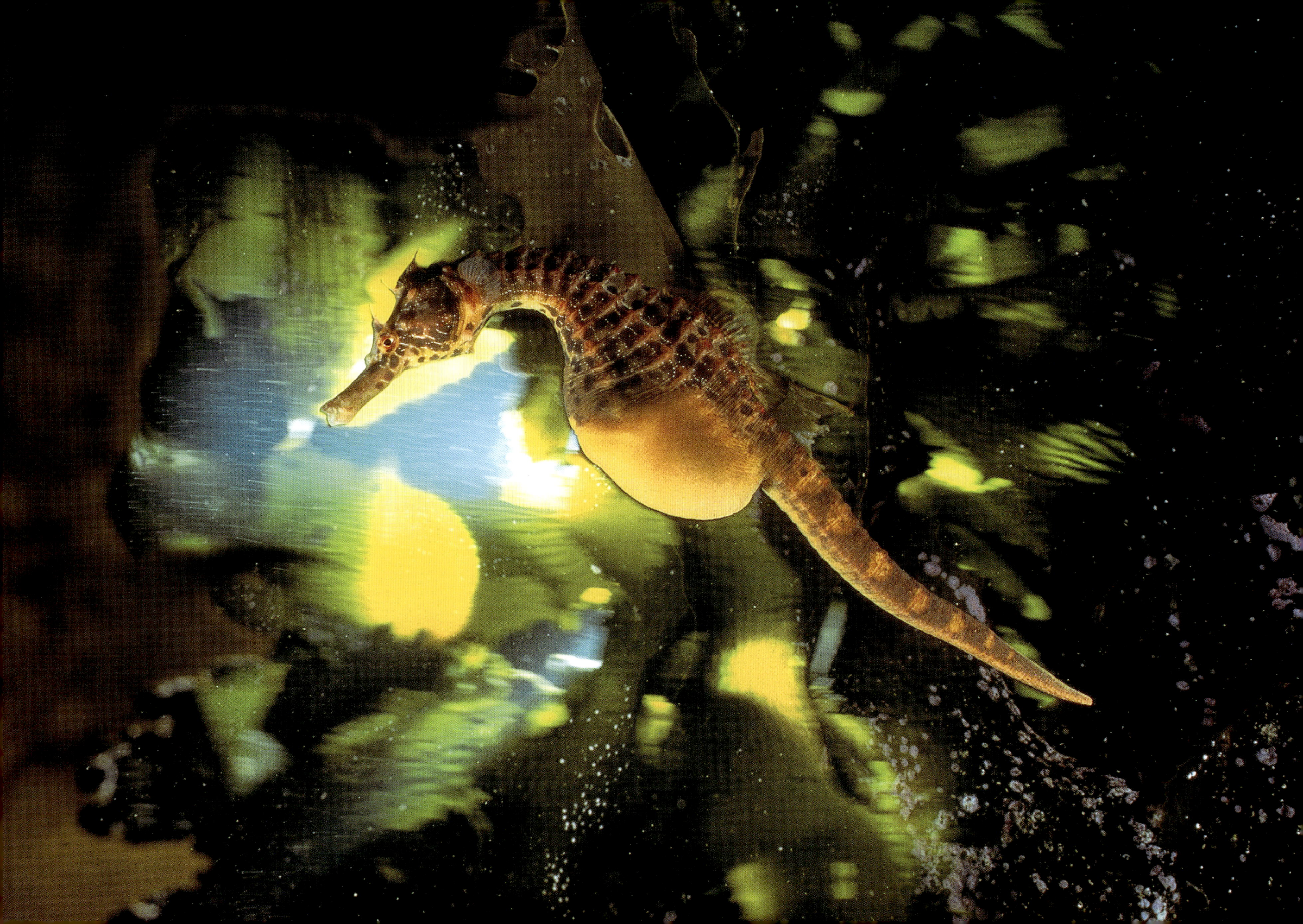

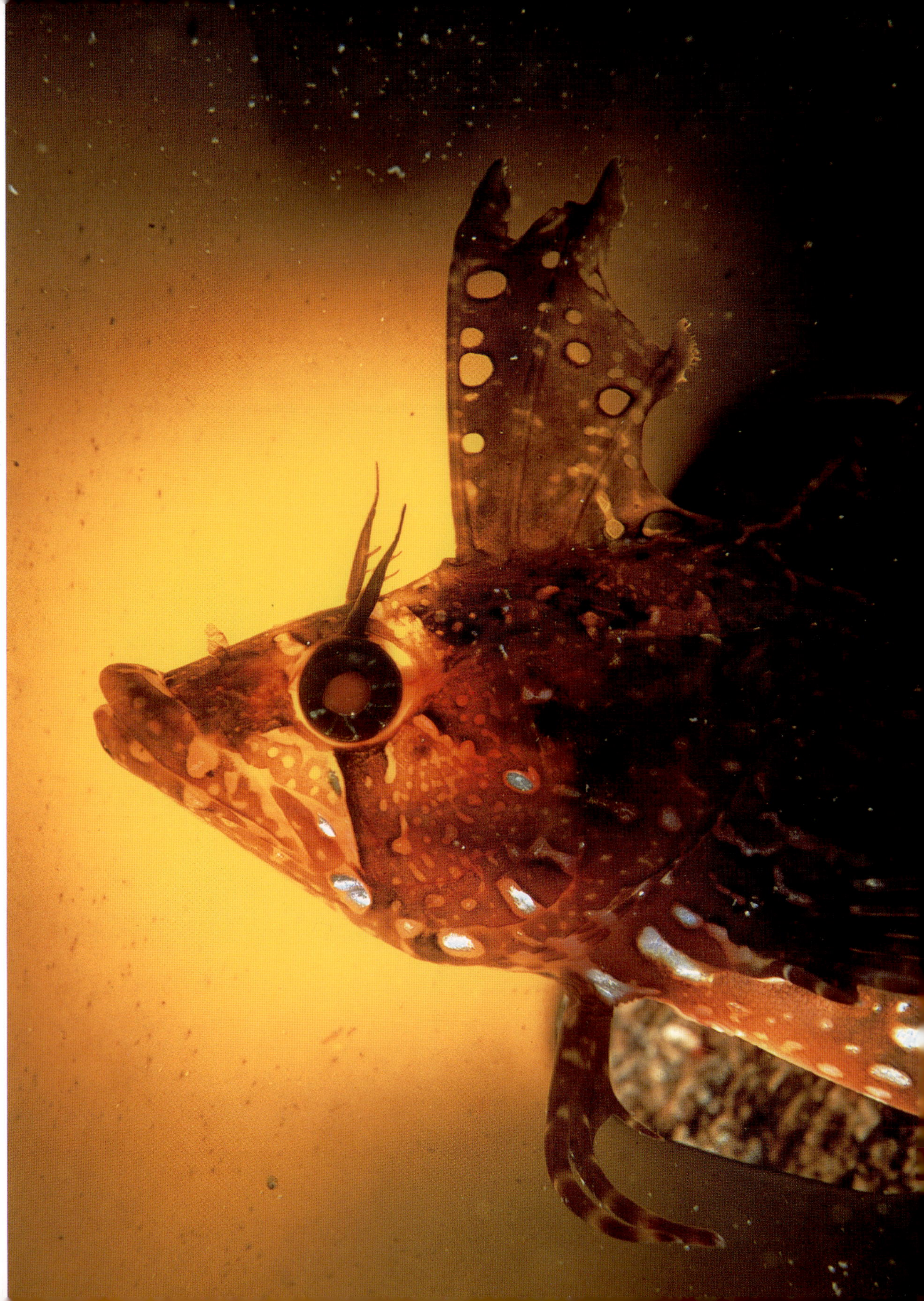

Blennide, Tasmania, Australia, 1995

Polpo gigante, Tasmania, Australia, 1995

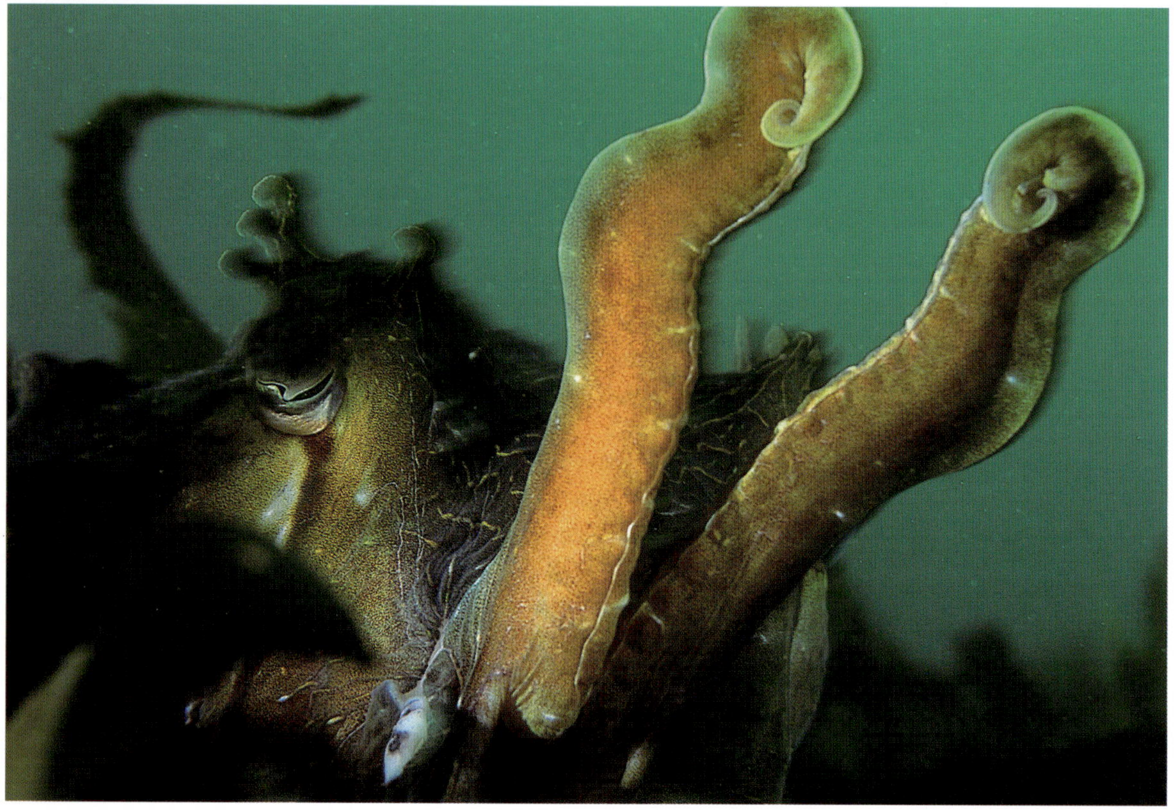

Granceola reale, Tasmania, Australia, 1995

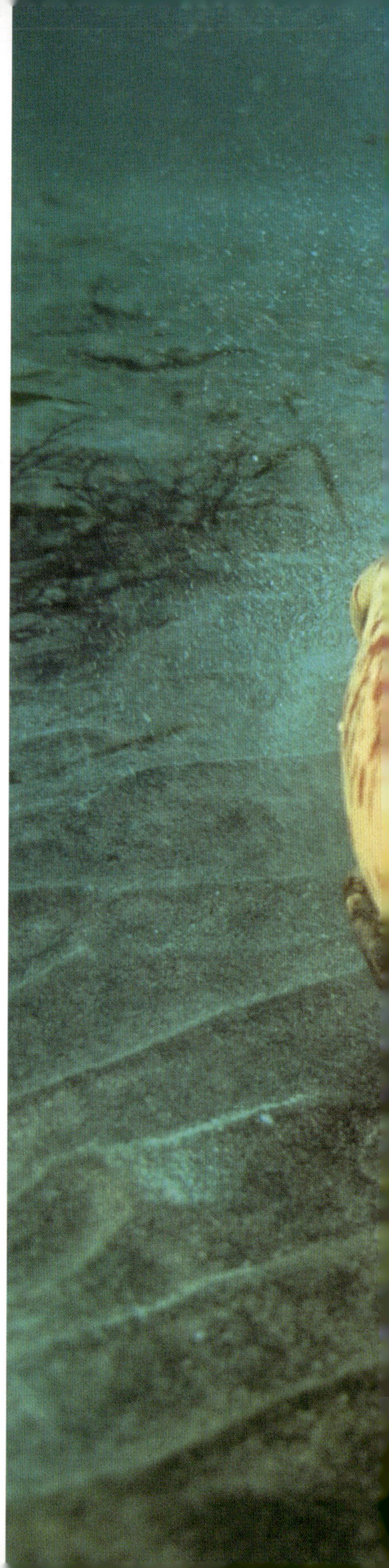

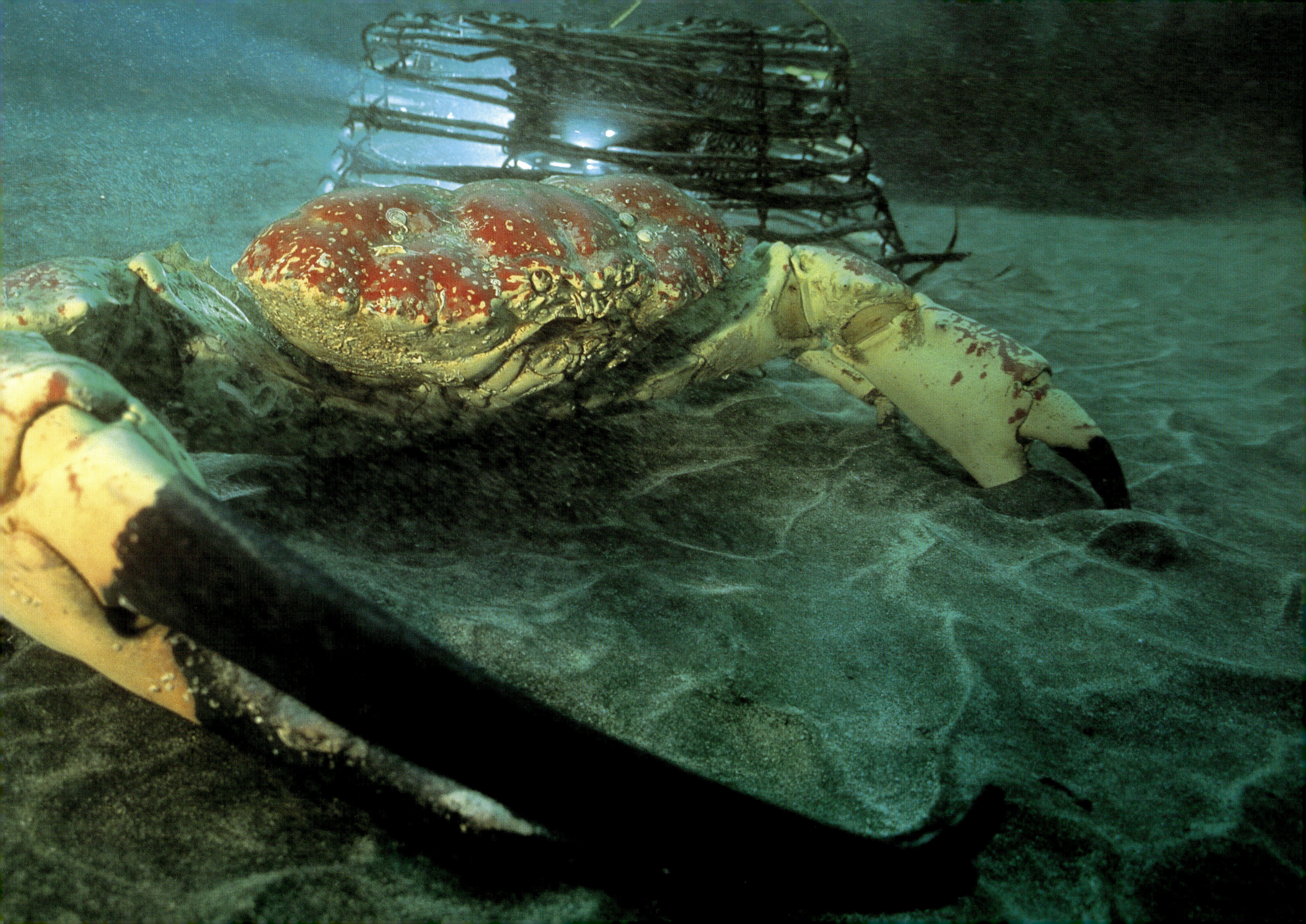

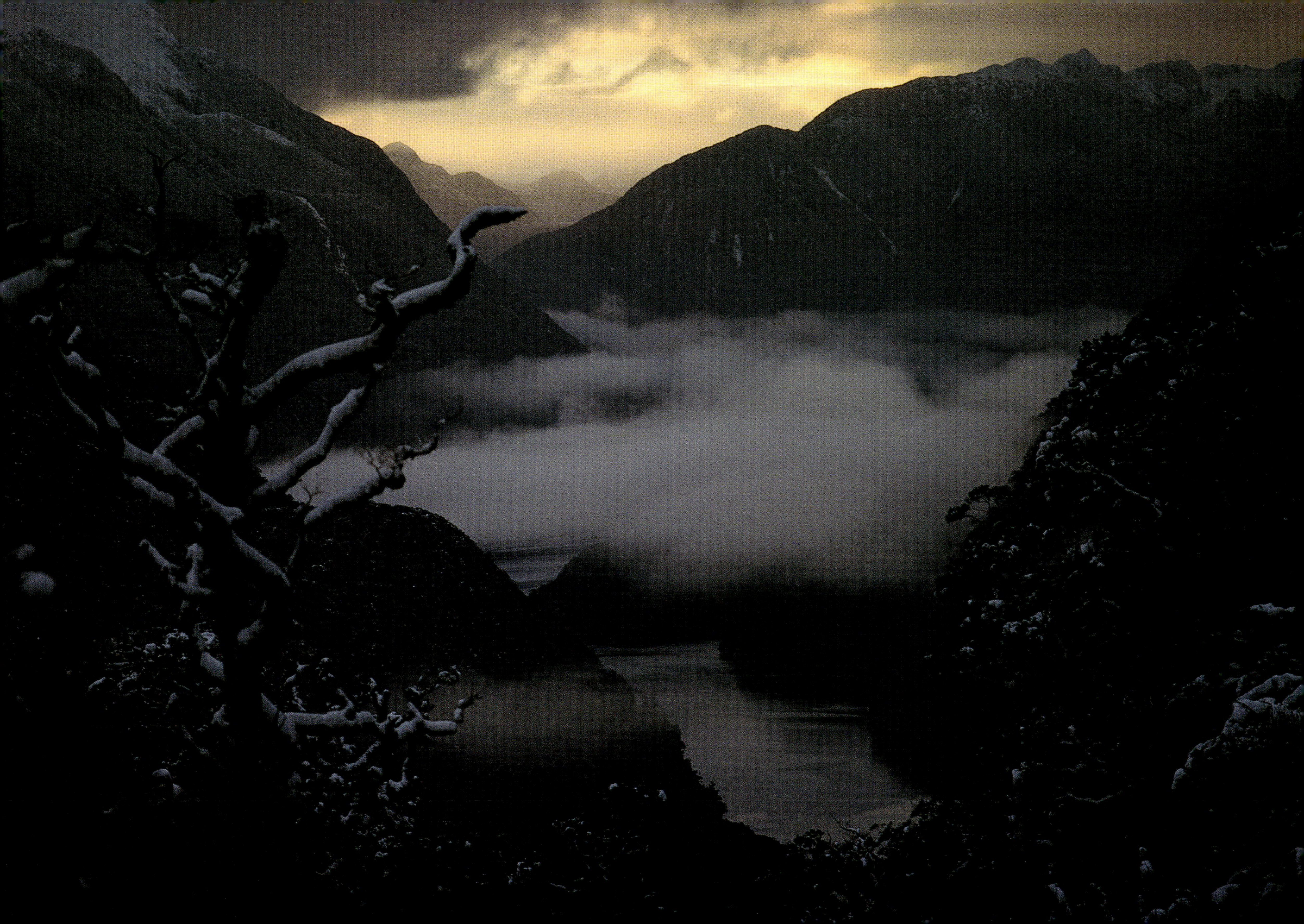

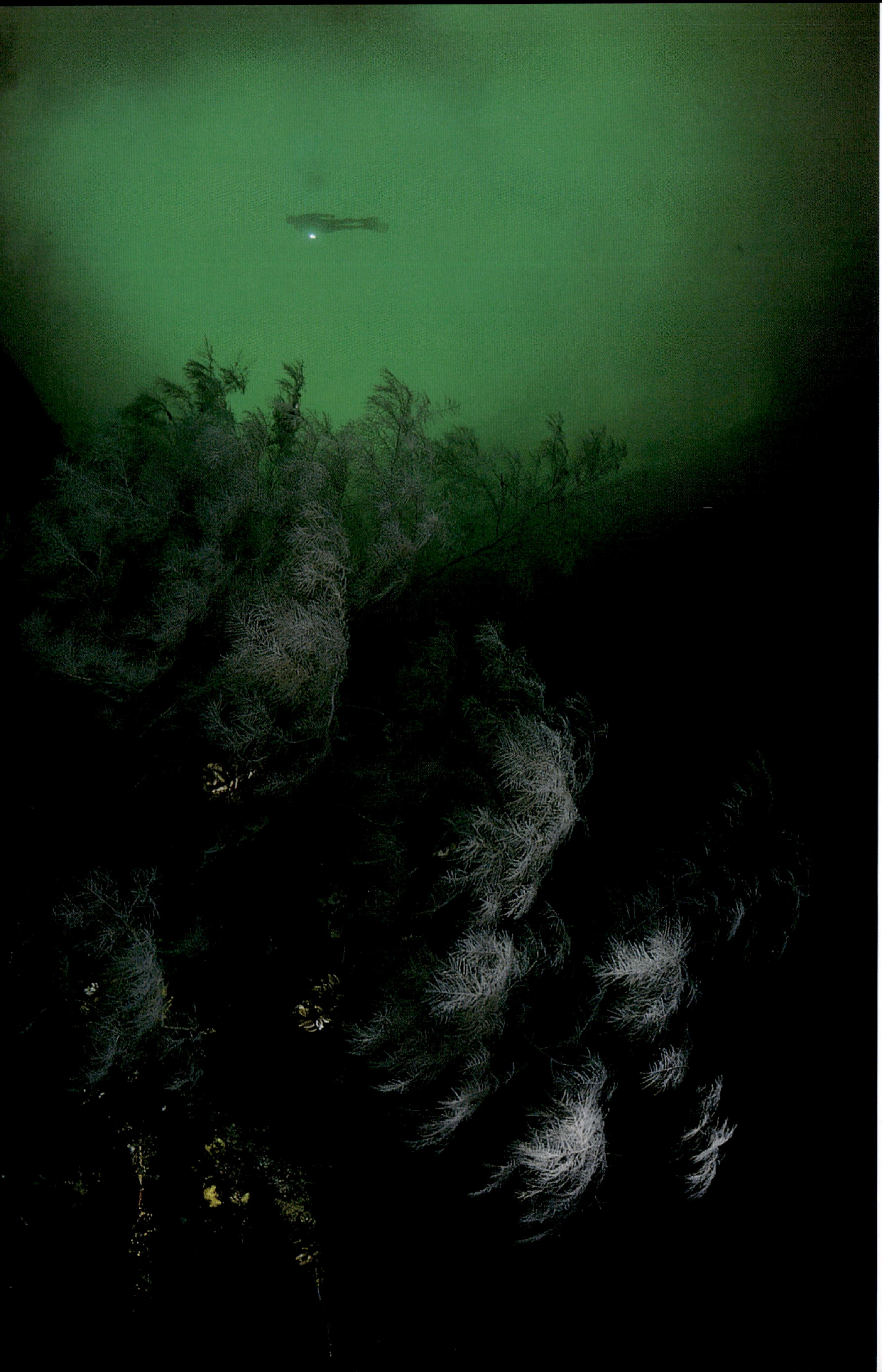

Corallo nero, Doubtful Sound, Isola del Sud, Nuova Zelanda, 1986

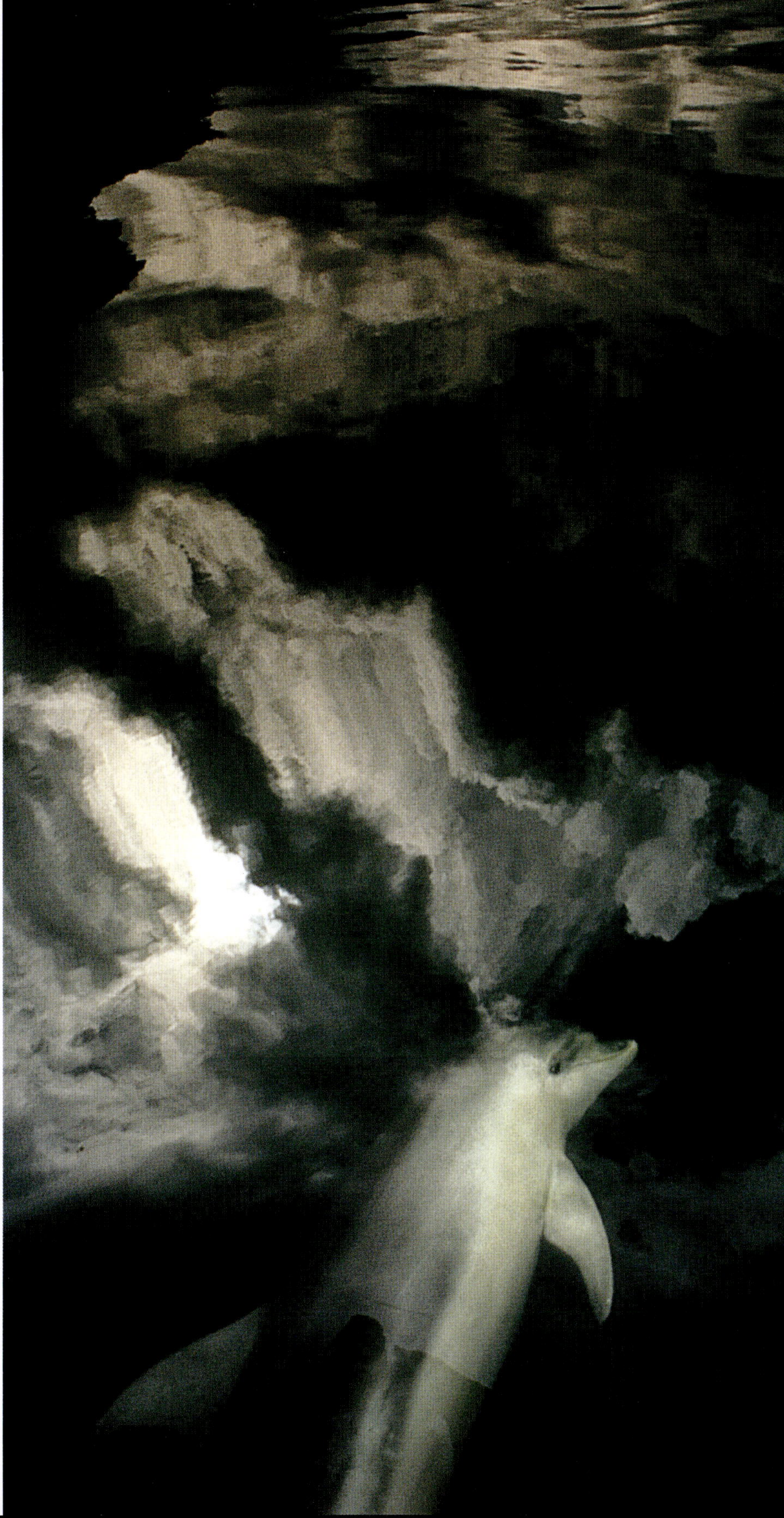

Delfino e nuvole, Doubtful Sound, Isola del Sud, Nuova Zelanda, 1986

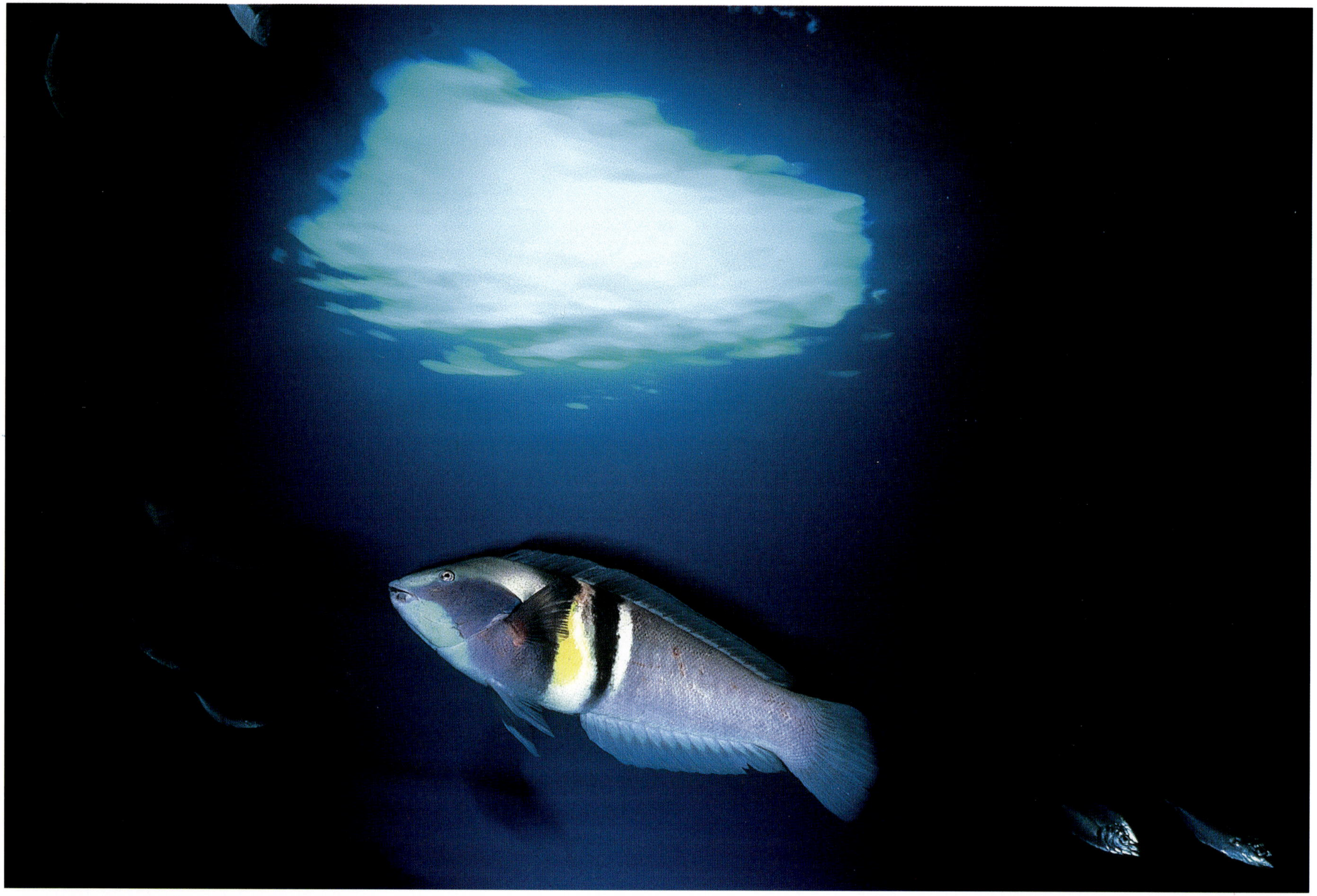

Labride, Poor Knights Islands, Isola del Nord, Nuova Zelanda, 1986

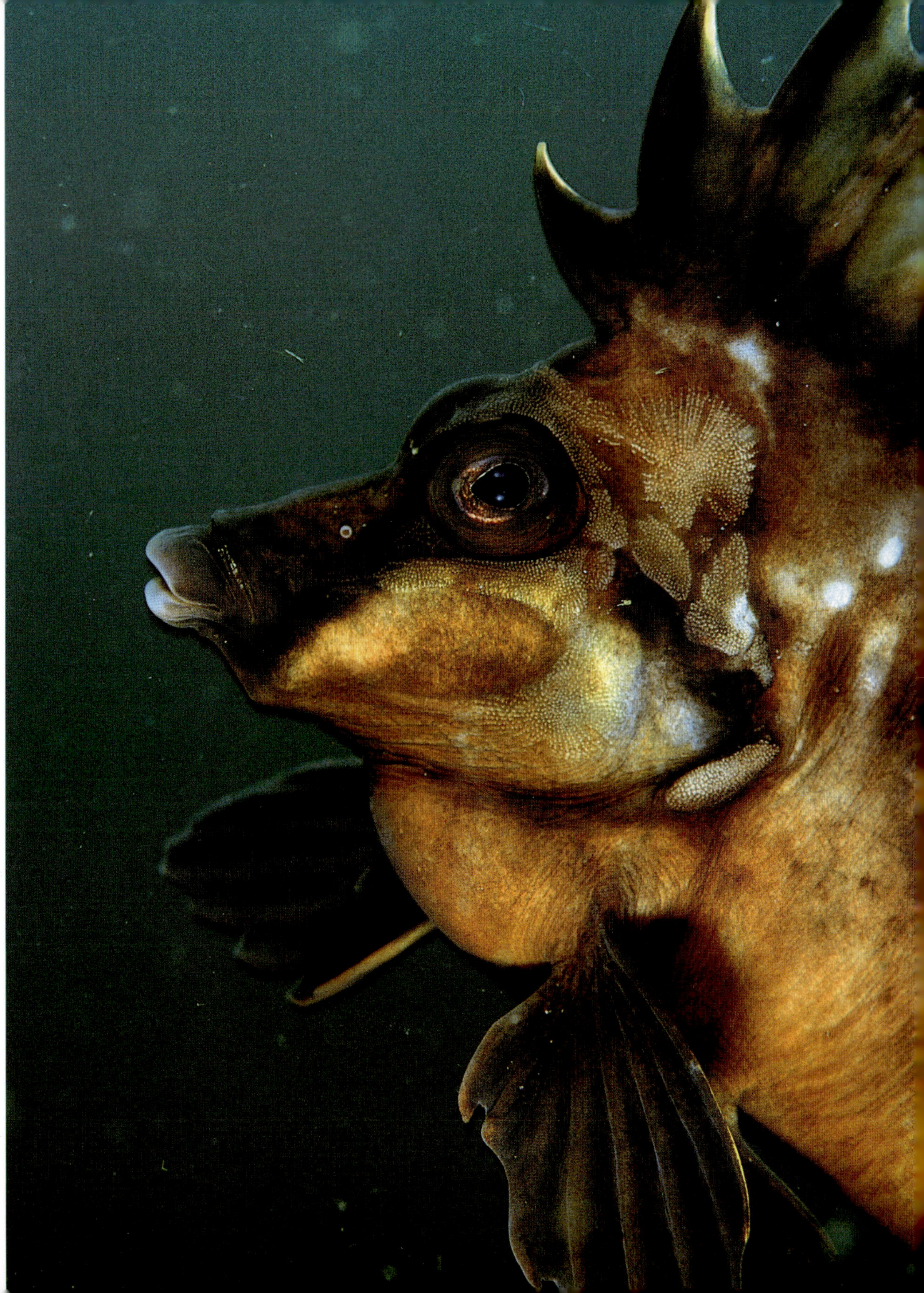

Scorpenide, Stewart Island, Nuova Zelanda, 1987

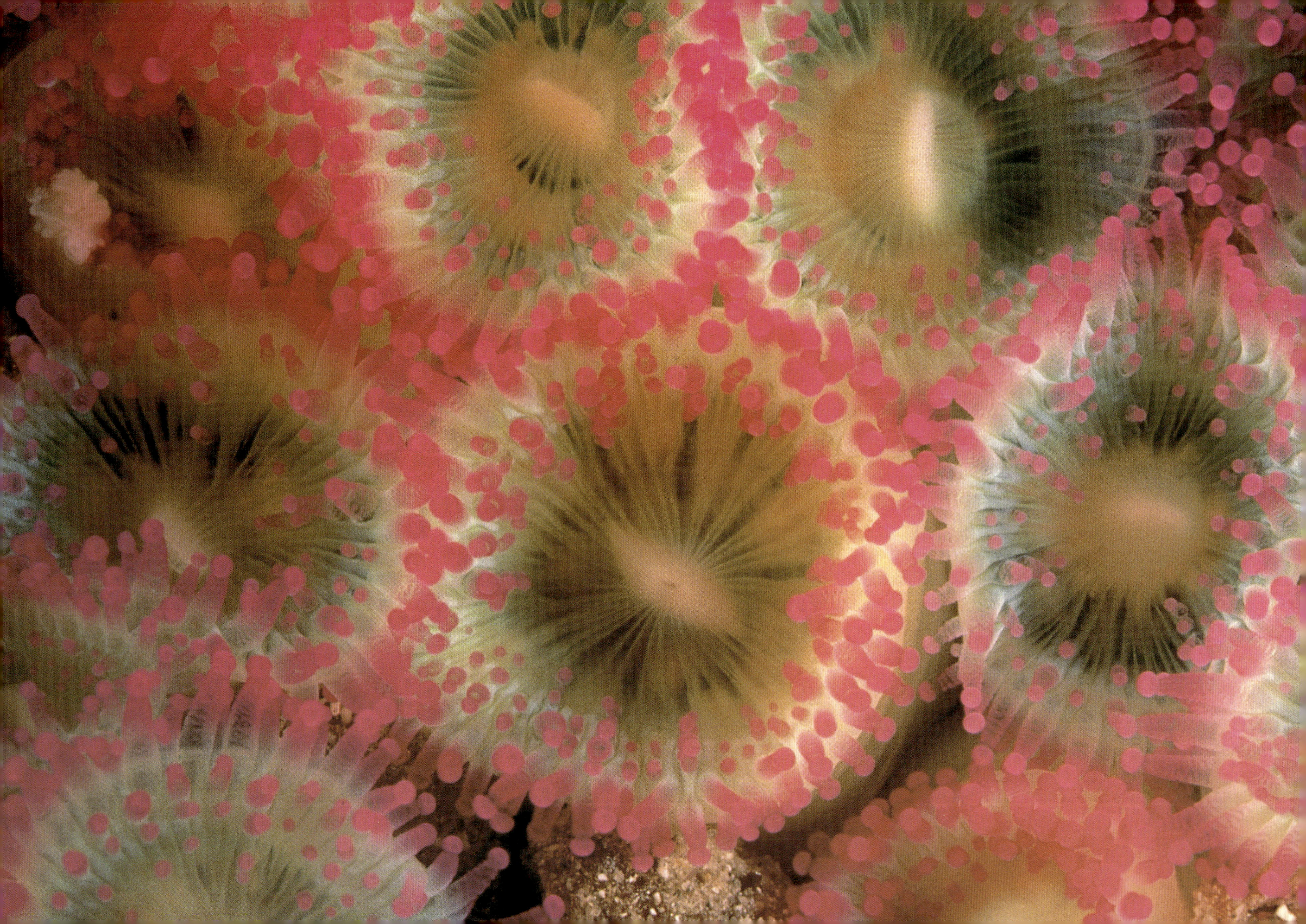

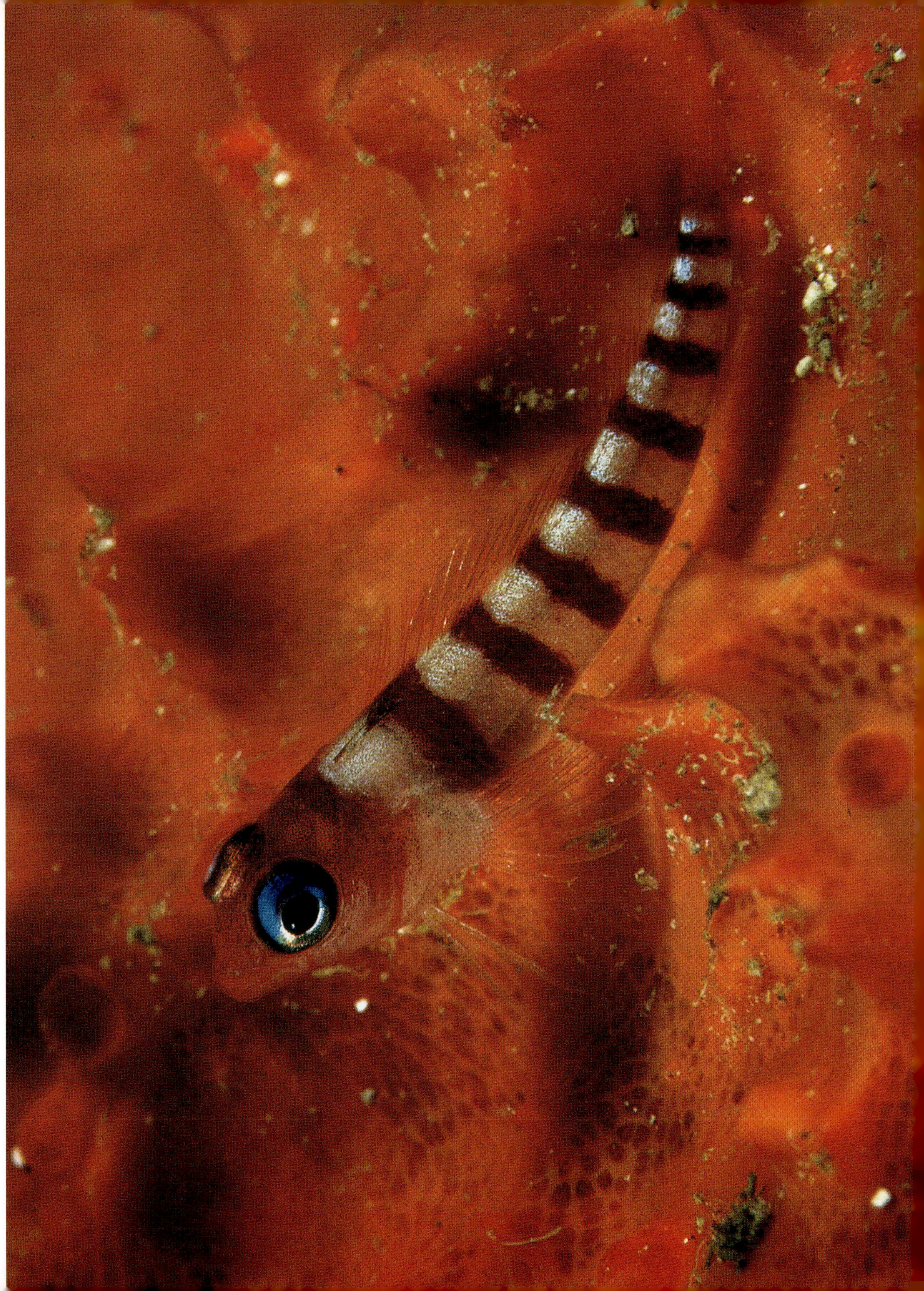

Blennide (*Notoclinops segmentatus*), Poor Knights Islands, Nuova Zelanda, 1986

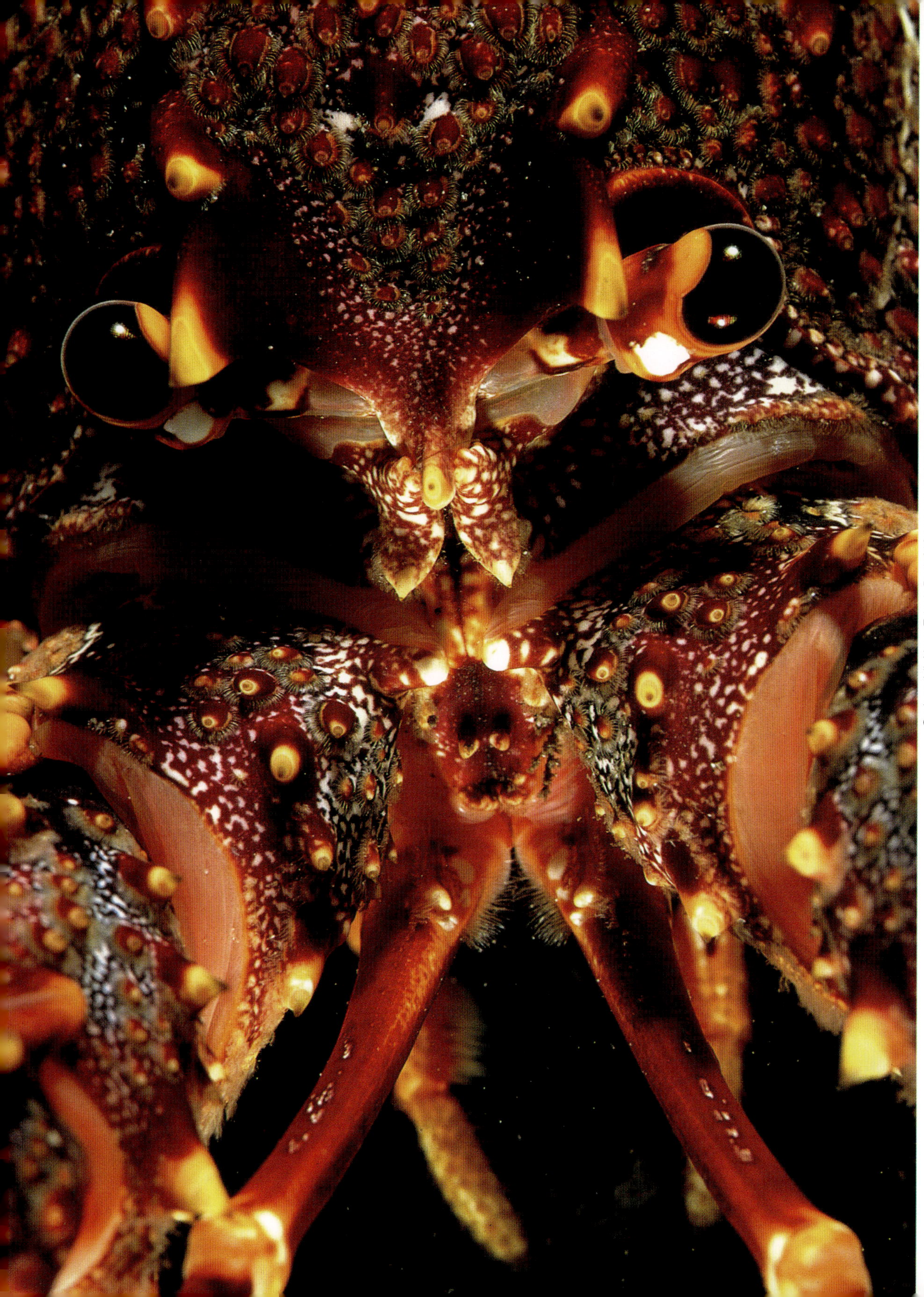

Gambero della Nuova Zelanda, Doubtful Sound, Isola del Sud, Nuova Zelanda, 1986

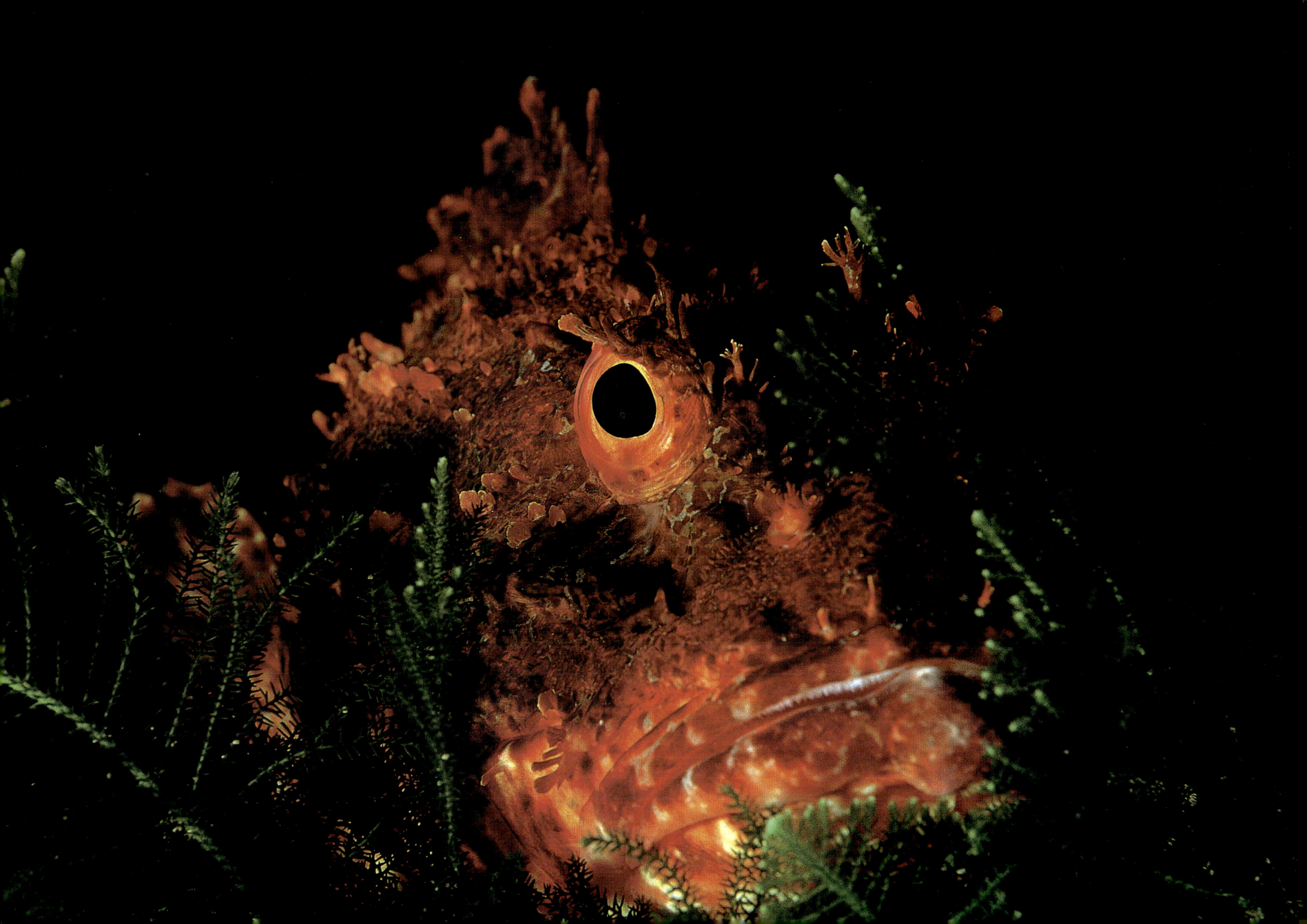

Da adolescente, durante le estati nel New Jersey, me ne stavo talvolta steso sul fondo delle piscine; guardavo in alto e fotografavo i nuotatori sopra la mia testa. Perfino i migliori, i più atletici, sembravano giocattoli di latta se paragonati ai leoni marini, agli squali, alle mante o alle tartarughe. Gli esseri umani nuotano con movimenti individuali, quasi controllati da rudimentali meccanismi ad orologeria; i leoni marini, invece, scivolano e si spostano con leggiadra mancanza di peso. I corpi seguono gli occhi. Le razze, poi, volano: sono in grado di battere le ali per accelerare o di corrugarle per librarsi.

Quindici anni fa alcuni subacquei cominciarono a cibare le razze nelle secche al largo di Grand Cayman. Si rivelarono gentili creature che talvolta giungevano ad abbracciare con le pinne i subacquei. Quei banchi di sabbia divennero un luogo d'immersione estremamente popolare, attirando fino a 1000 subacquei e snorkeler al giorno. Ma le barche dei turisti rimanevano solo un'ora; io rimanevo l'intera giornata a osservare la luce che cambiava e le razze che volavano attraverso uno sconfinato palcoscenico di acqua limpida, di sabbia e di nuvole fluttuanti – razze e nuvole. Alla fine della giornata le razze riprendevano il loro comportamento normale, fiutando nella sabbia alla ricerca di piccoli pesci.

Da trent'anni alle Hawaii le luci del Kona Surf Hotel si spandono sull'acqua, attirando banchi di plancton; questi a loro volta attirano le mante, le più strane creature del pianeta. In origine erano chiamate pesci diavolo, perché le loro pinne cefaliche arrotolate sembravano corna. Raggiungono dimensioni enormi, fino a 7 metri di apertura alare, eppure si cibano di plancton, filtrando questo microscopico brodo marino nelle loro bocche come silenziosi aspirapolveri.

Per fotografare le mante montai una lampada da set HMI a luce bianca sulla barca, così che illuminasse l'acqua come un riflettore da palcoscenico. Sedetti sulla barca aspettando il tramonto; ci ancorammo così vicini alla spiaggia da sentire i bicchieri tintinnare nel bar del patio. Quando il sole tramontò accendemmo il generatore e io scesi nell'oscurità del mare interrotta da un'unica colonna di luce bianca.

Le mante arrivavano dal mare aperto, attratte dalla luce come gigantesche falene. Si cibavano del plancton turbinante in un singolare balletto di acrobatici volteggi, intrecciando veri e propri cerchi della morte con una semplice flessione della punta delle ali. Era uno scenario di ombre e sagome in un mare notturno; raggi di luce illuminavano il plancton come neve. Con le bocche aperte, larghe oltre un metro, le mante assumevano il cibo a pochi centimetri dalla mia macchina fotografica. Il mare notturno scintillava e per un momento immaginai che si nutrissero di stelle.

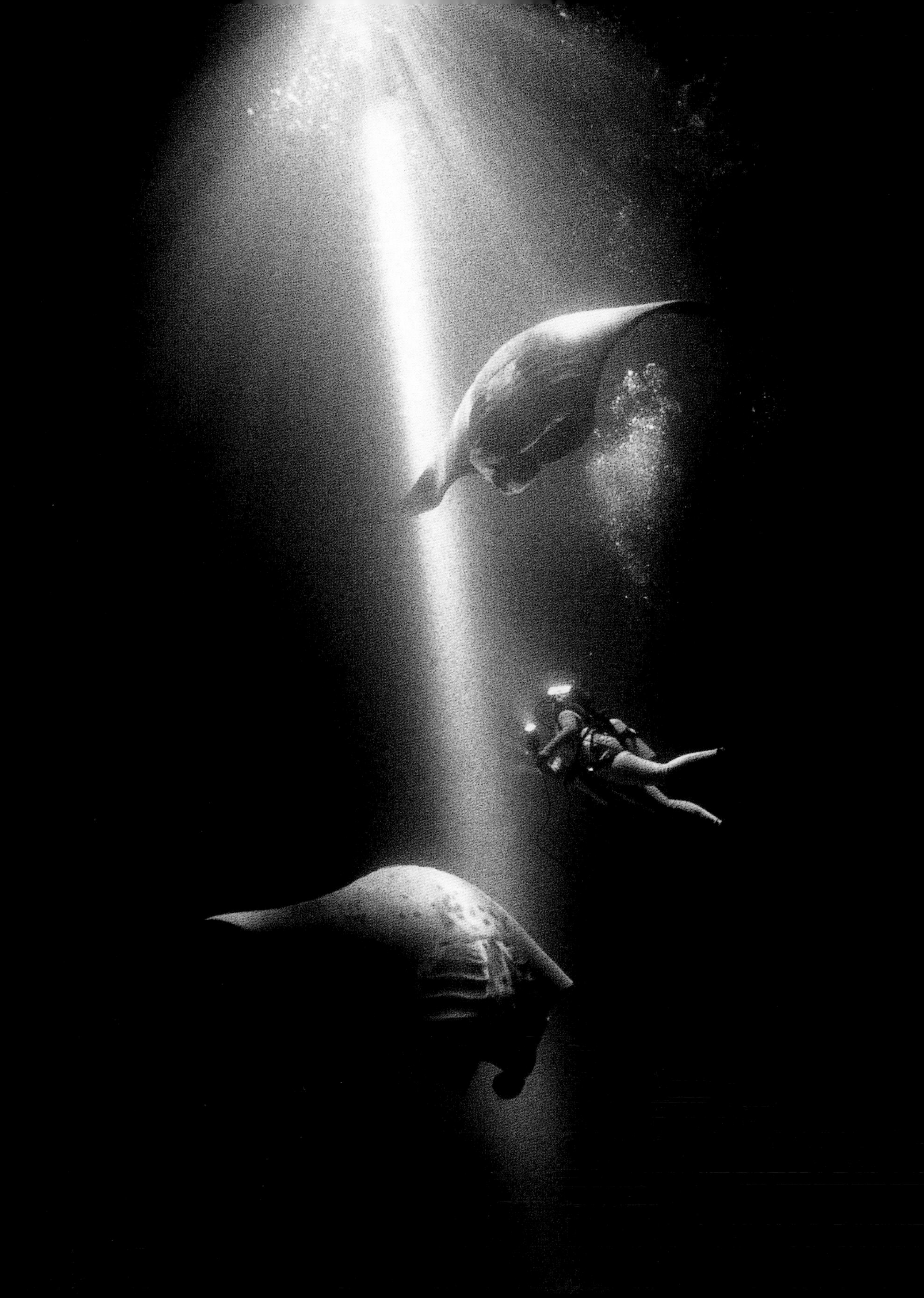

Un sommozzatore ciba una manta (*Manta birostris*) di notte, Kona Coast, Hawaii, USA, 1997

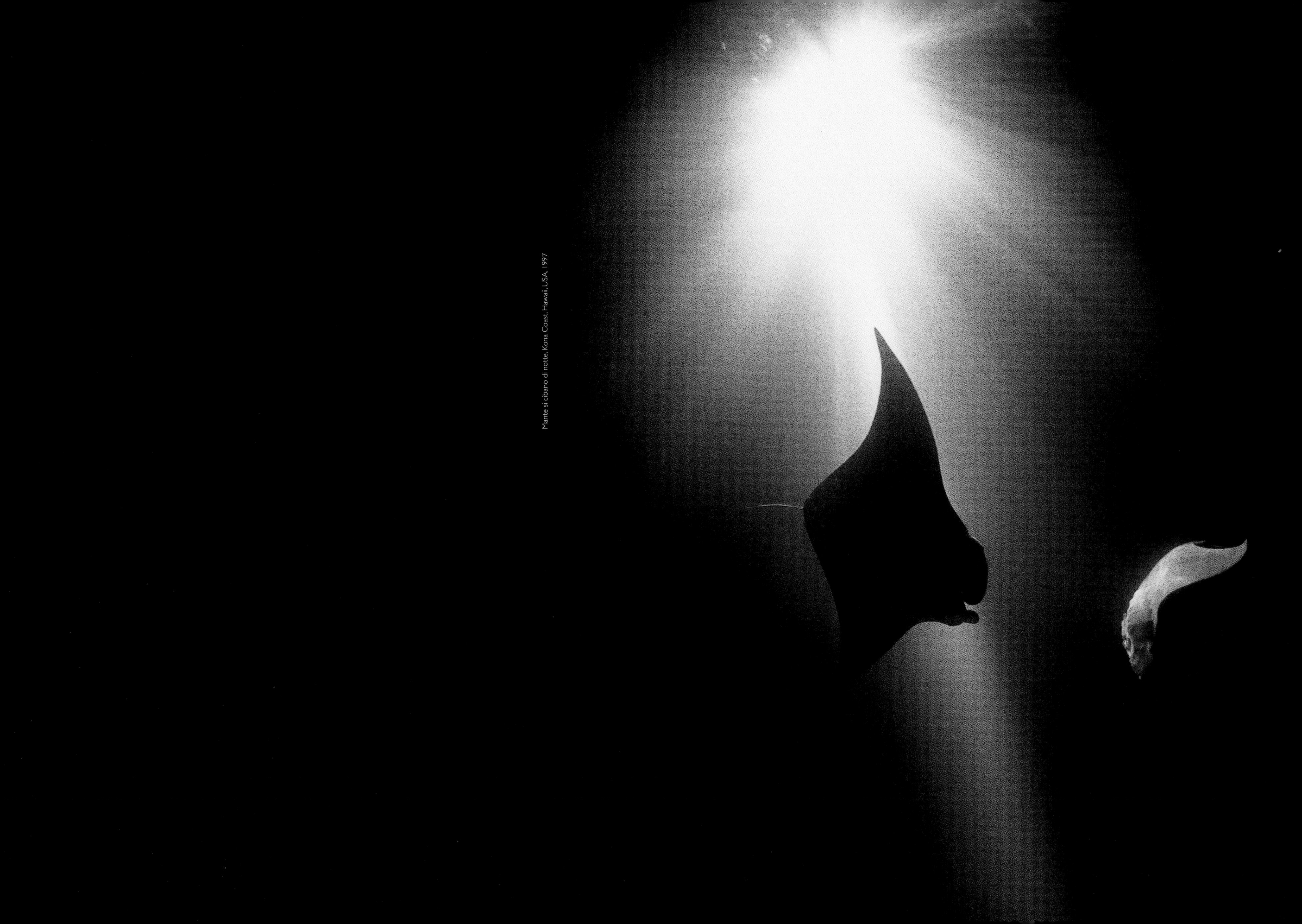

Mante si cibano di notte, Kona Coast, Hawaii, USA, 1997

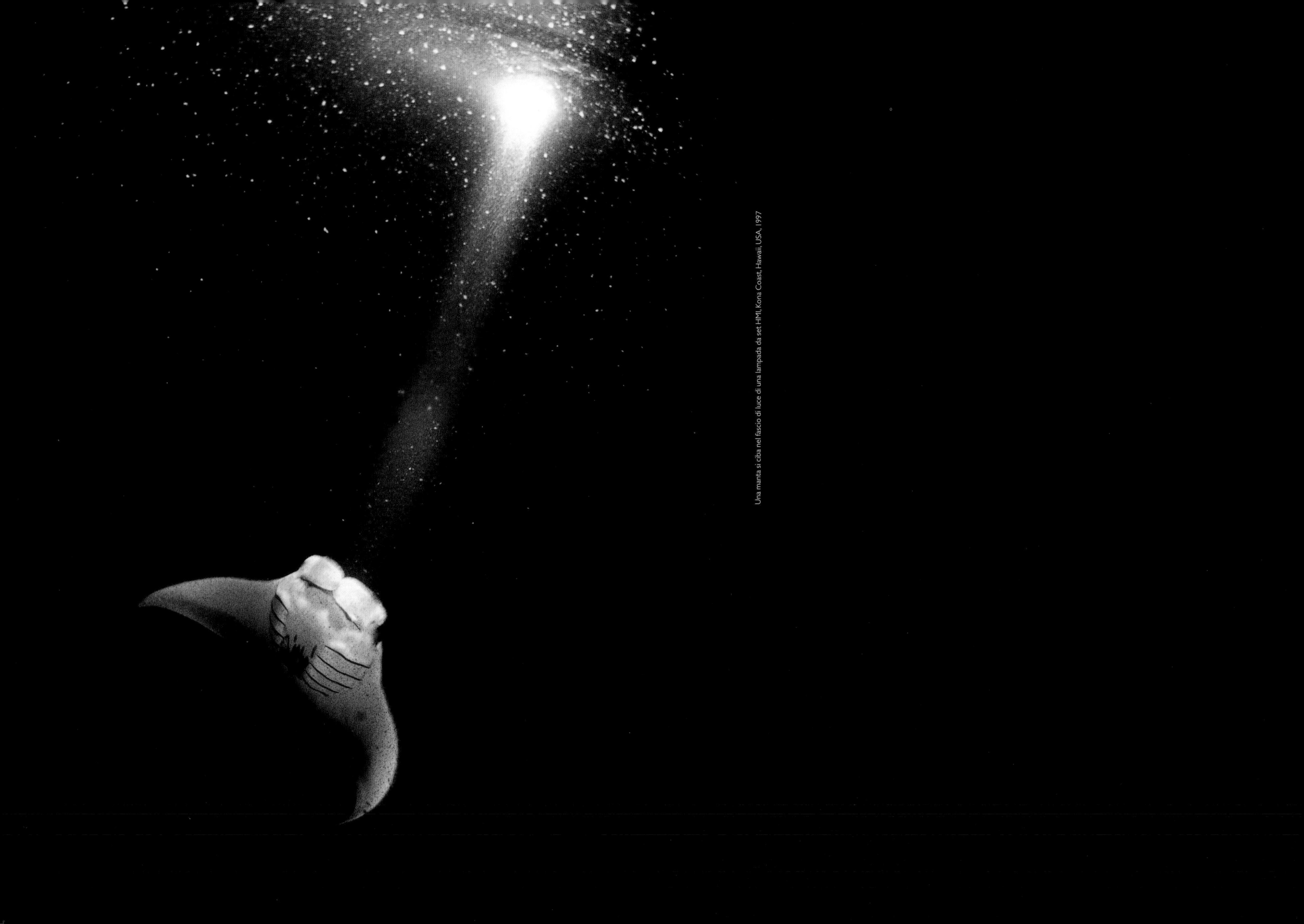

Una manta si ciba nel fascio di luce di una lampada da set HMI, Kona Coast, Hawaii, USA, 1997

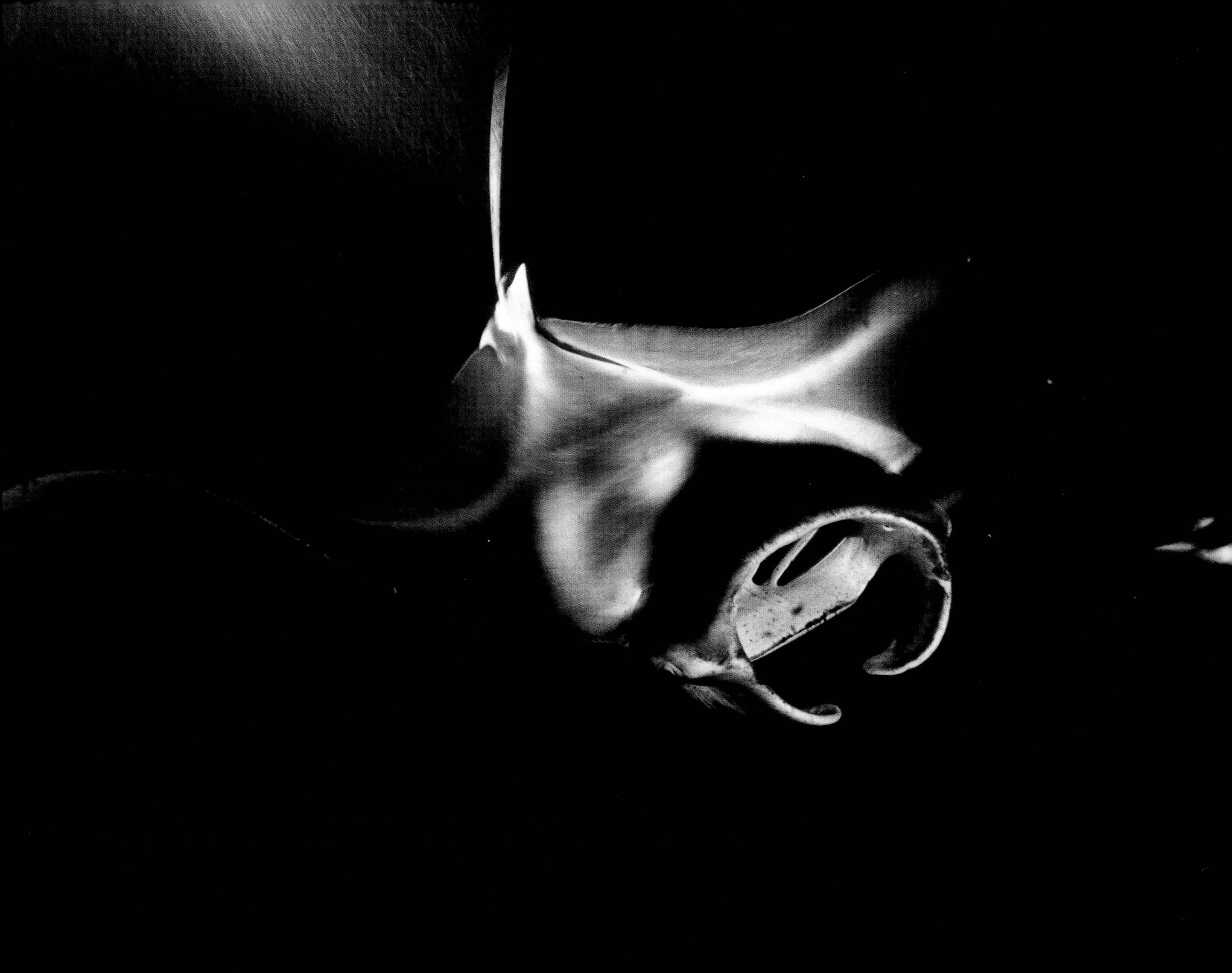

Manta, Kona Coast, Hawaii, USA, 1997

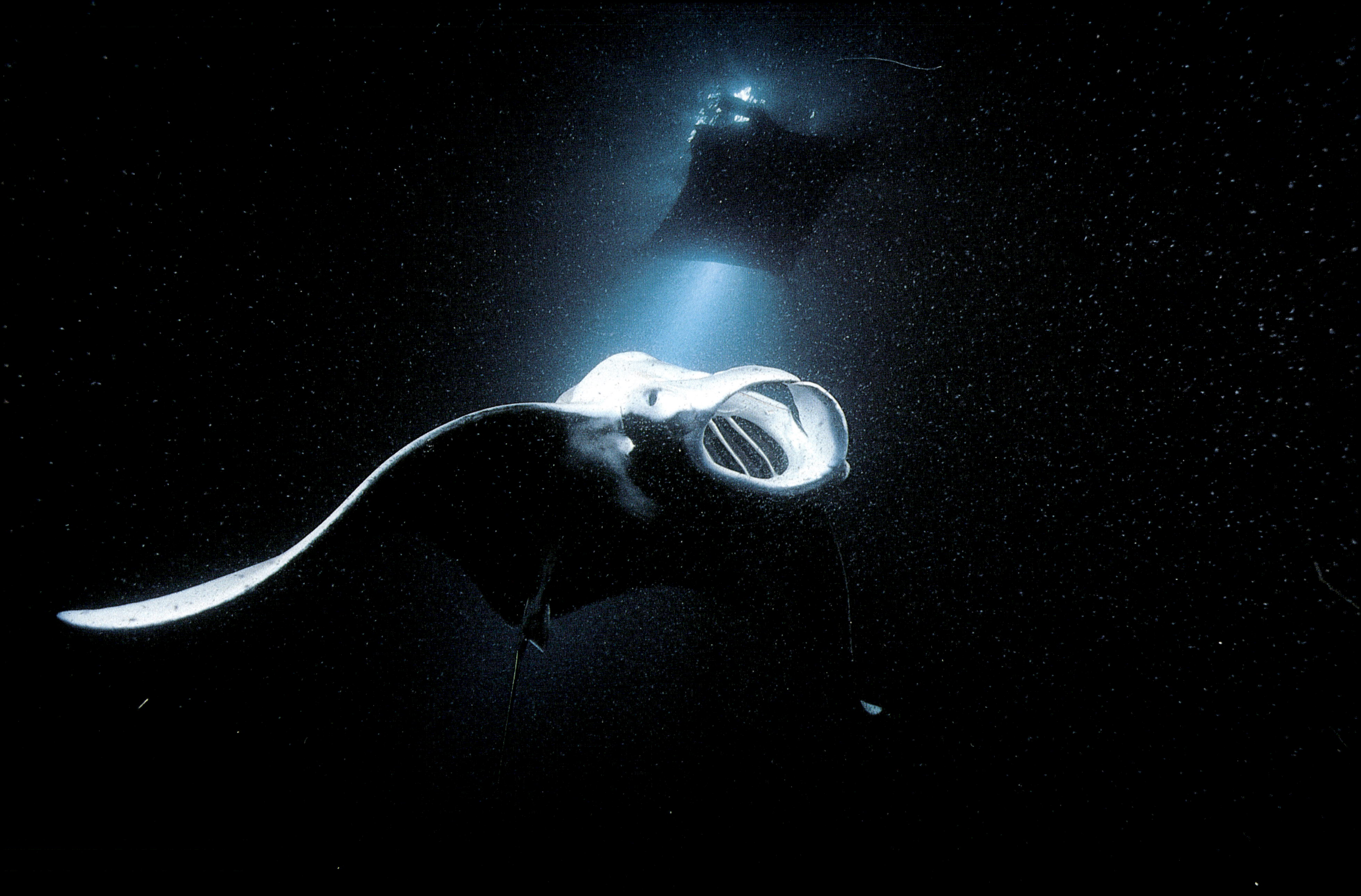

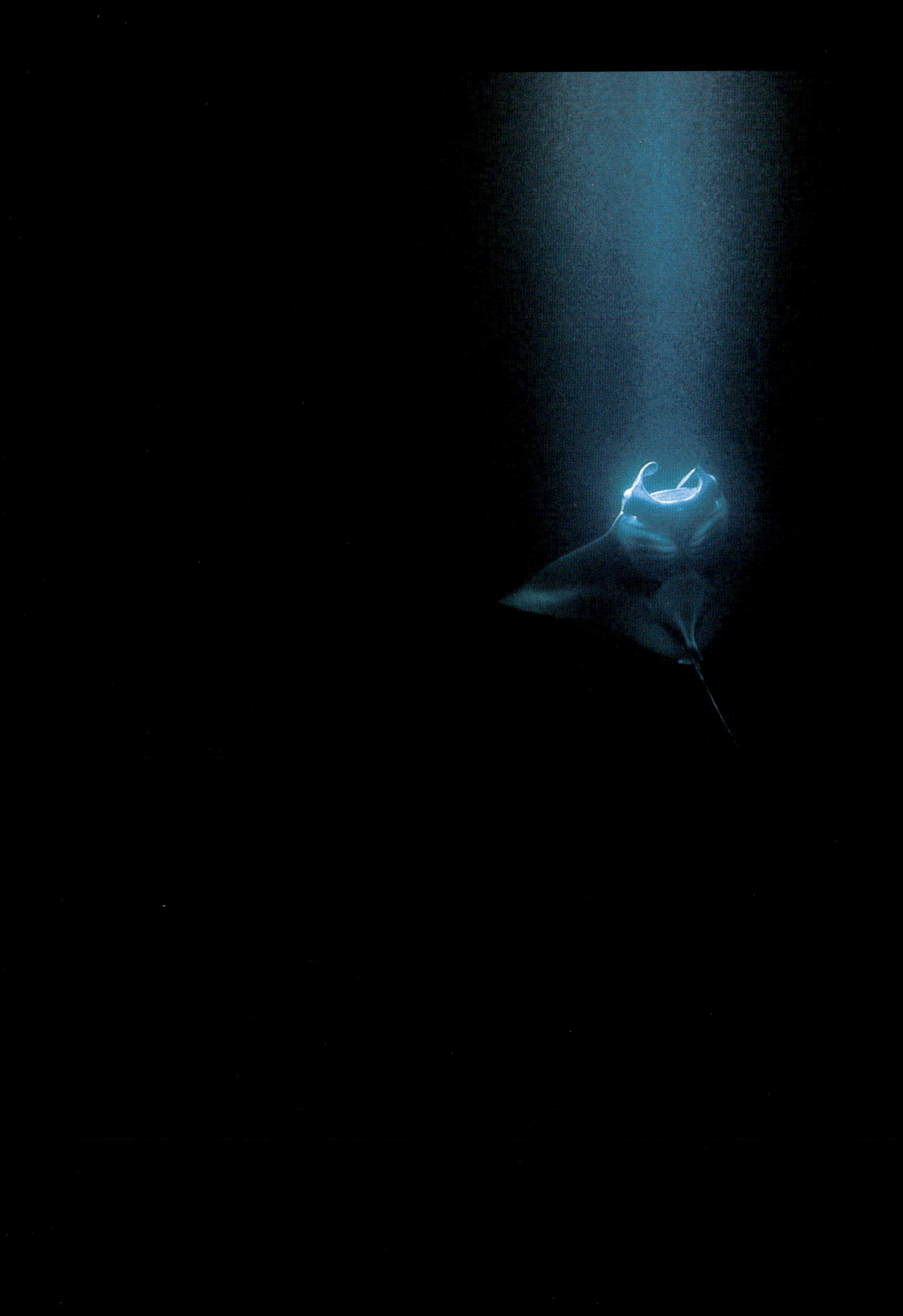

Manta in un fascio di luce, Kona Coast, Hawaii, USA, 1994

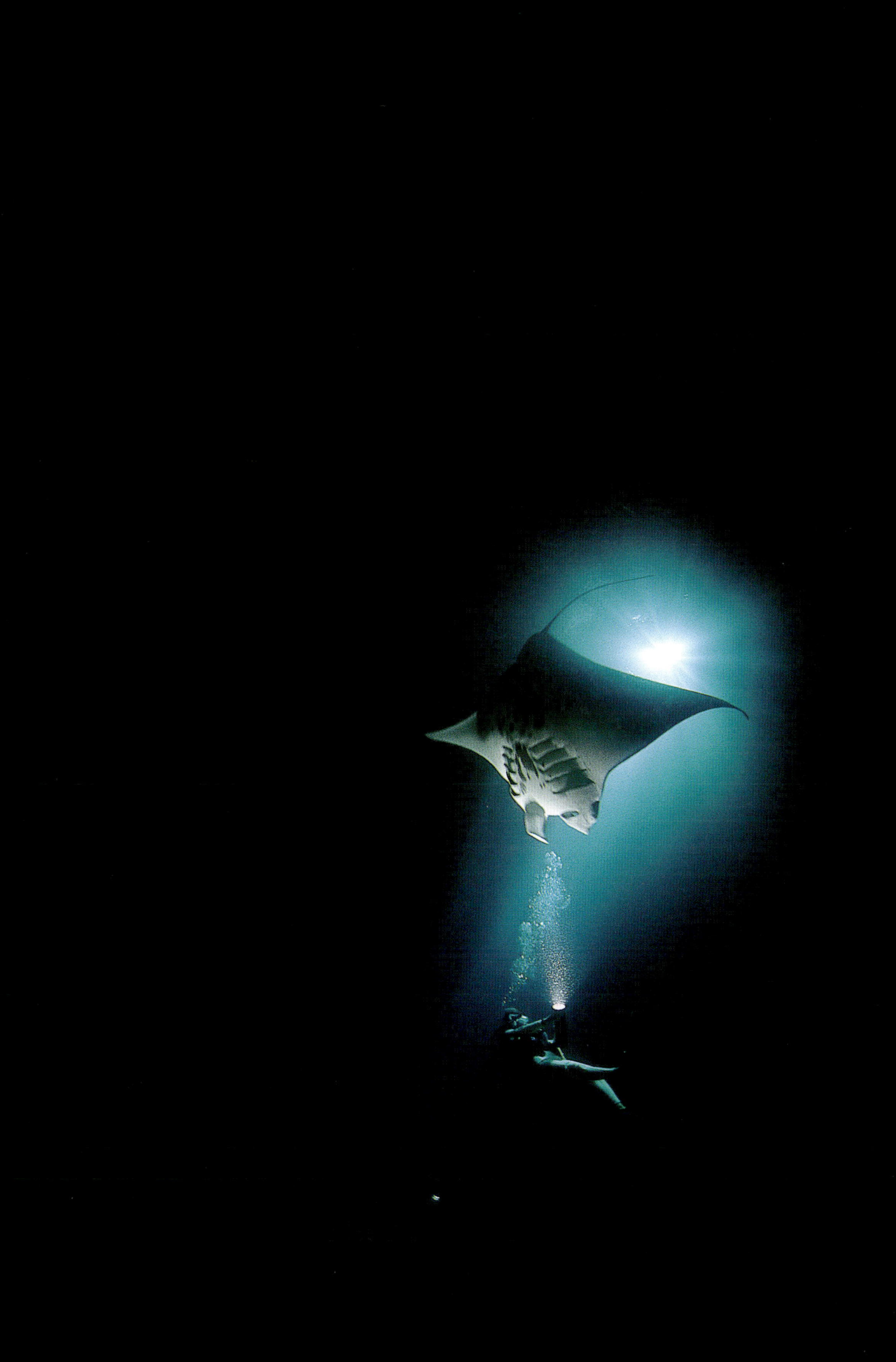

Un sommozzatore osserva la danza di una manta intenta a cibarsi, Kona Coast, Hawaii, USA, 1994

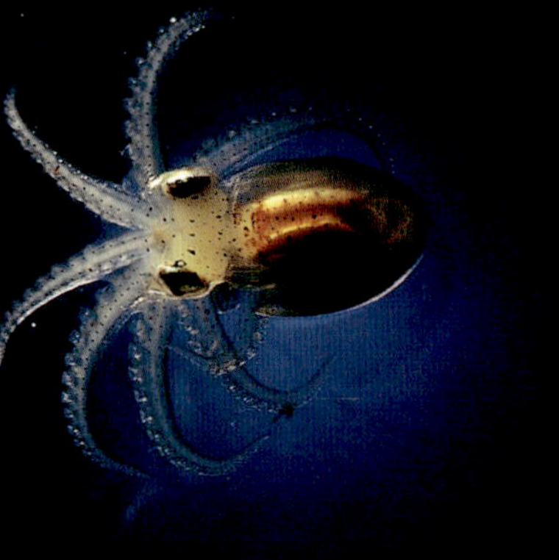

Larve di polpo (cibo delle mante), Kona Coast, Hawaii, USA, 1994

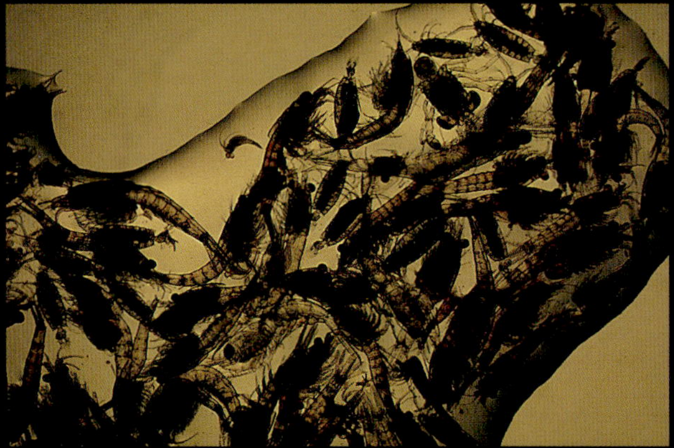

Gamberetti di Mysis, Kona Coast, Hawaii, USA, 1994

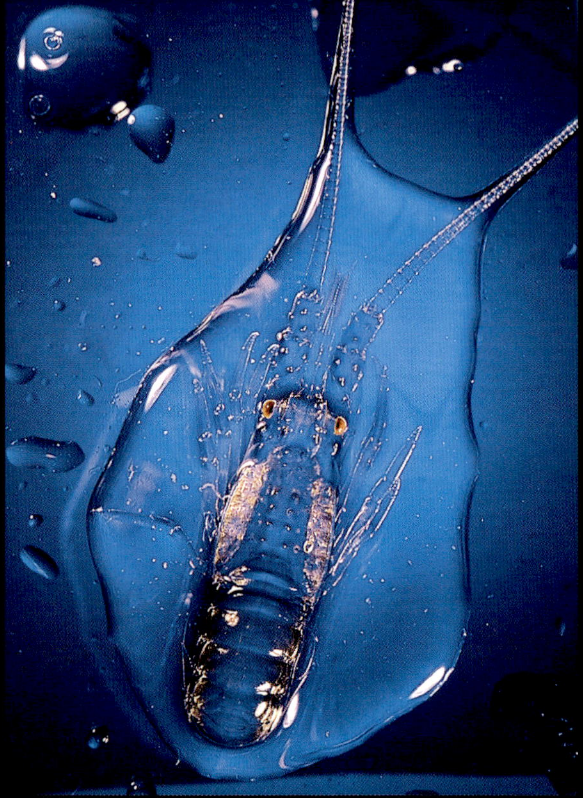

Larve di granchio, Kona Coast, Hawaii, Usa, 1994

Una manta si ciba di plancton, Kona Coast, Hawaii, USA, 1994

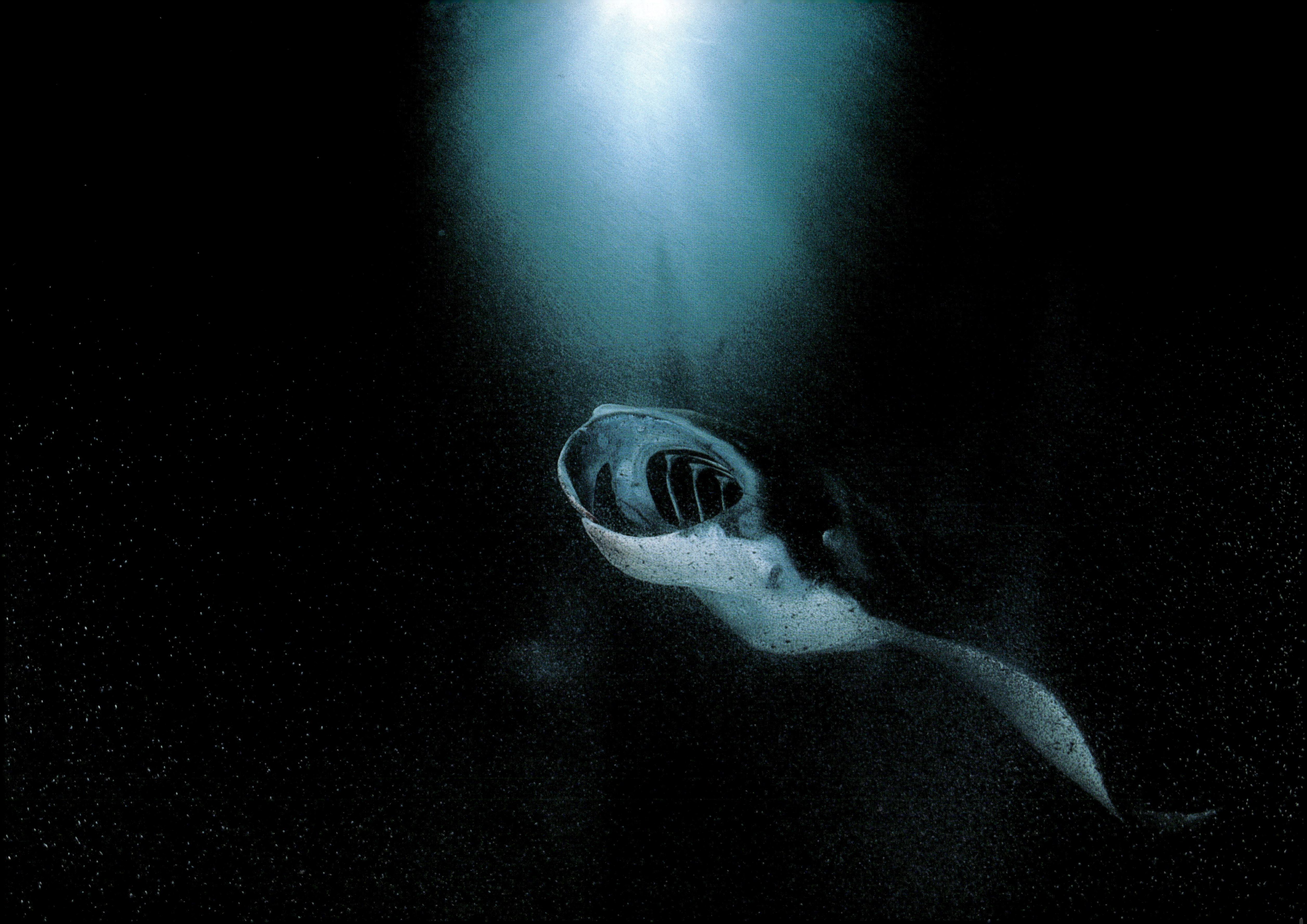

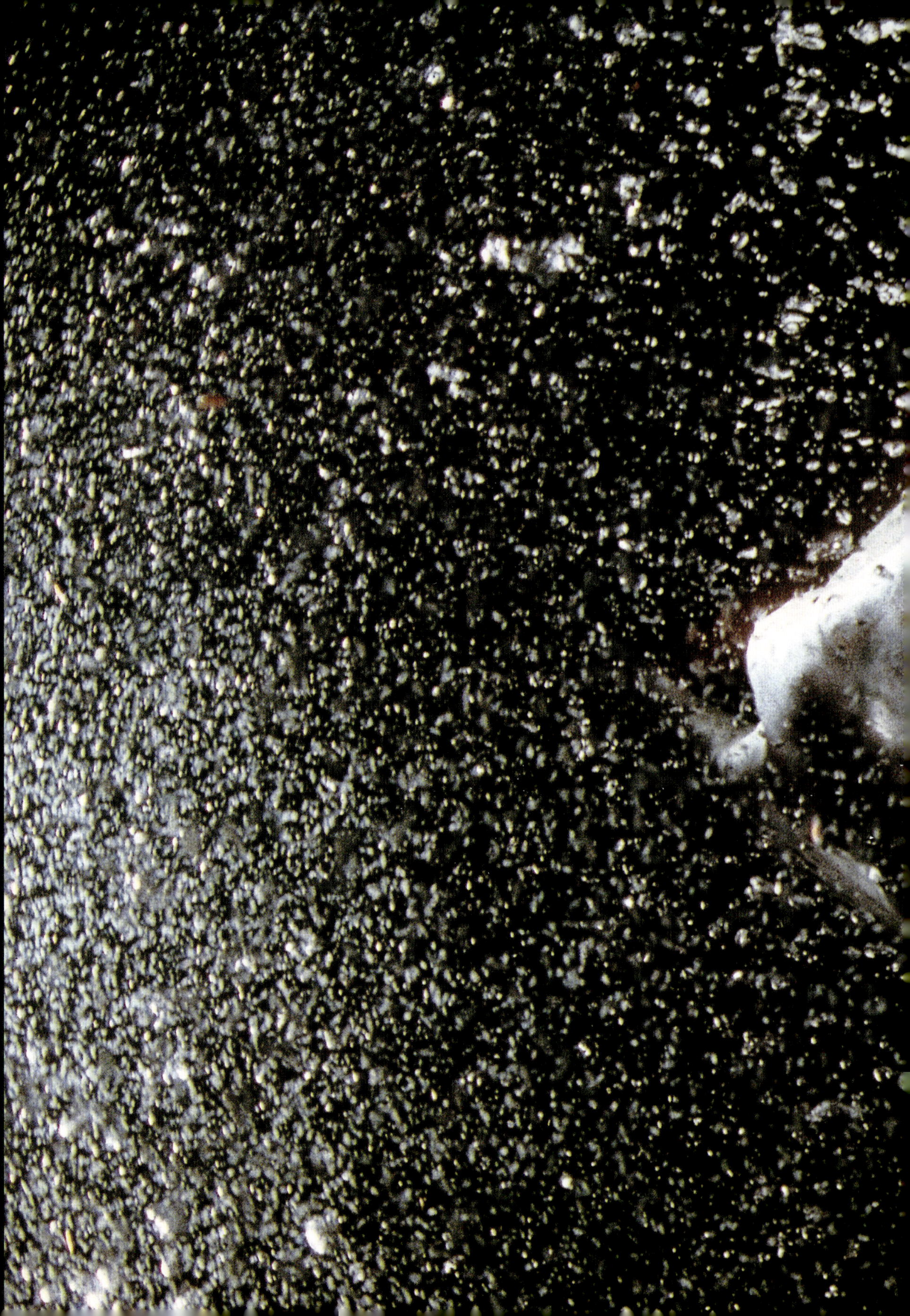

La bocca di una manta, Kona Coast, Hawaii, USA, 1994

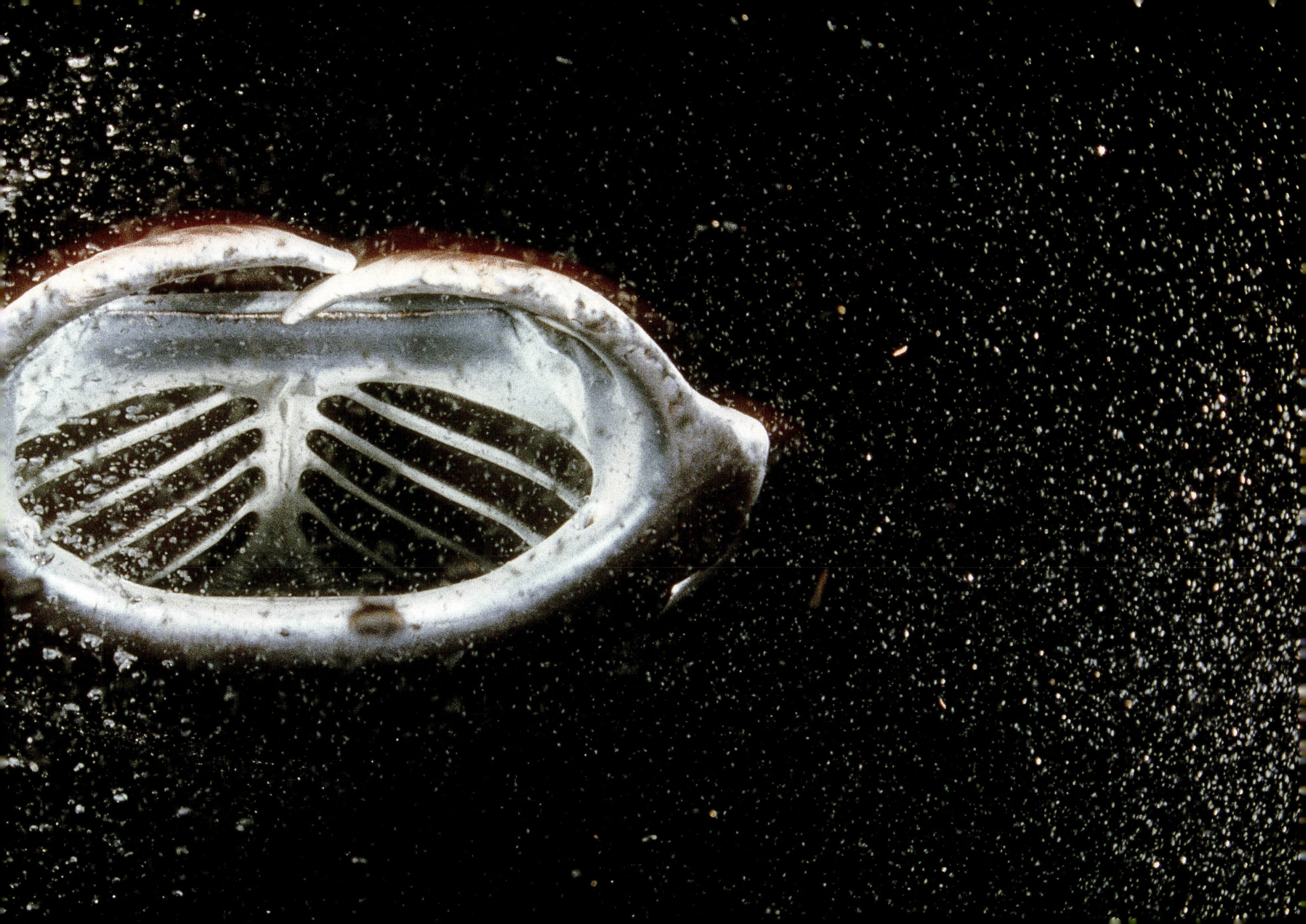

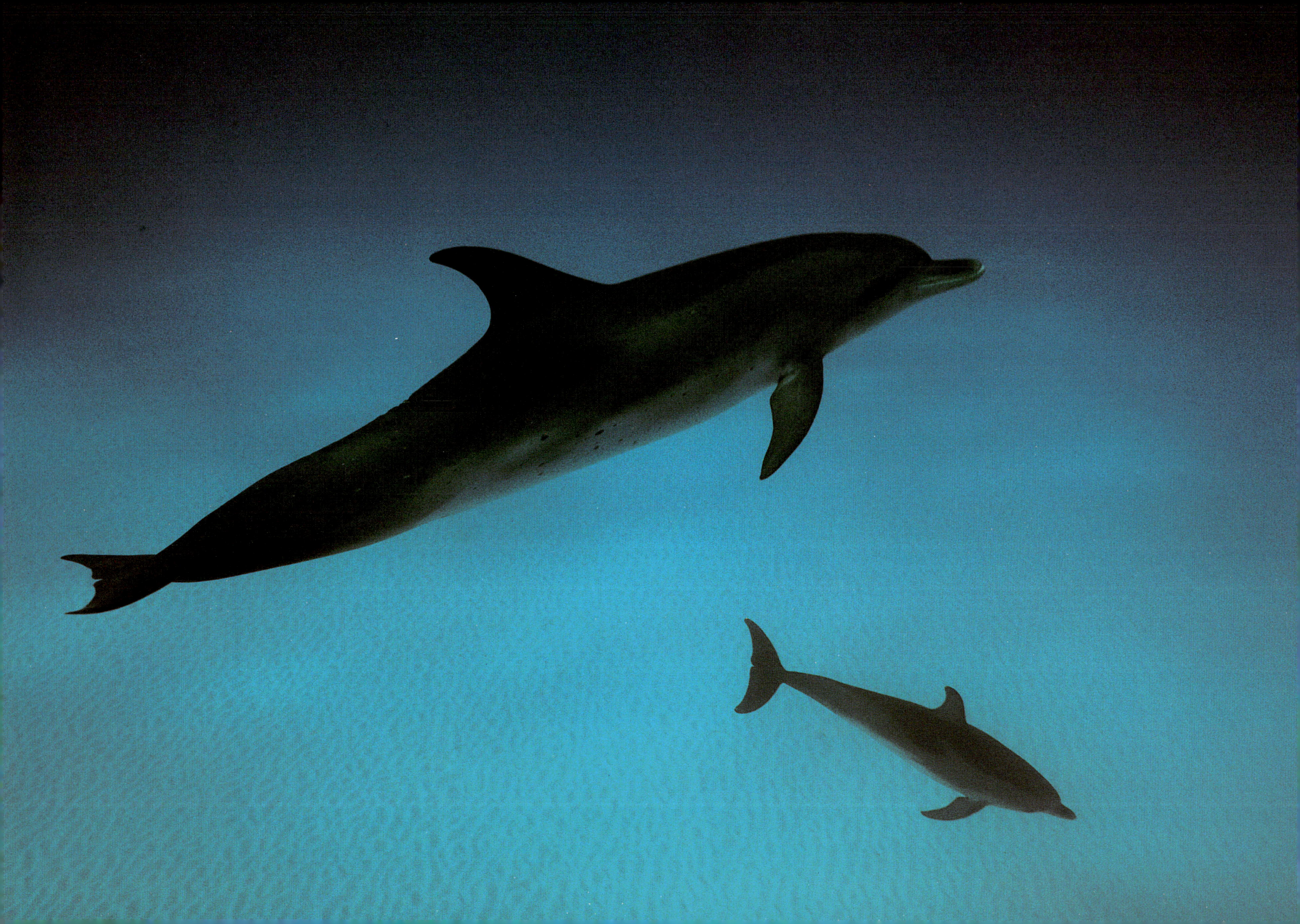

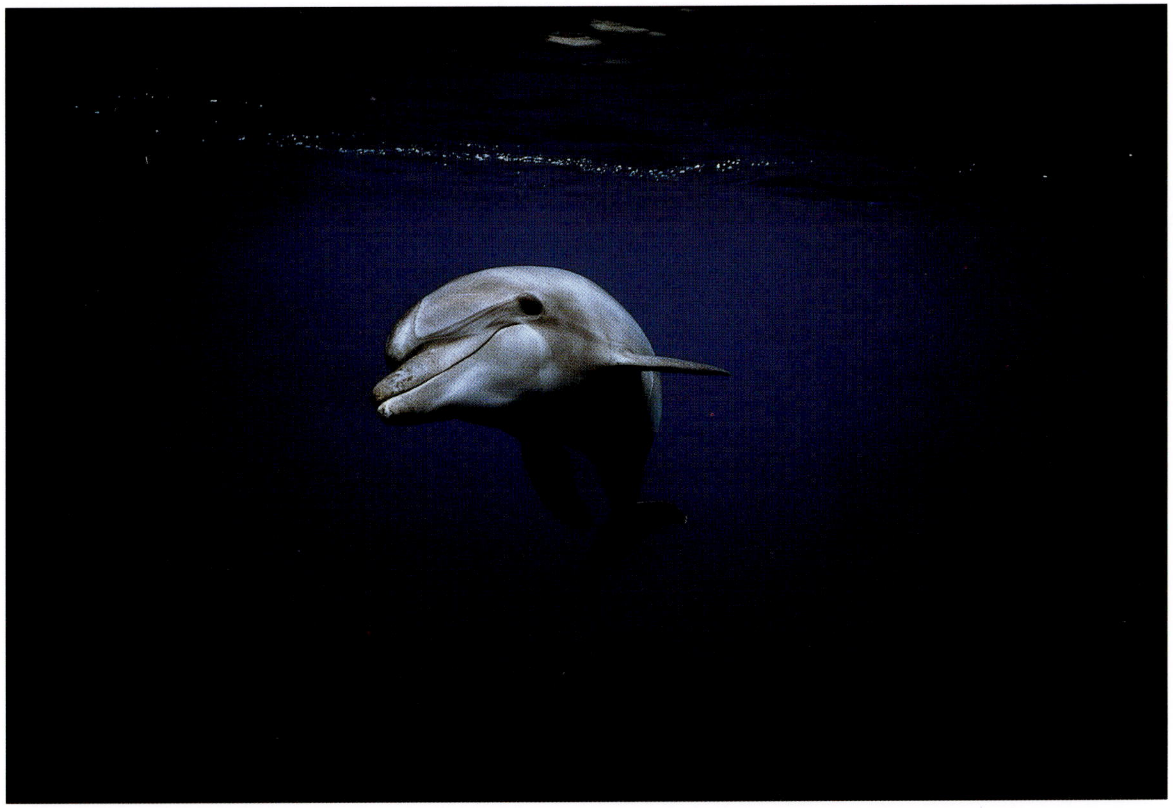

Tursiope (delfino "naso di bottiglia"), Hawaii, USA, 1978

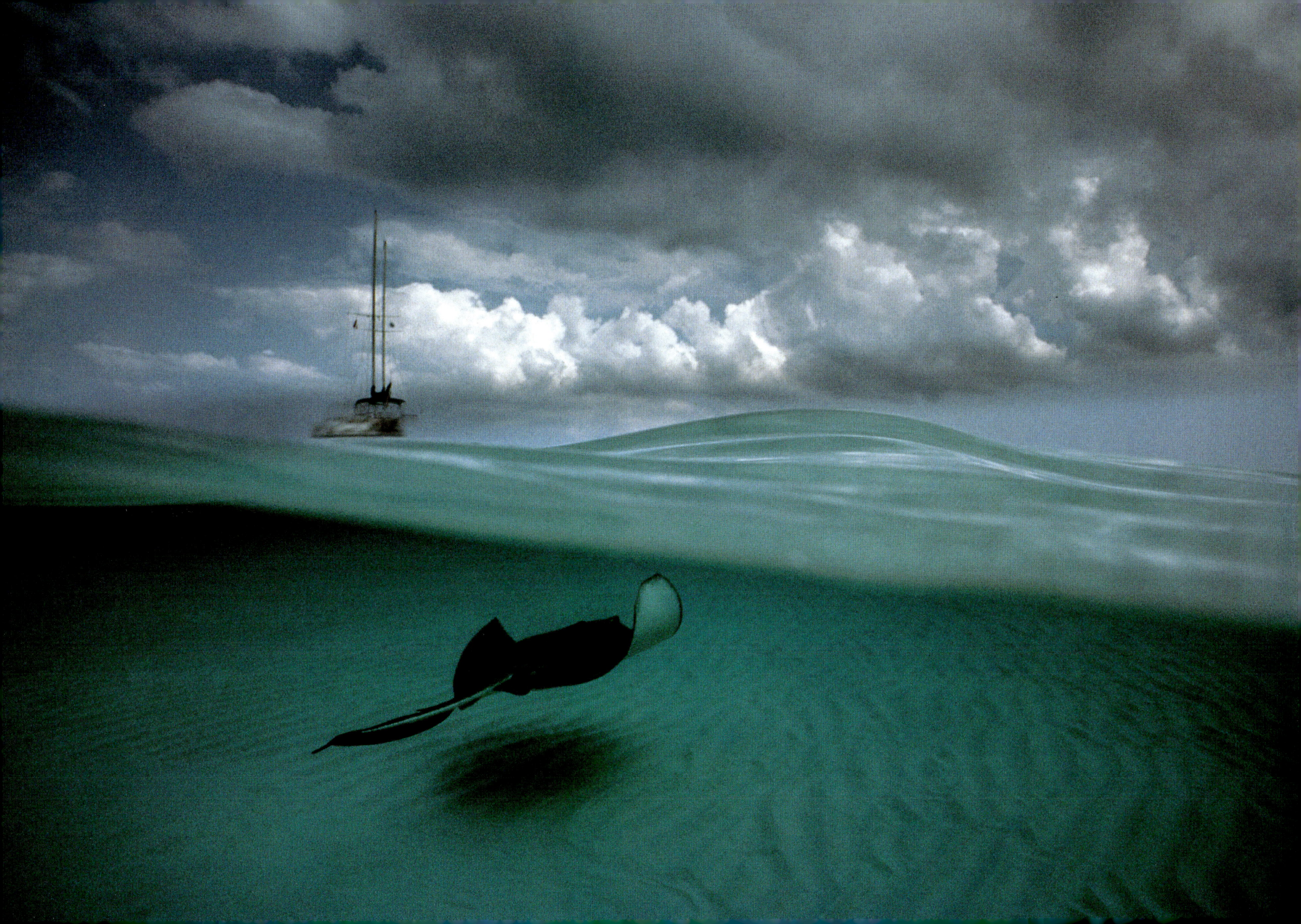

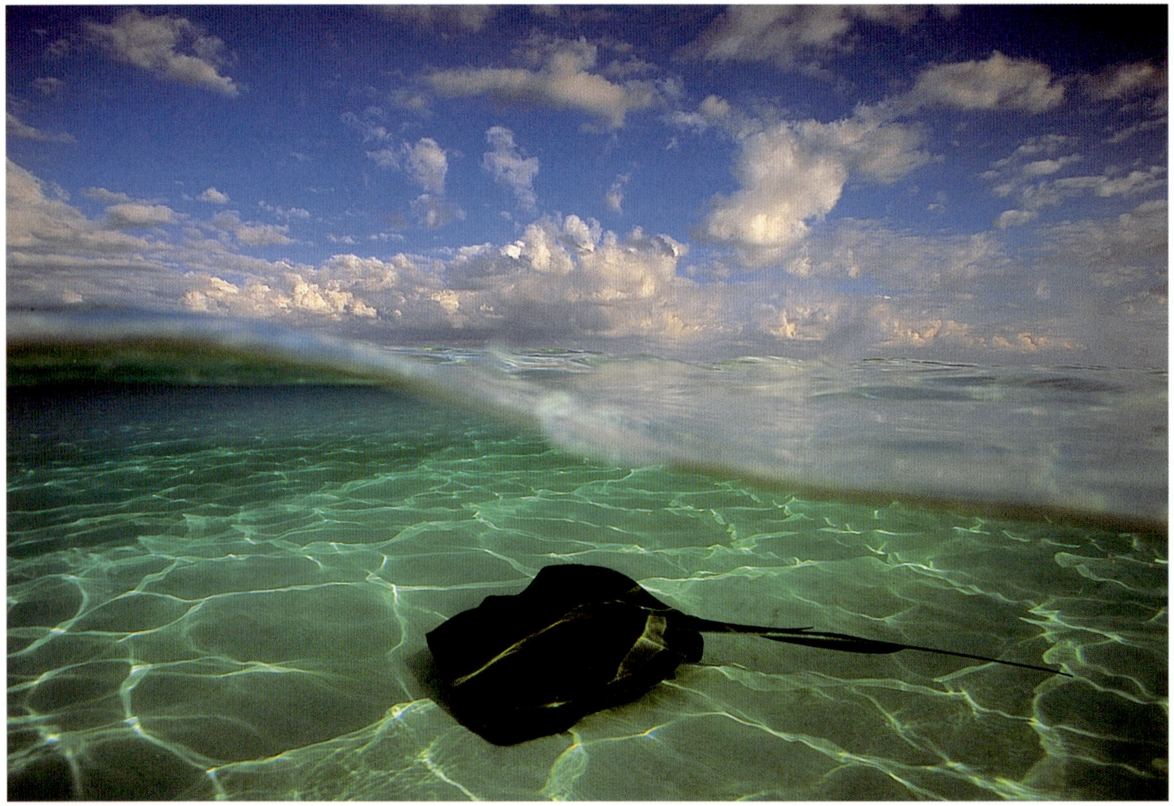

Razza nel tardo pomeriggio, North Sound, Grand Cayman, Indie Occidentali, 1990

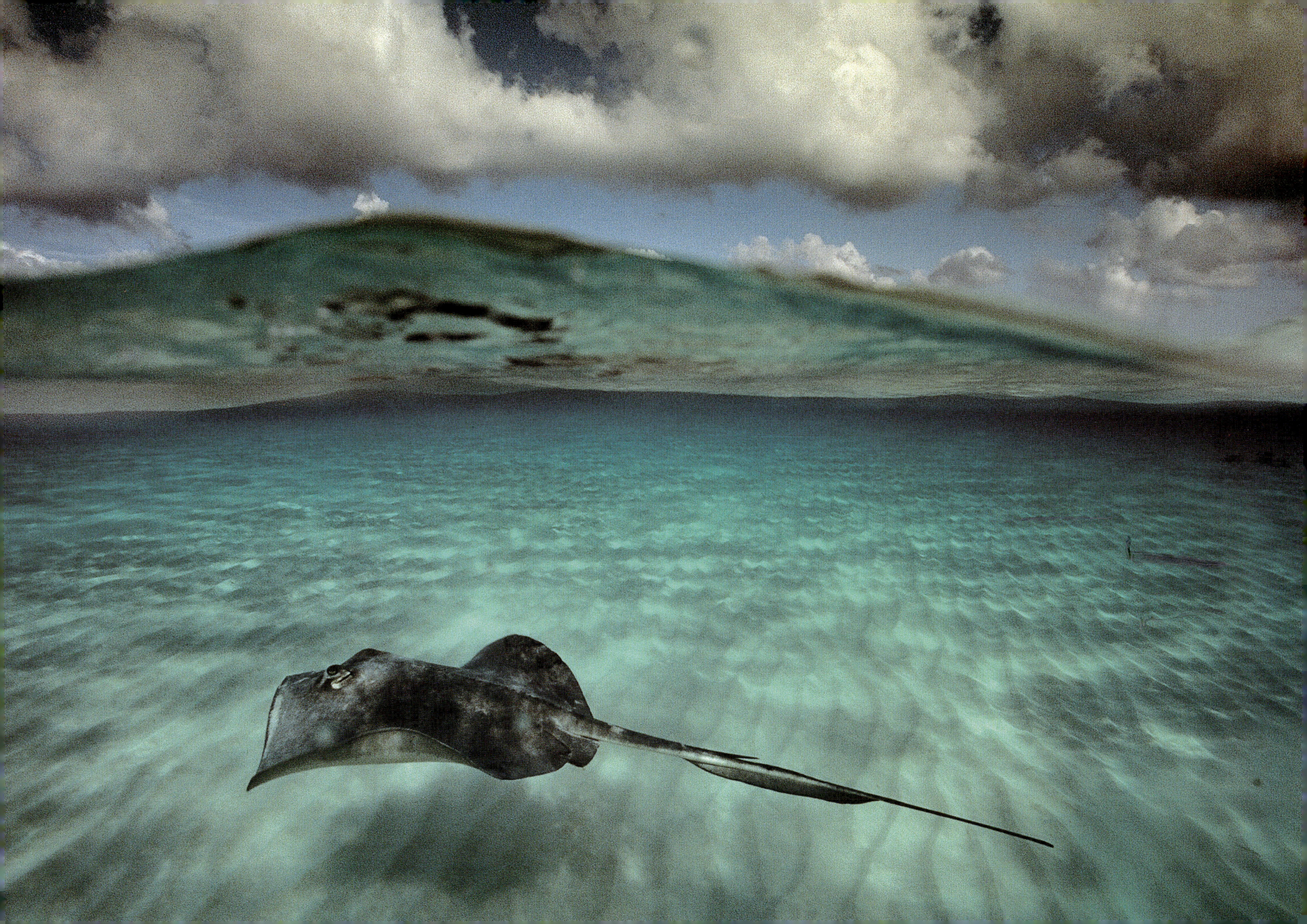

Razza a mezzogiorno, North Sound, Grand Cayman, Indie Occidentali, 1990

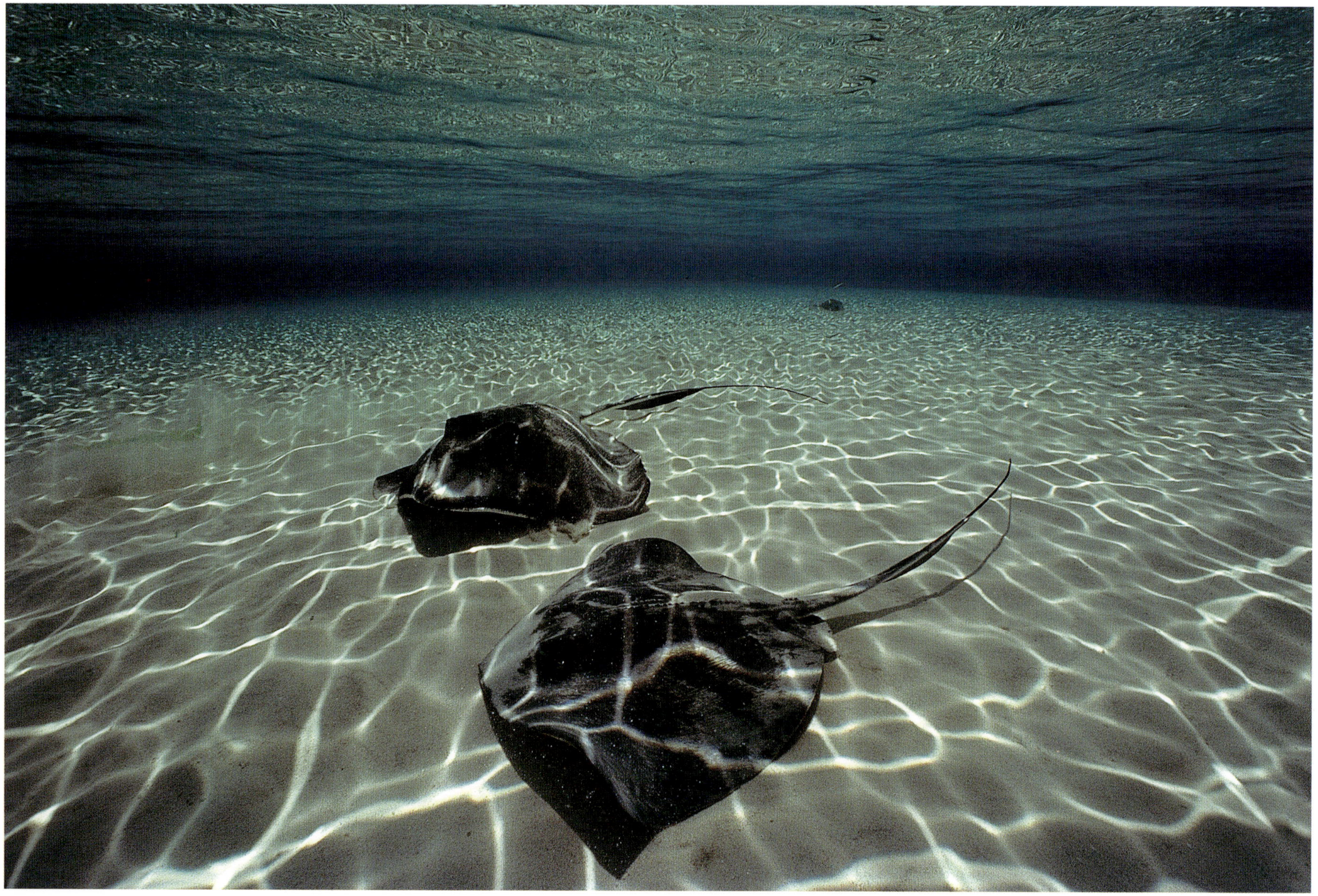

Una razza si ciba nelle luci della sera, North Sound, Grand Cayman, Indie Occidentali, 1990

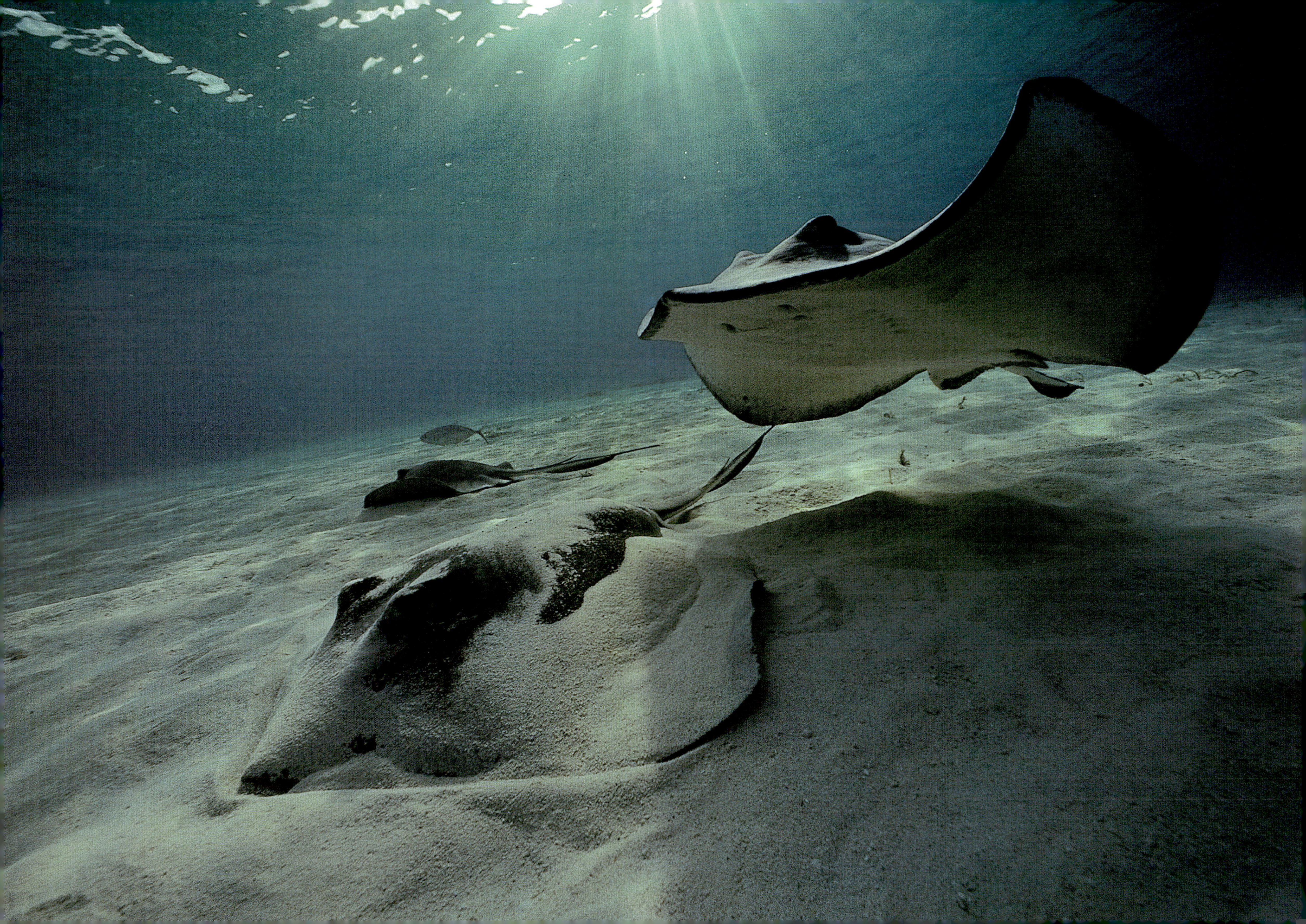

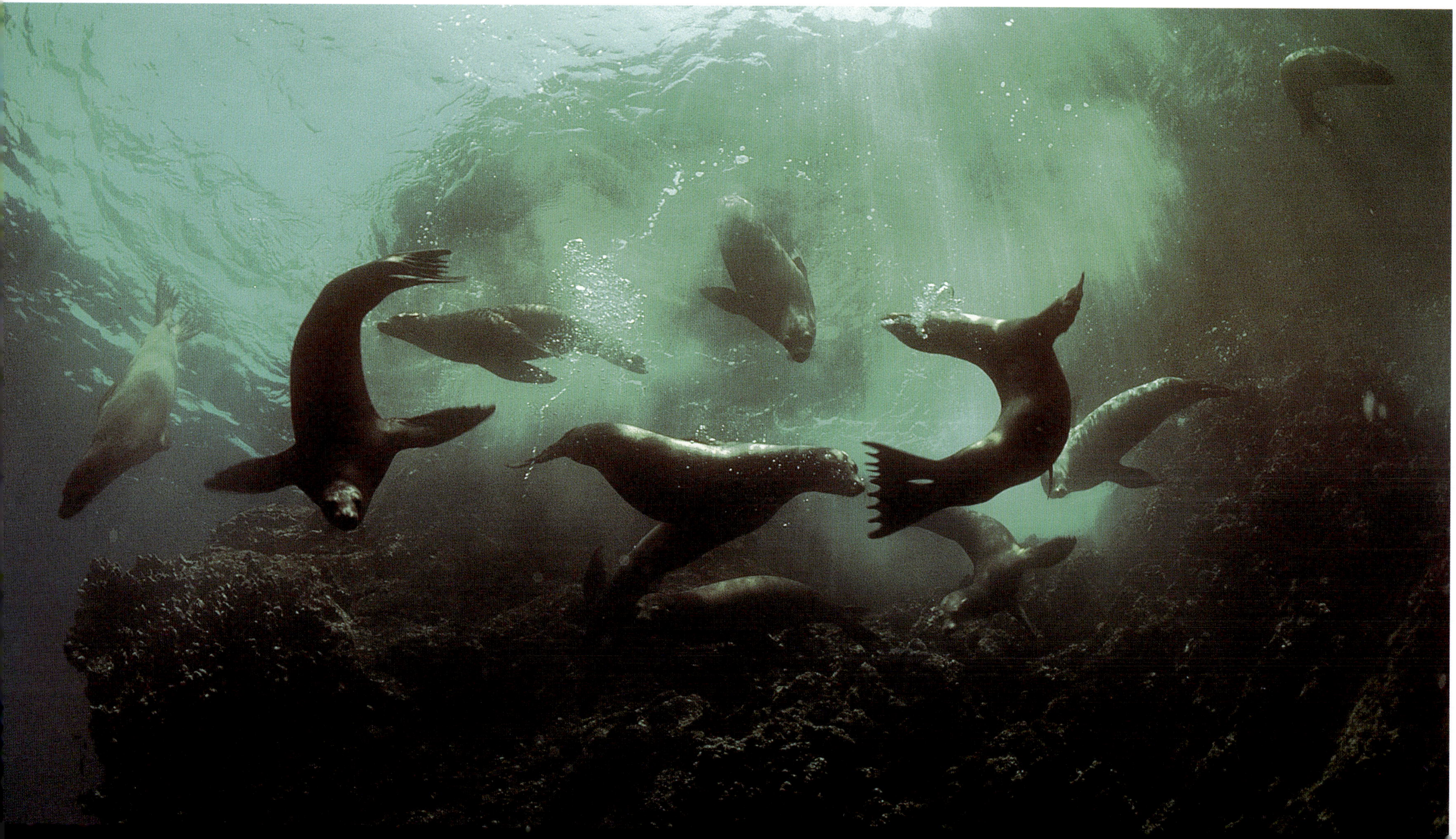

Leoni marini delle Galápagos giocano fra loro, Cousin's Rock, Galápagos, Ecuador, 1977

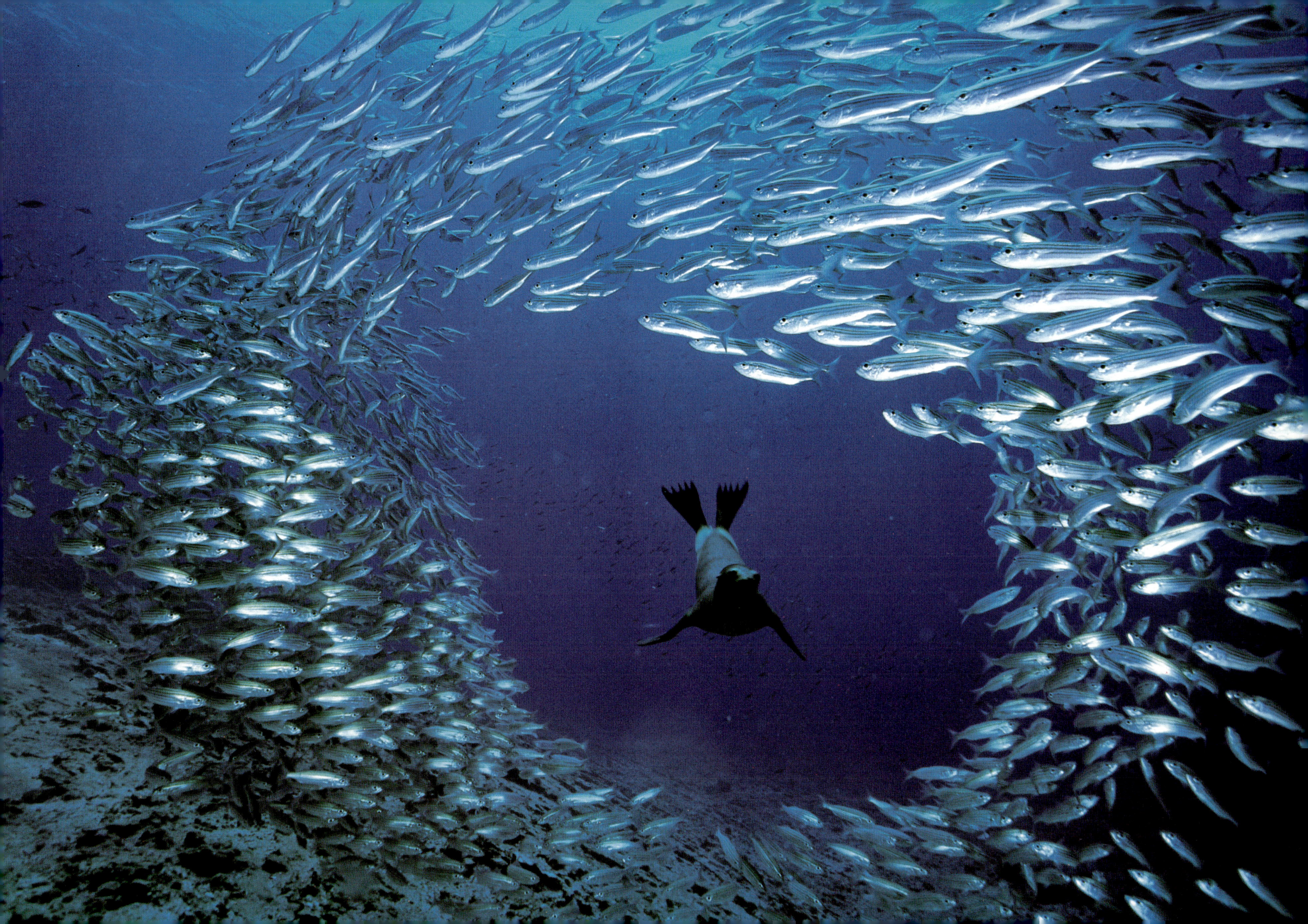

Profondo blu

Nell'inverno 1997–98 le isole Galápagos si trovarono al centro di un devastante El Niño. Le controcorrenti fredde del Pacifico si attenuarono fino a scomparire e la temperatura dell'acqua di superficie, riscaldata dal sole equatoriale, aumentò fino a 8°C al di sopra della norma. Le fredde e ricche acque scure delle Galápagos divennero improvvisamente d'un caldo, vivido blu, il colore della fame e della morte per molte creature marine. I leoni marini ne risentirono particolarmente: poiché le loro prede venivano spinte verso acque più profonde e fredde, dovettero cercarsi fonti di cibo alternative.

A Cousin's Rock, nelle Galápagos centrali, osservai un leone marino intento a dividere un banco di emulidi striati e iniziare a cibarsene. I pesci circondavano il leone marino in una giostra confusa; il banco si muoveva come un organismo unico e per ogni pesce catturato centinaia sfuggivano nel mare blu. Un gruppo di leoni marini giocava all'ombra della nostra barca; per la verità più che giocare cacciava gamberetti da 5 centimetri, a malapena visibili. I leoni marini rastrellavano la sabbia con le zampe anteriori ed emettevano segnali simili a quelli del sonar, costringendo i gamberi a uscire per mangiarseli come popcorn. Sembrava che stessero giocando nella neve; ma era una danza, una disperata danza della fame.

Un giorno, nel mare dell'Isola di Darwin, nelle Galápagos settentrionali, giocavo con un cucciolo di foca delle Galápagos, la specie di foche più a rischio del pianeta. La foca faceva capriole fra i frangenti e di quando in quando si fermava per guardarmi con i suoi occhi enormi. Sapevo che non sarebbe sopravvissuta a questa calda, limpida stagione di El Niño.

Un enorme banco di pesci martello nuotava nel tardo pomeriggio, al margine della luce. Spinti in profondità, cercavano acque più fredde e scomparvero come fantasmi nel vasto, oscuro, aperto Pacifico.

Leoni marini delle Galápagos: una madre con il piccolo. Cousin's Rock, Galápagos, Ecuador, 1997

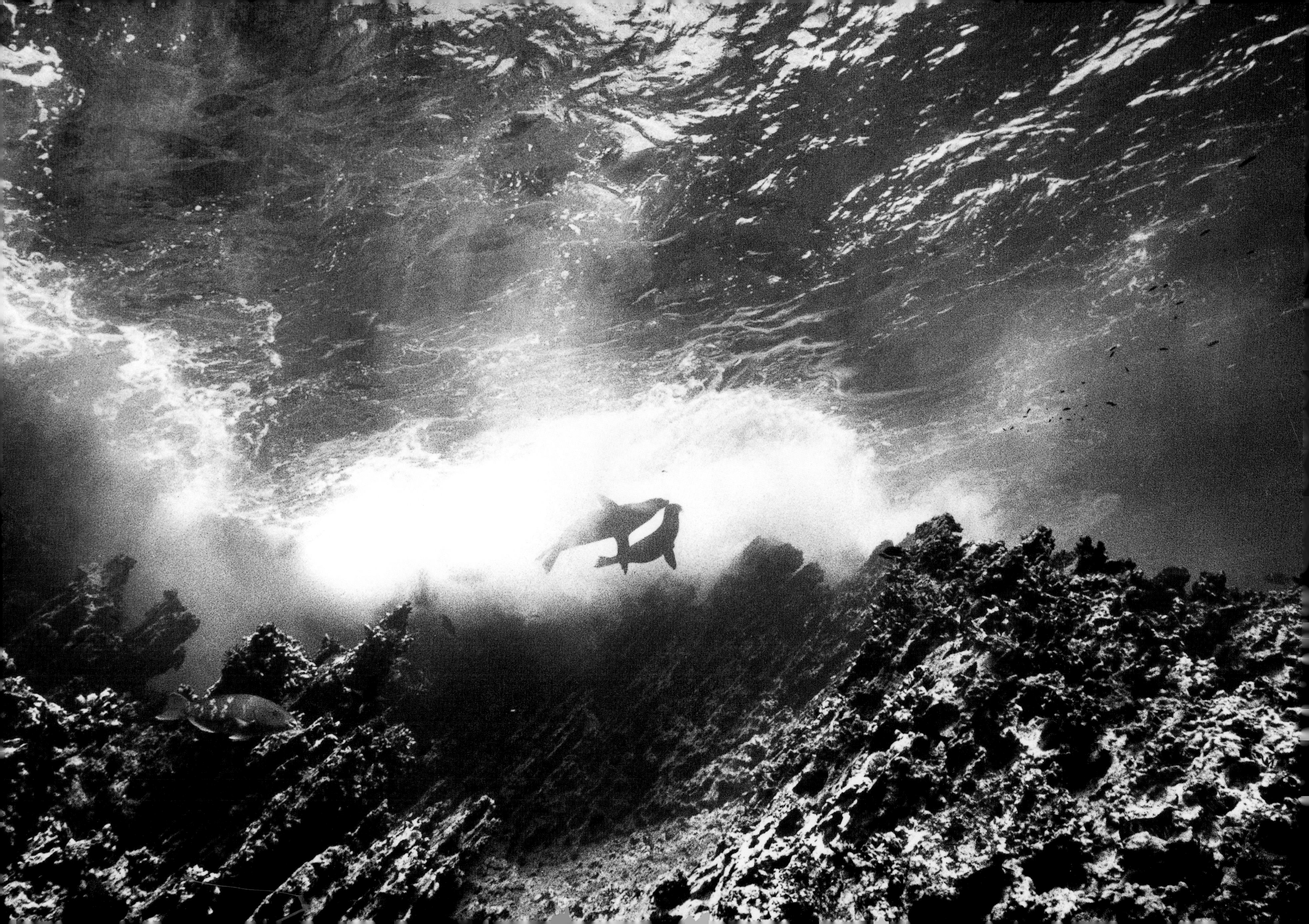

Leoni marini delle Galápagos a caccia di salpe, Cousin's Rock, Galápagos, Ecuador, 1997

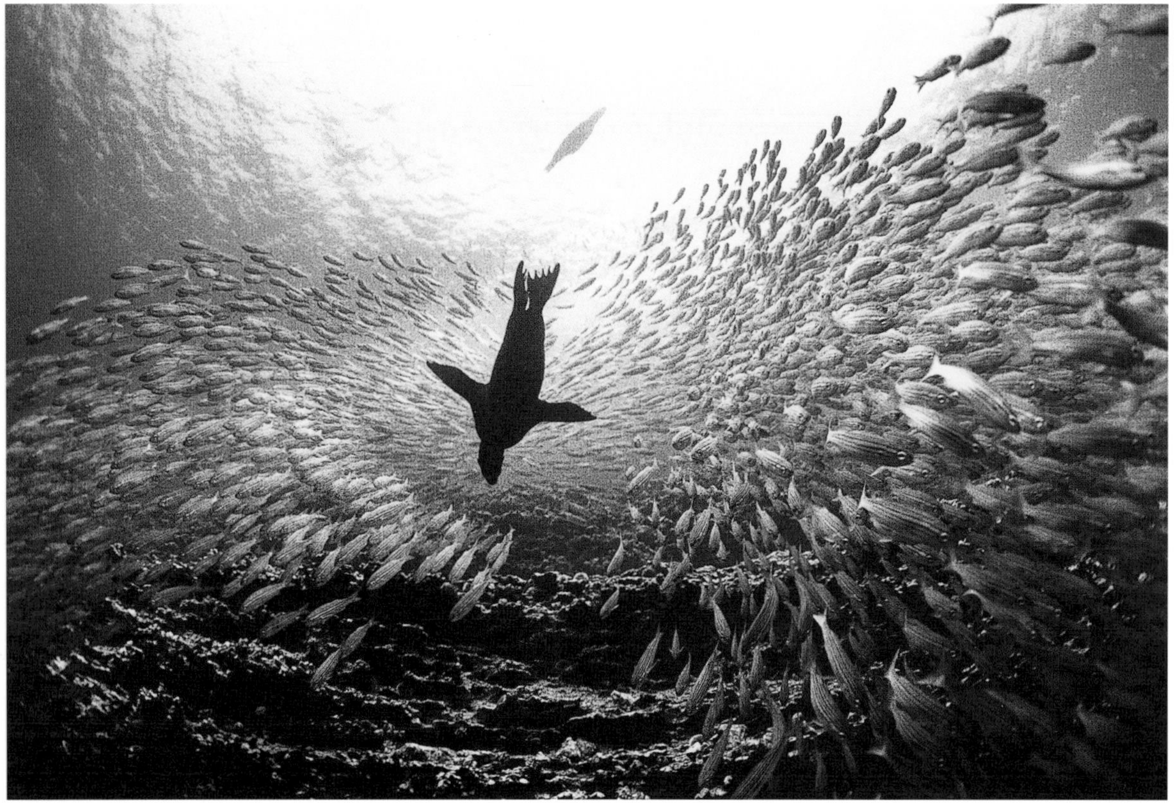

Leoni marini delle Galápagos a caccia di salpe, Cousin's Rock, Galápagos, Ecuador, 1977

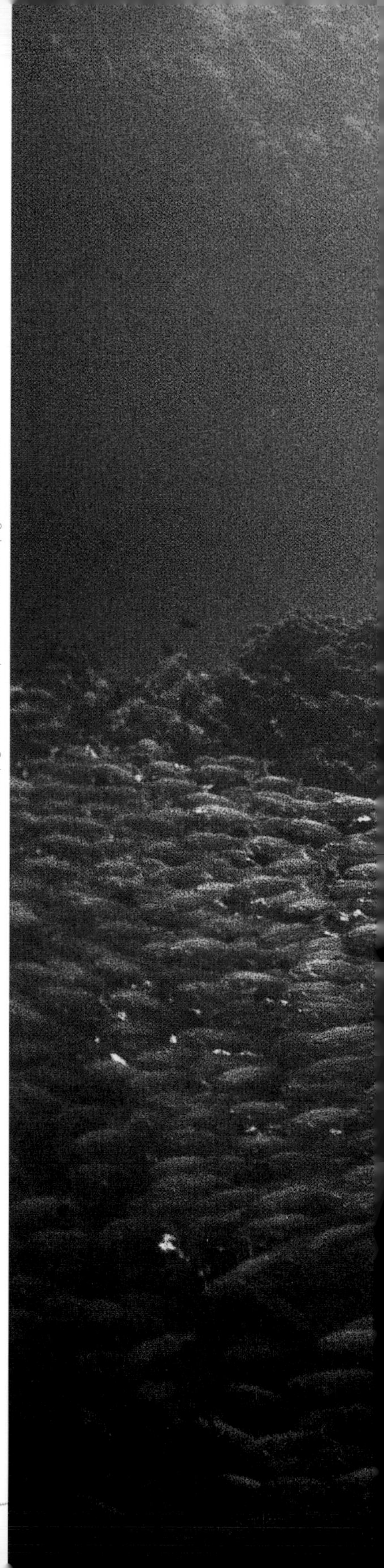

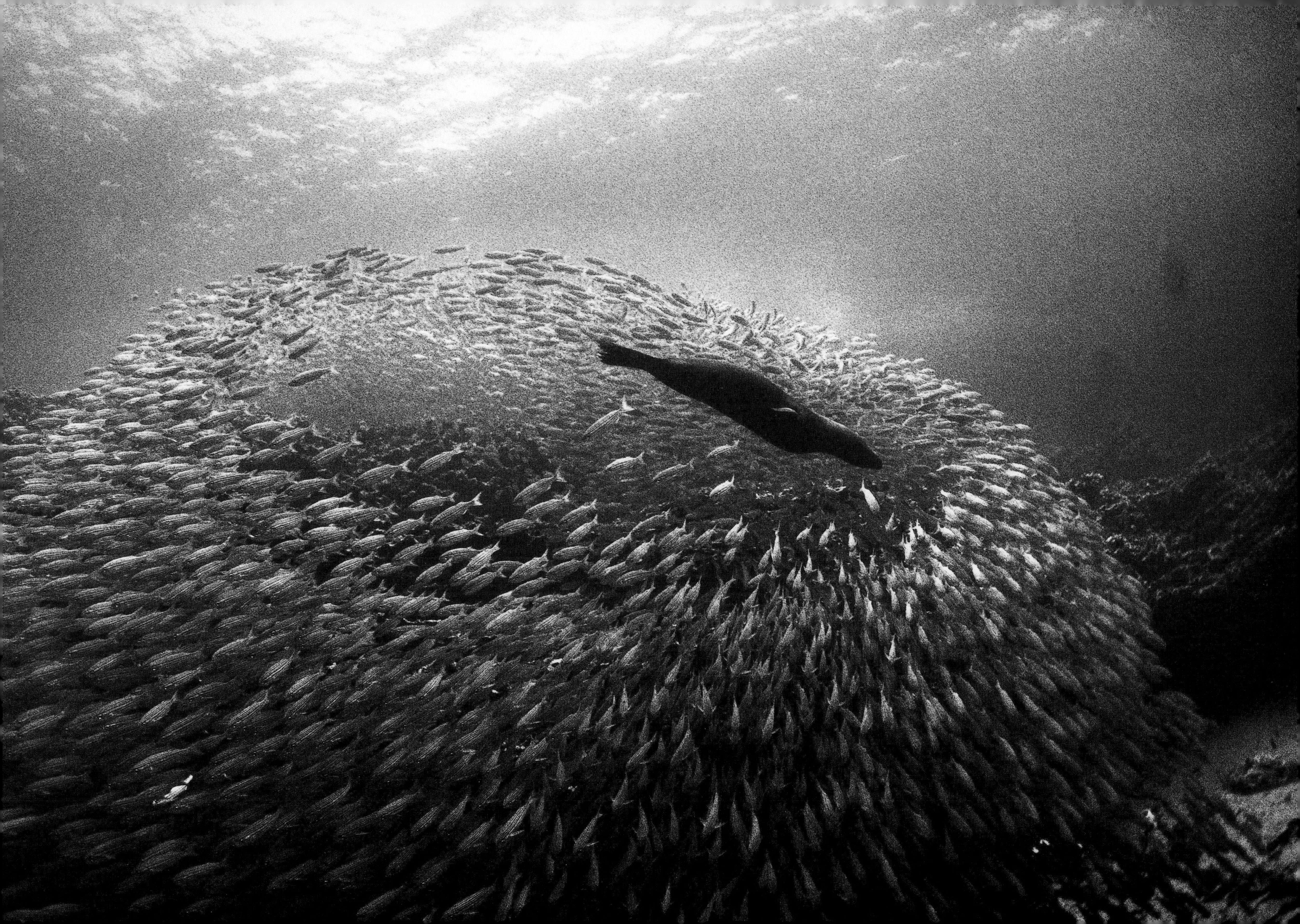

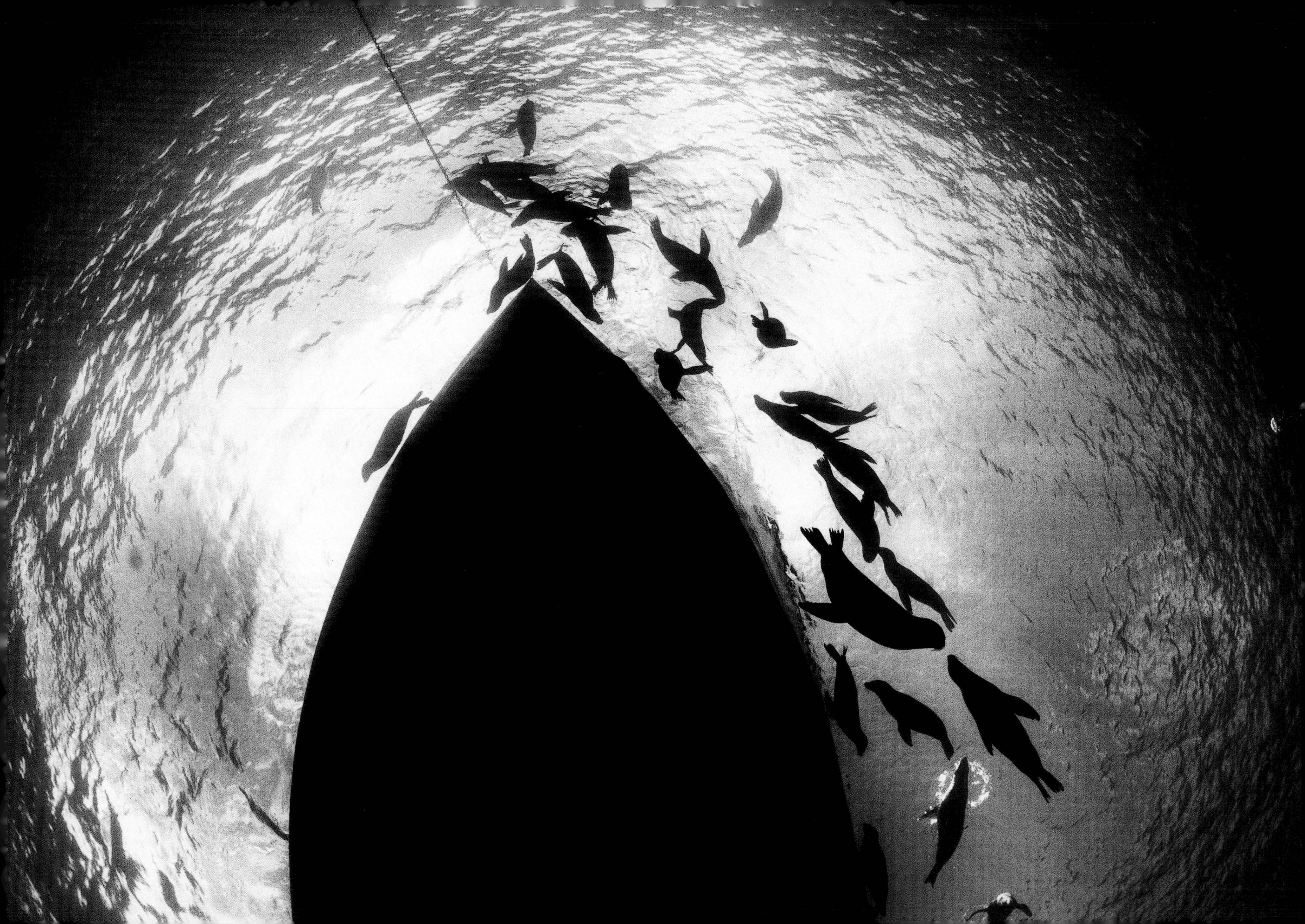

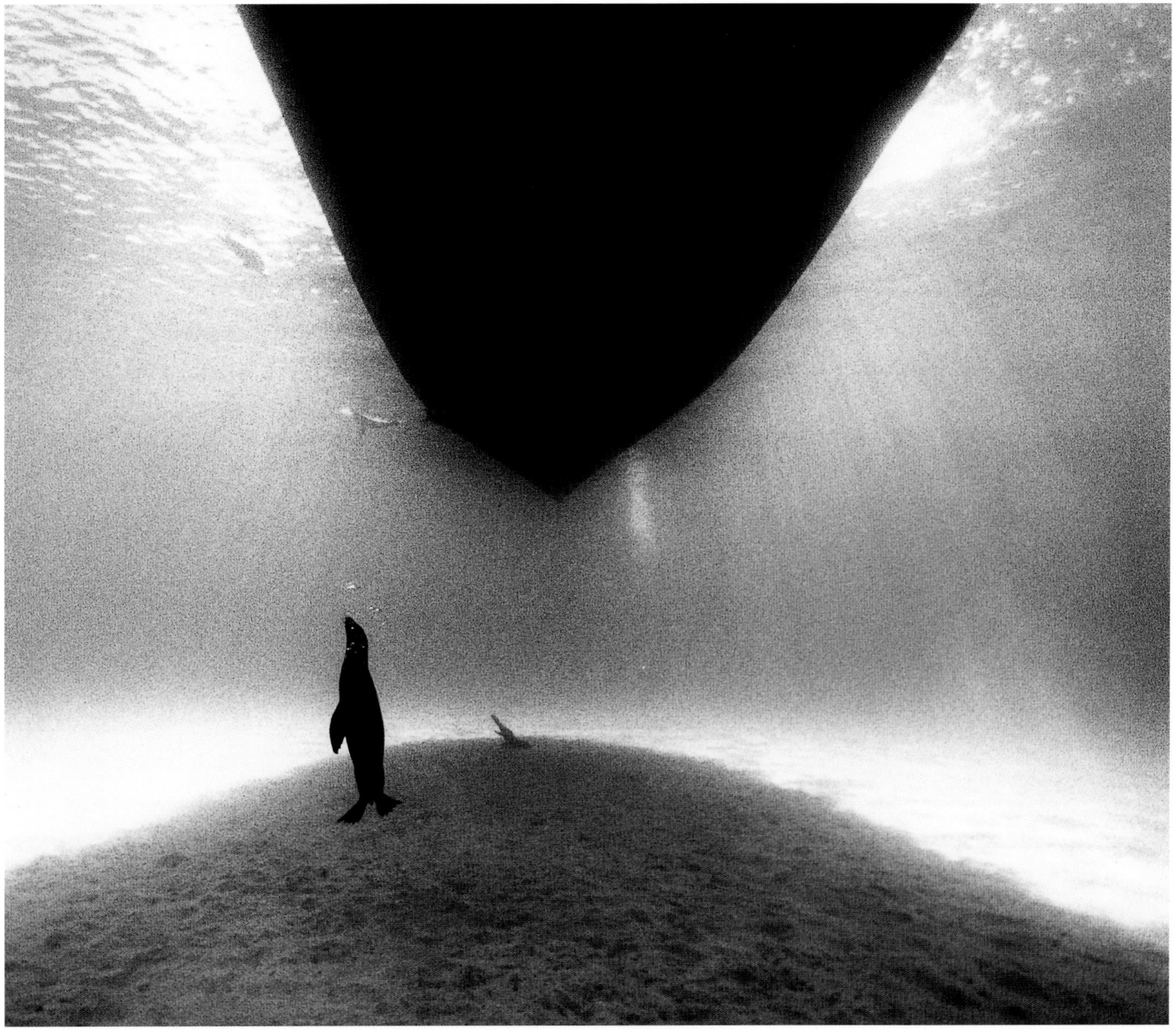

Leoni marini delle Galápagos sotto la chiglia di un'imbarcazione, Plazas Islands, Galápagos, Ecuador, 1996

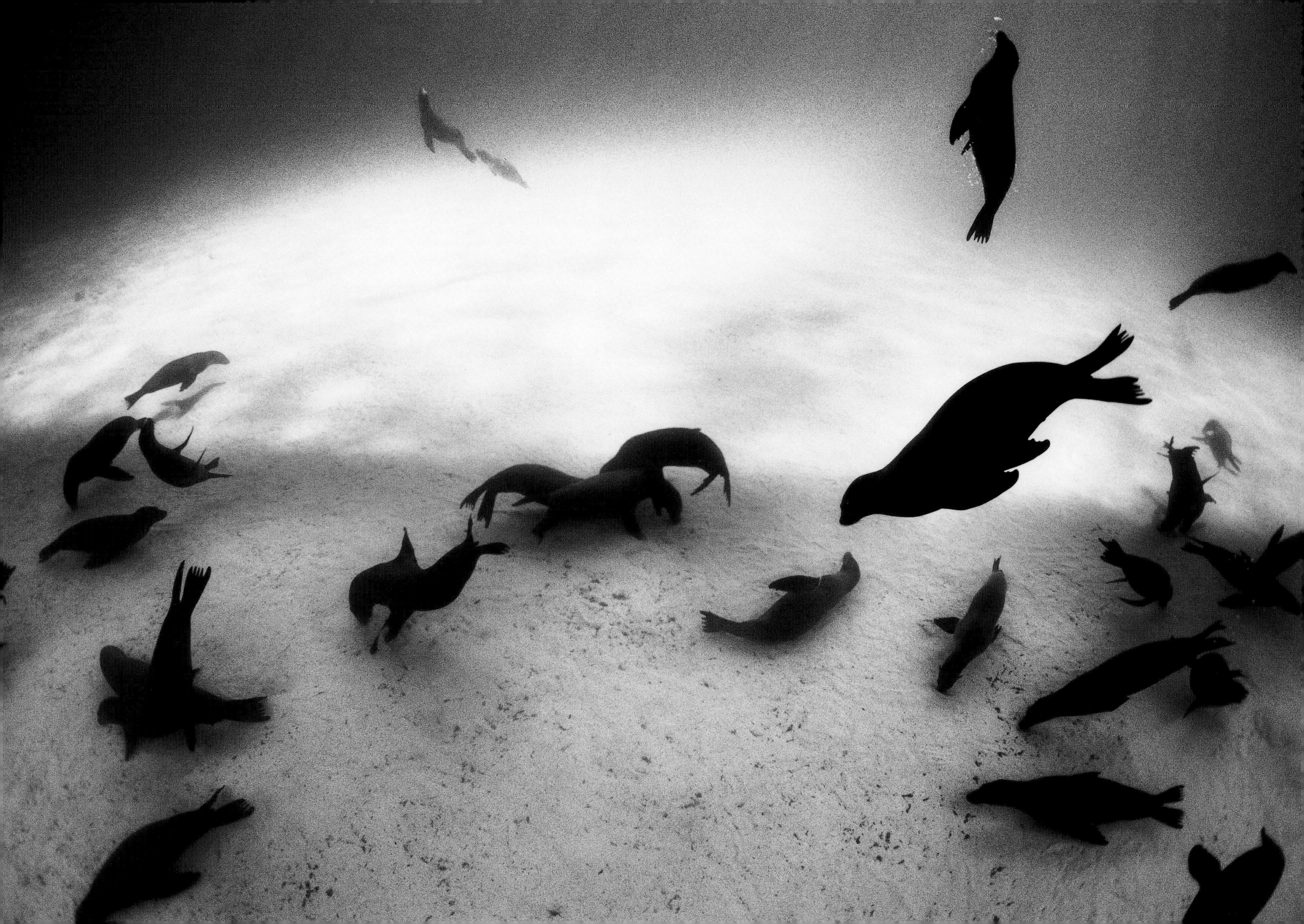

Piccolo di foca delle Galápagos, Darwin Island, Galápagos, Ecuador, 1997

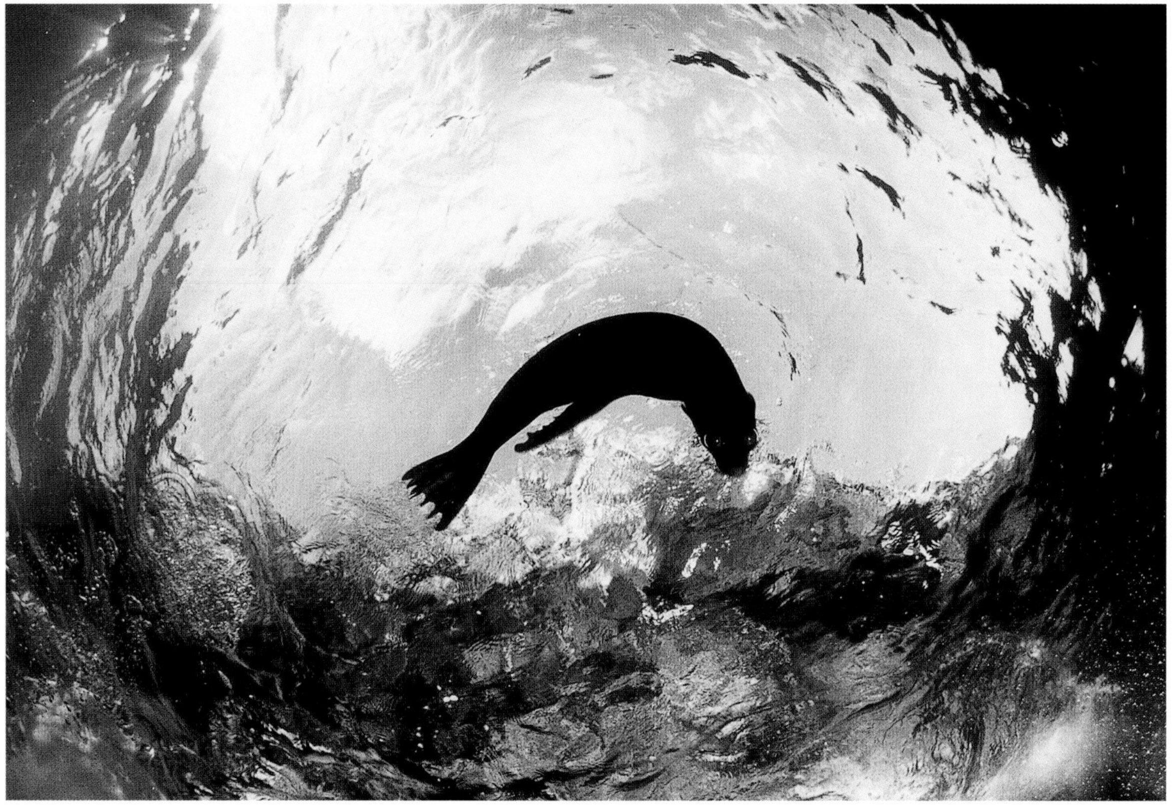

Banco di emulidi grigi e pesce pappagallo, Devil's Crown, Galápagos, Ecuador, 1996

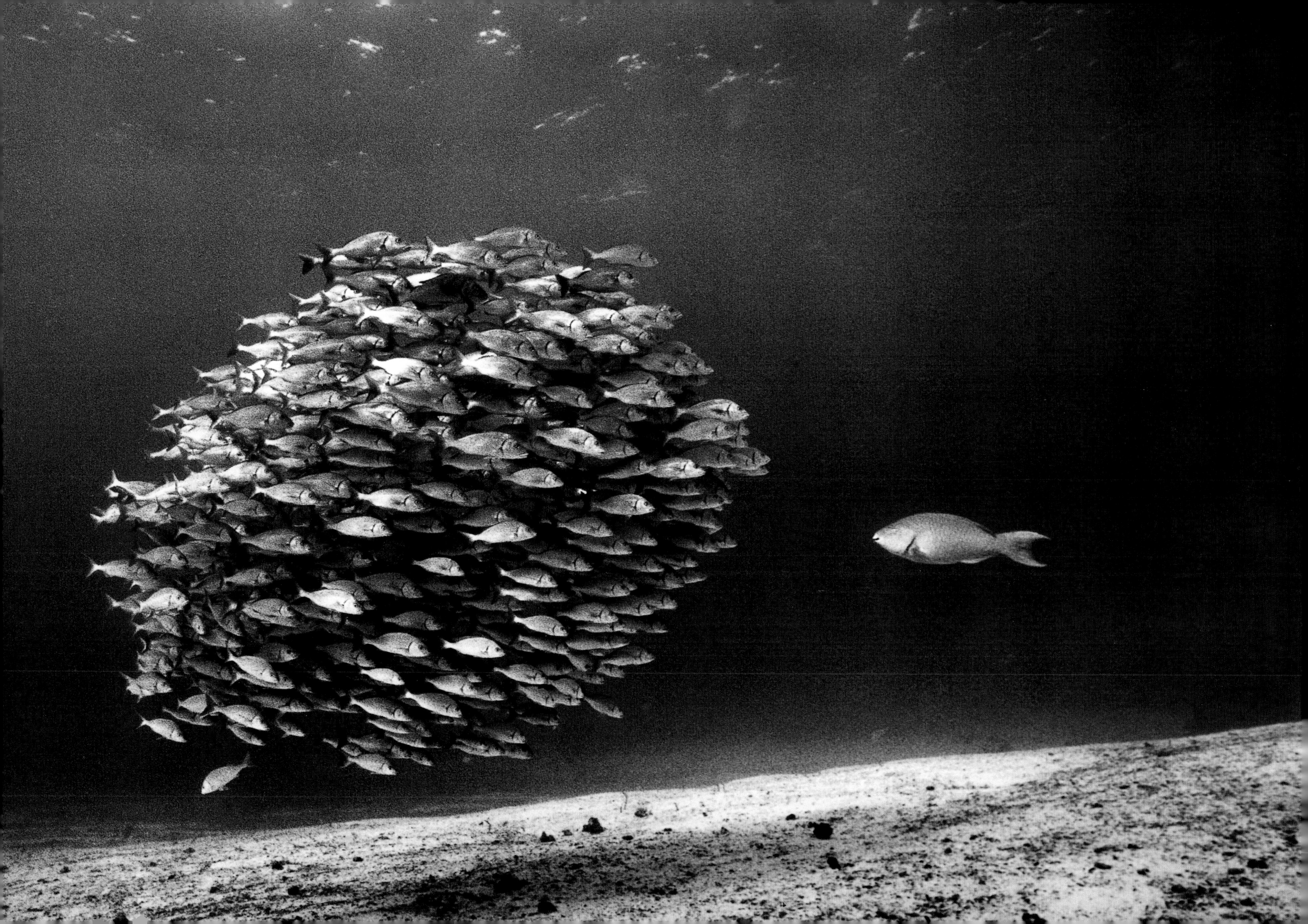

Pesci martello, Darwin Island, Galápagos, Ecuador, 1997

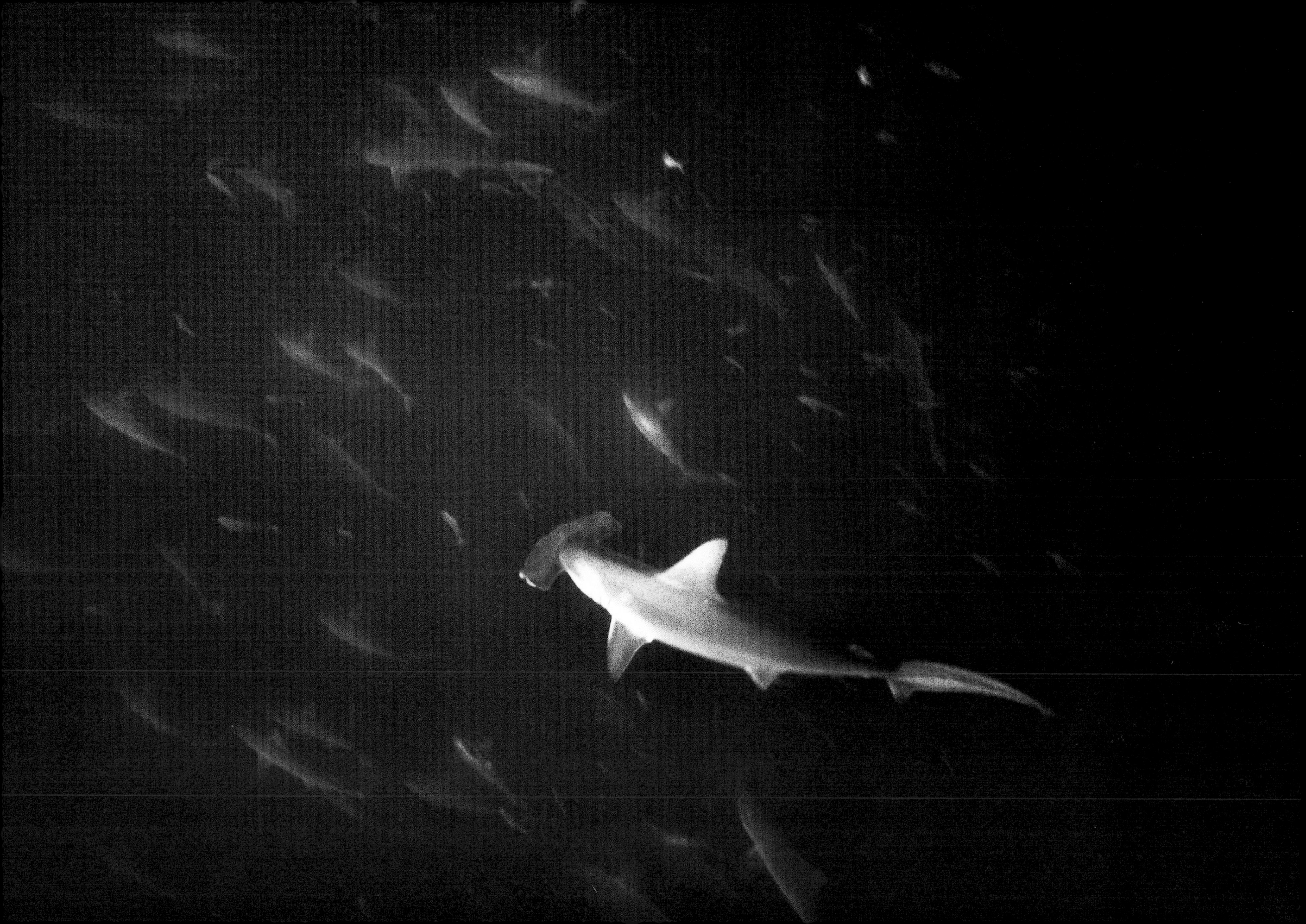

Giardini sommersi

Ciò che un tempo era il fondo marino primordiale è ora terra coltivabile nell'angolo sudoccidentale dell'Australia. Sotto lo strato di terra il substrato calcareo è attraversato da incisioni, perforato come un enorme gruviera. Dove la terra scende ondulando al mare, acqua dolce rampolla gorgogliando e compaiono gli inghiottitoi. Questi si nutrono di acque antichissime; piogge cadute secoli addietro scorrono lungo questa falda sotterranea. Là dove quest'acqua antica emerge alla superficie, fioriscono giardini e campi d'alghe verde brillante e piante acquatiche, come siepi divisorie di prati silenziosi. L'acqua filtrata attraverso il calcare è incredibilmente limpida e fresca. Non ci sono particelle in sospensione ad attenuare la luce di superficie. È di un blu purissimo e gli oggetti lontani sembrano incisi nel vetro. Tartarughe dal lungo collo rompono la superficie per respirare; pesci si celano in letti d'alghe simili a verdi spaghetti.

Le acque dolci sono di solito poco chiare. Ma la dreissena che ha devastato i Grandi Laghi quando fu introdotta nel fiume San Lorenzo, al confine con il Canada, ha filtrato l'acqua fino a renderla di un colore verde smeraldo relativamente limpido, quanto basta per vedere gli storioni di lago nuotare sul fondo.

Nella Florida centrale le Ginnie Springs sgorgano da un'estesa falda calcarea. Anche qui la pura acqua dolce è antica: ci si immerge in acqua piovana caduta sulla Georgia quando Thomas Jefferson era presidente. Quest'acqua sgorga copiosa dalla terra e per alcuni giorni all'anno si mescola alle acque brune tinte di tannino del serpeggiante fiume Santa Fe. La luce penetra attraverso le acque che si mescolano, e guardare attraverso la superficie è come scrutare entro fluttuanti fiamme color arancio.

Giardini di [illegible] Australia Meridionale, 1981

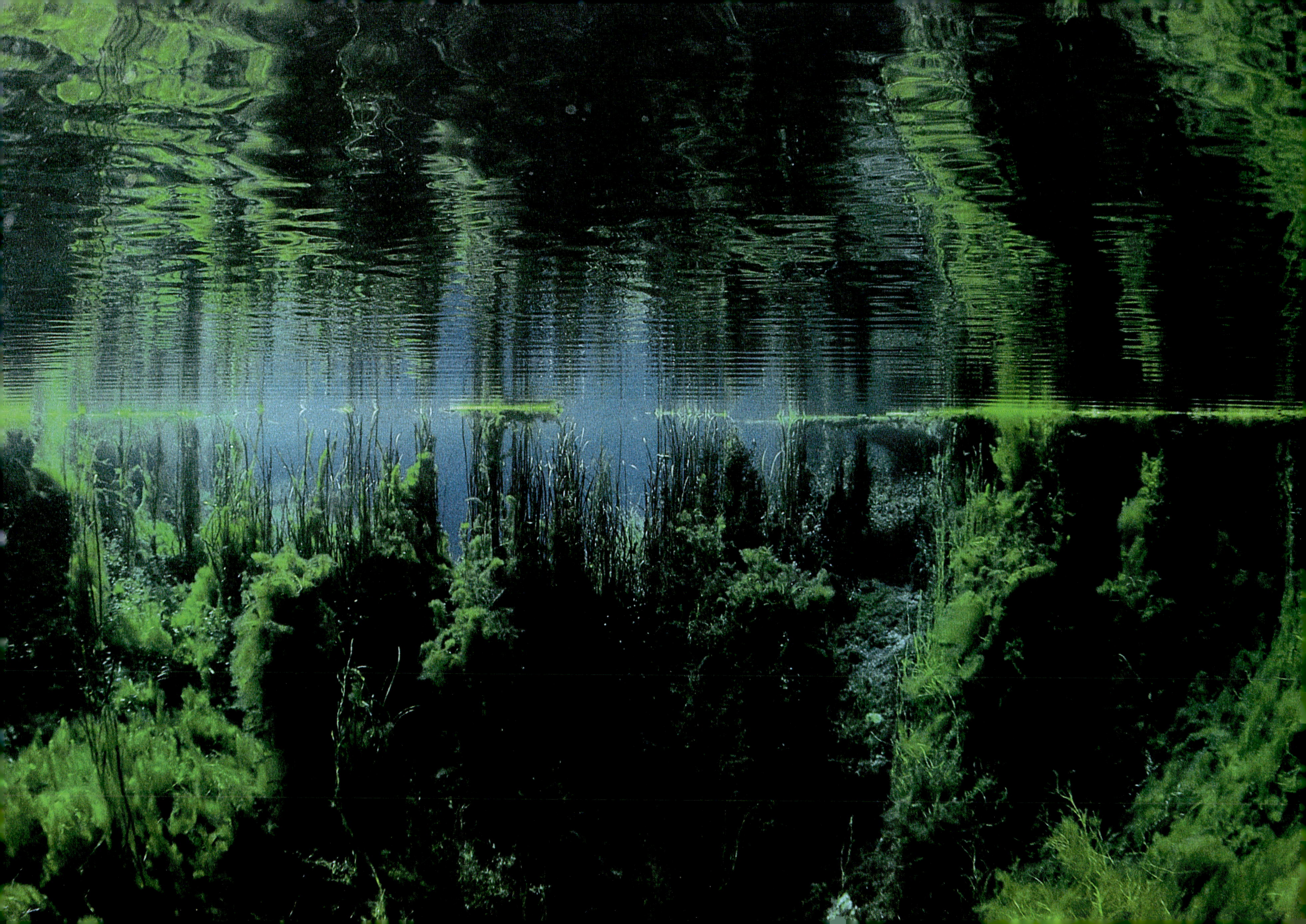

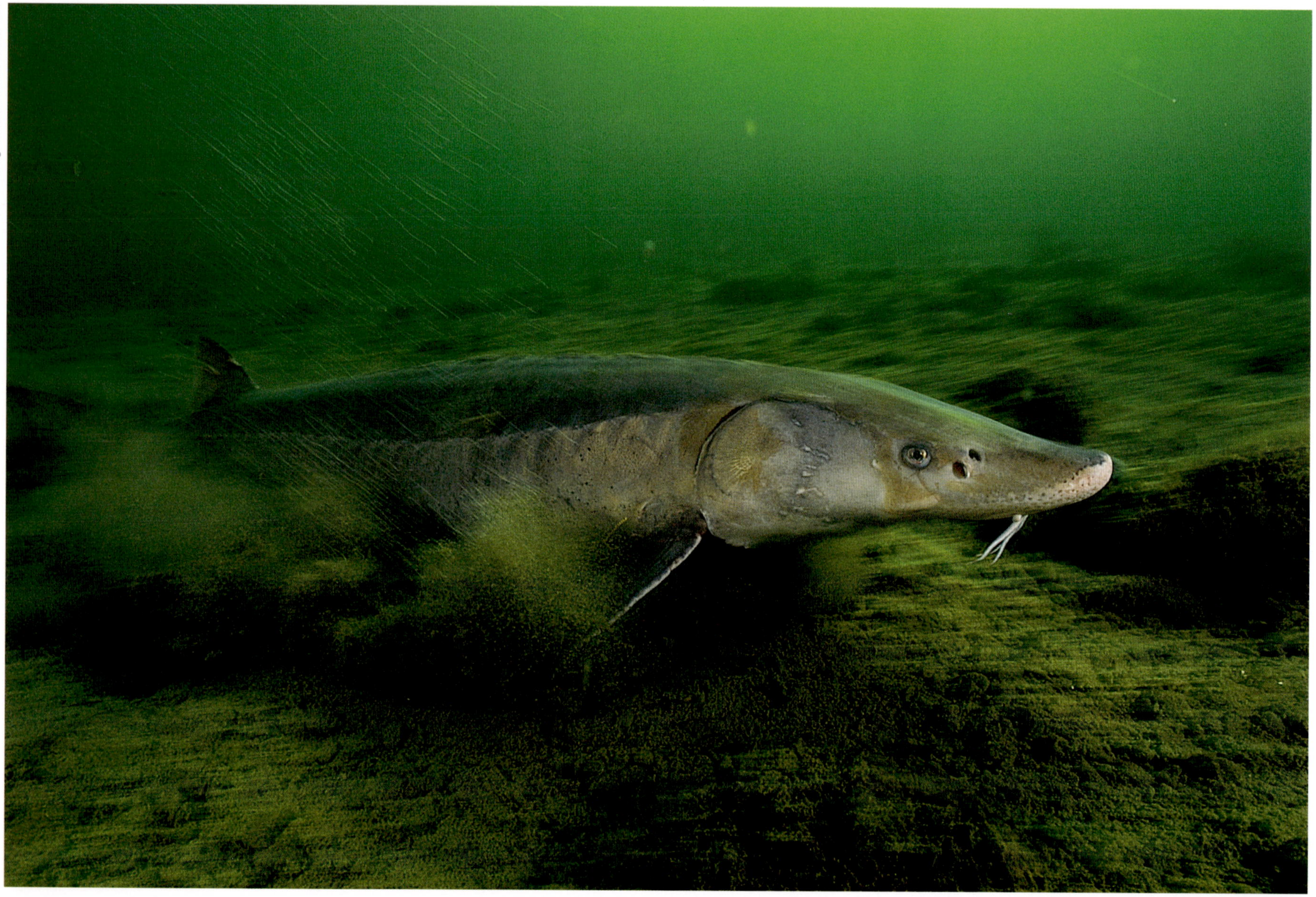

Storione di lago, fiume S. Lorenzo, Canada, 1998

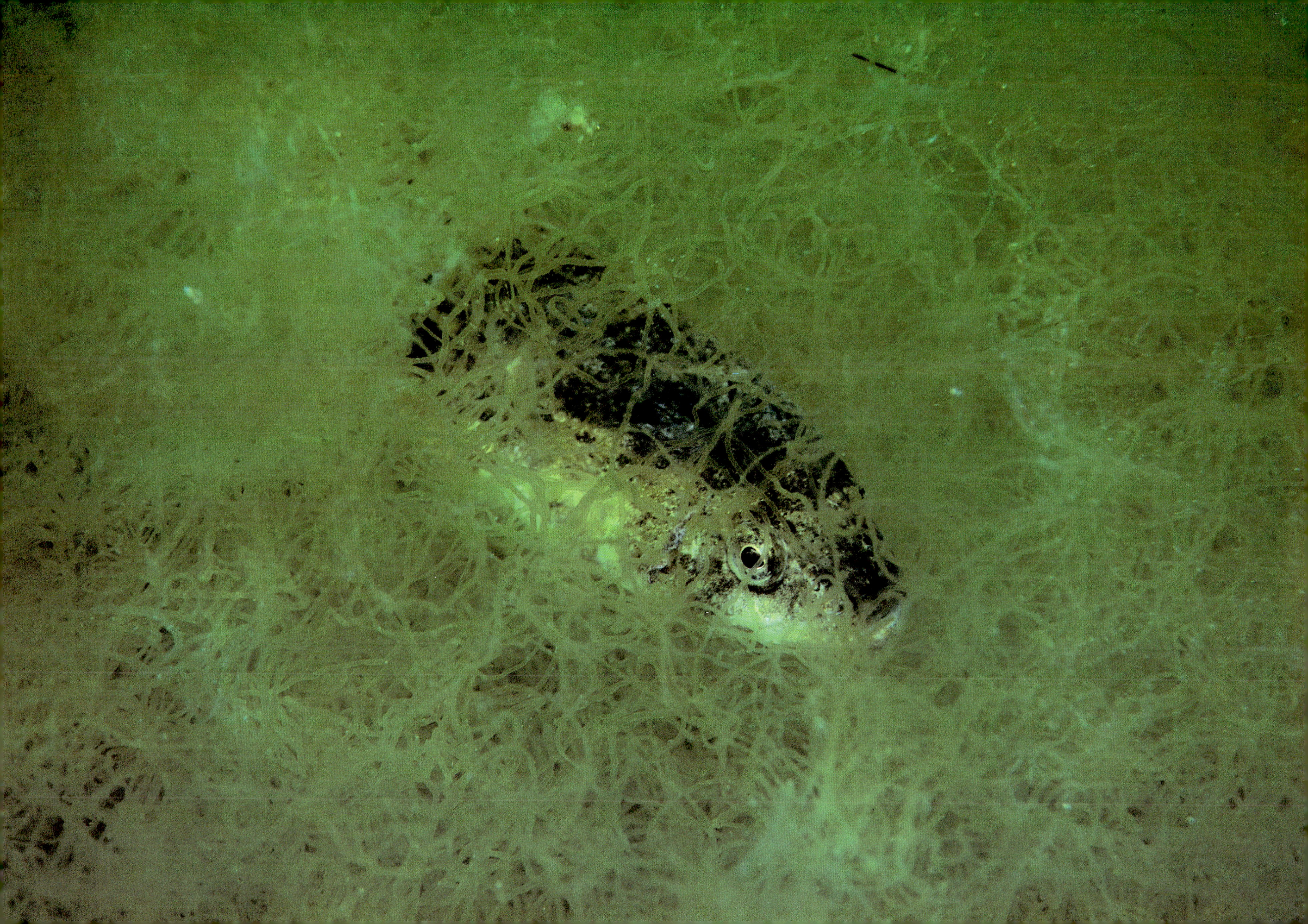

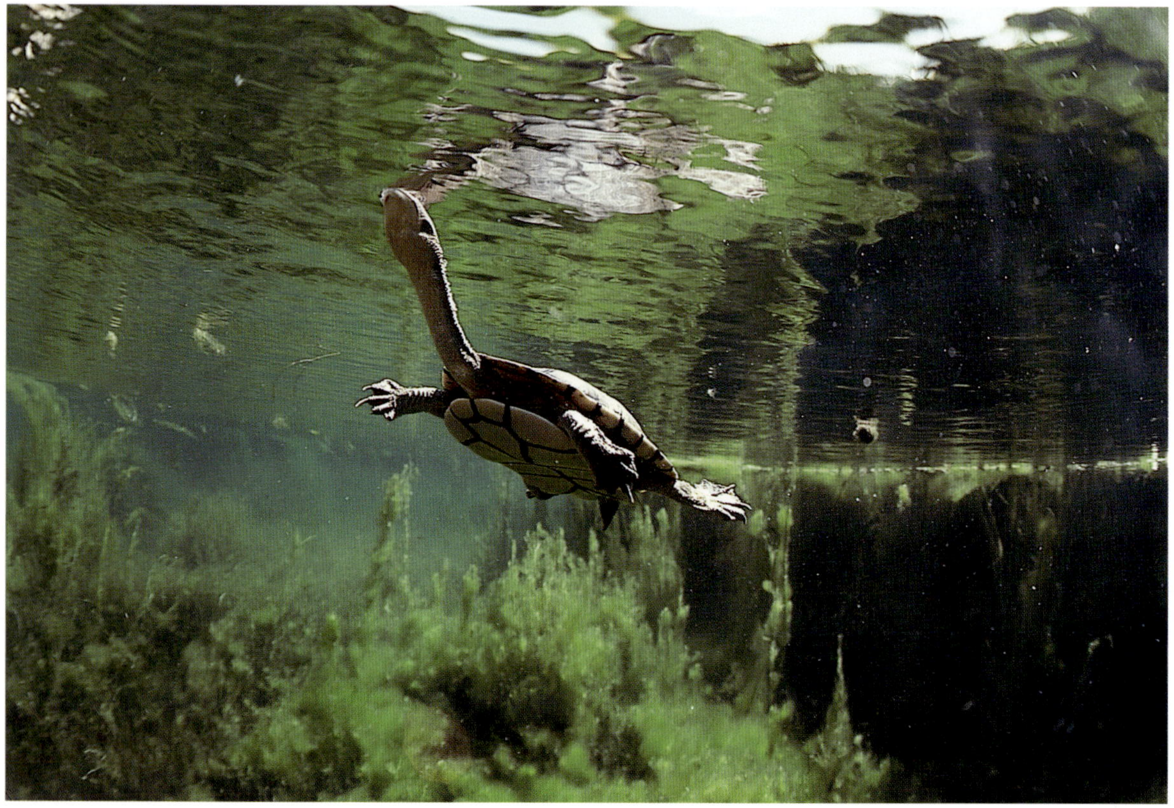

Chelidona longicollis, Piccaninnie Ponds, Australia Meridionale 1981

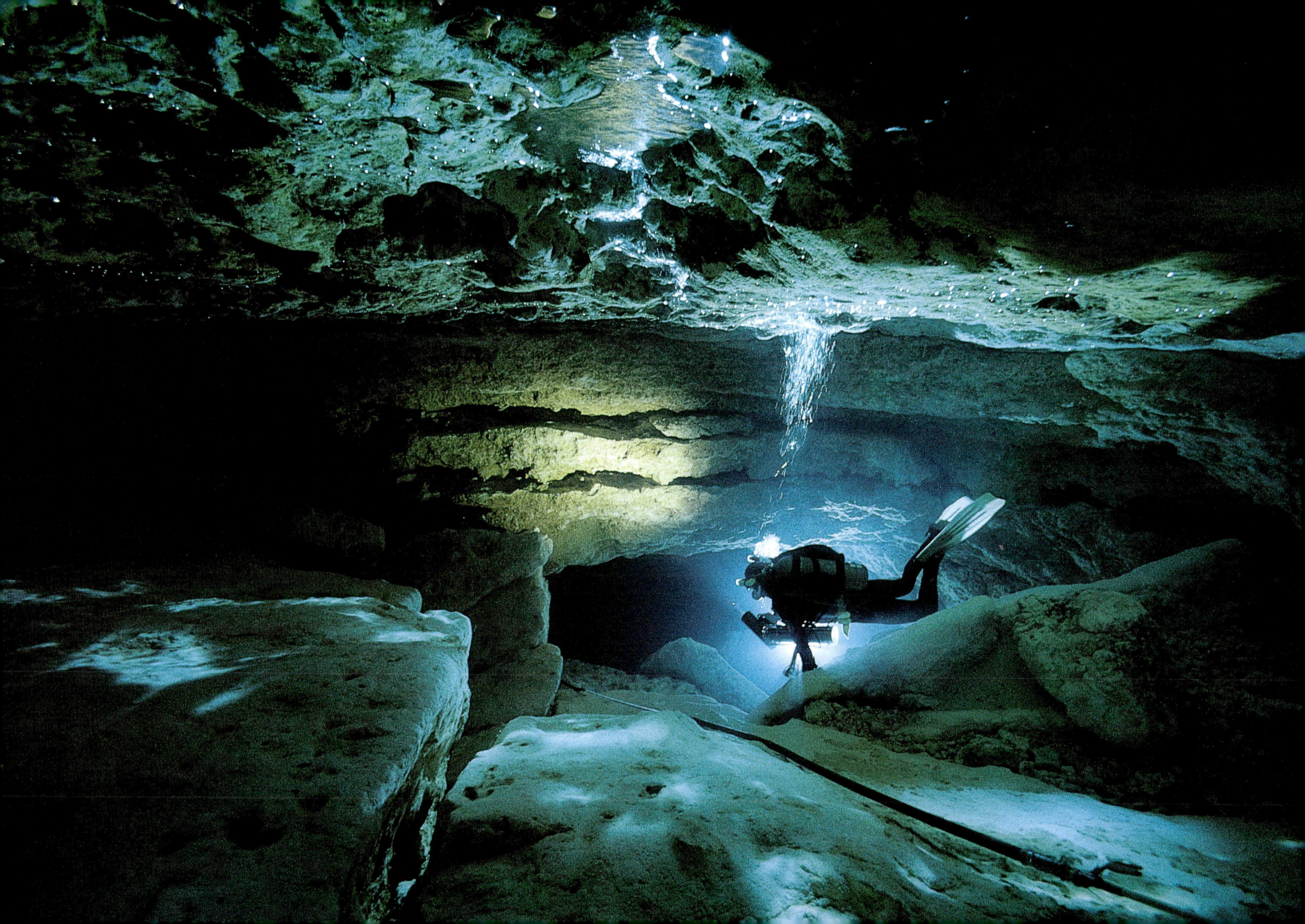

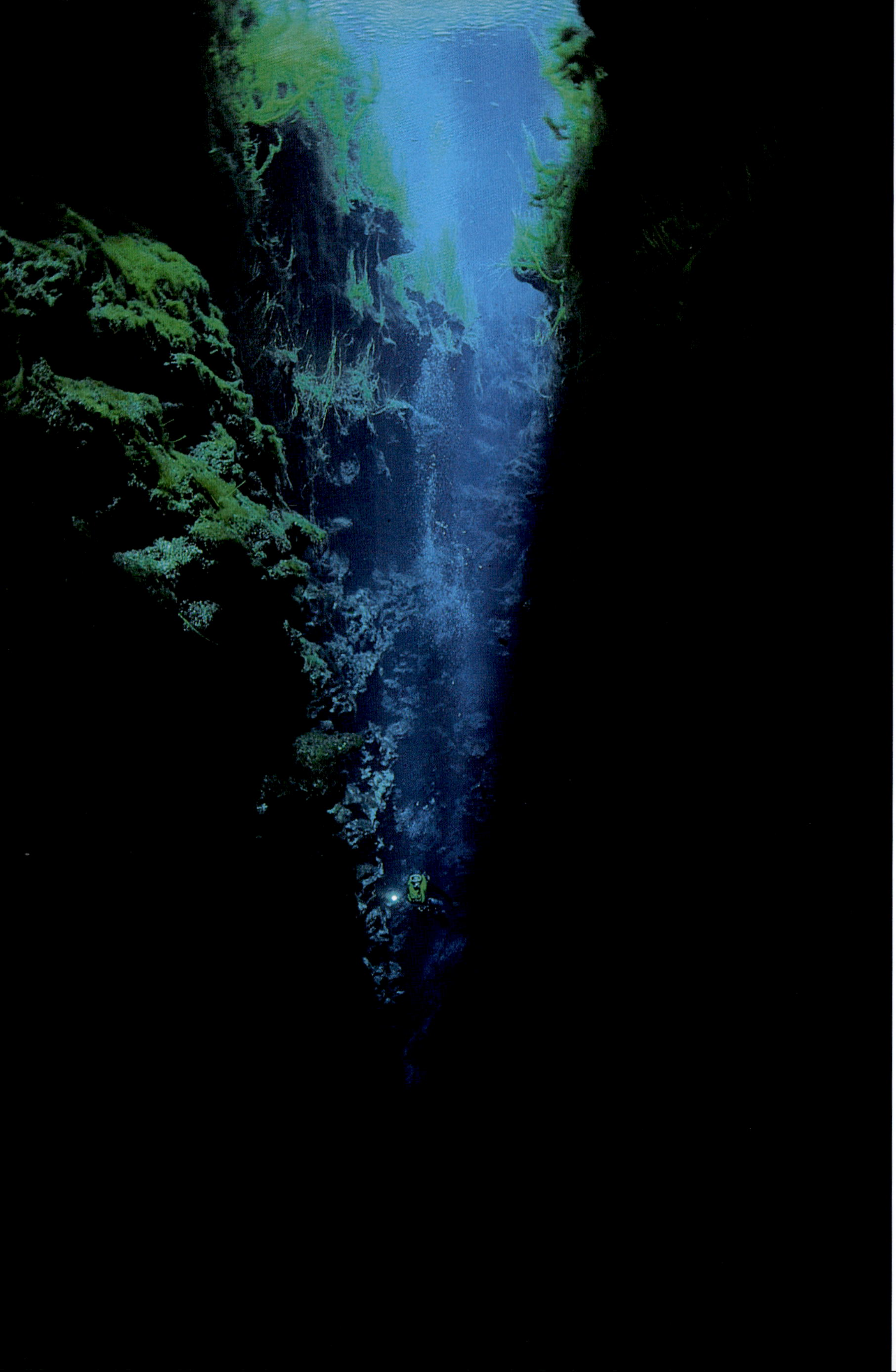

La "strettoia", Piccaninnie Ponds, Australia Meridionale 1981

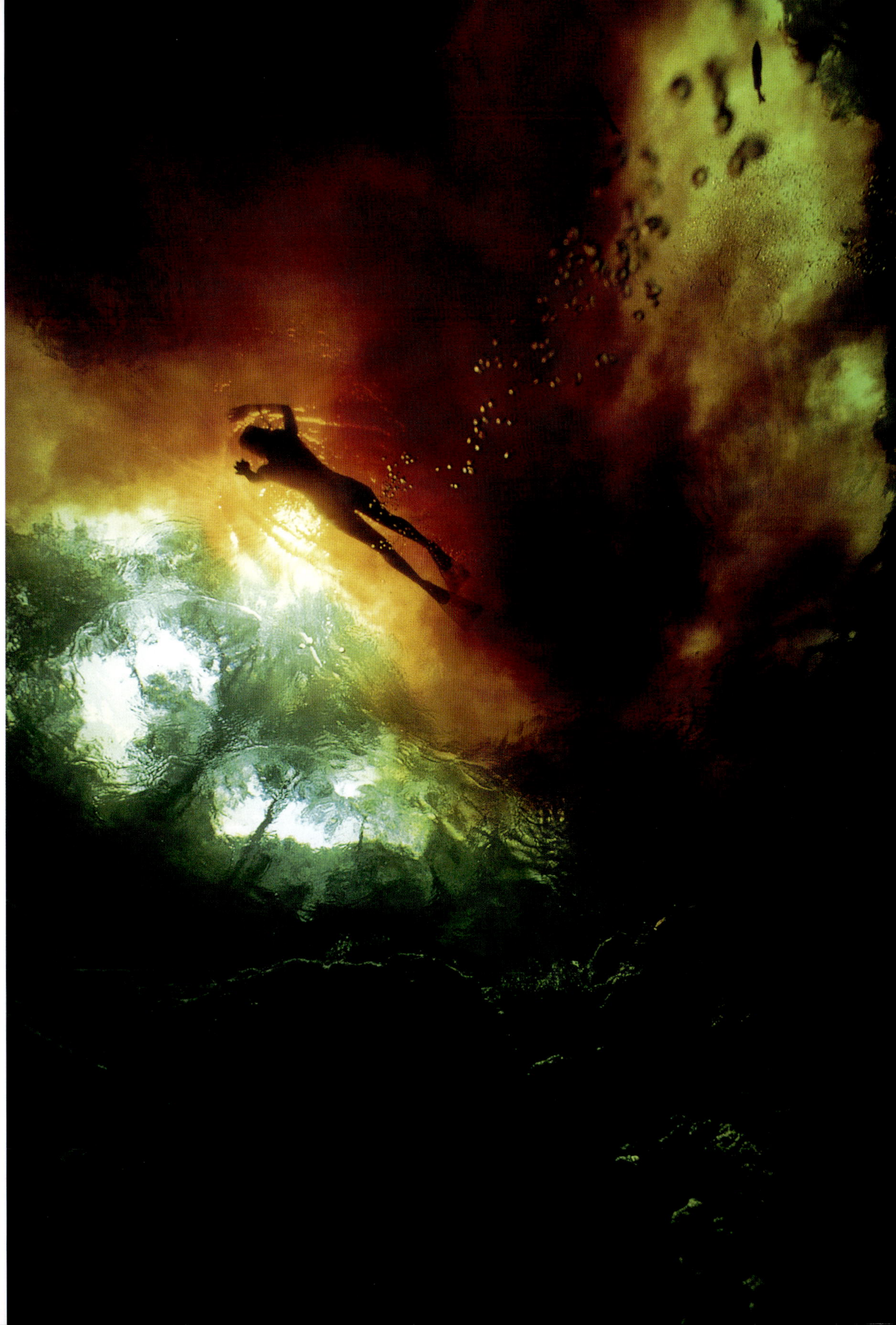

Le acque di Devil's Eye Spring si mescolano a quelle del fiume Santa Fe, Florida, USA, 1992

Oceano nel deserto

Nessun fiume vi affluisce. Ben poca pioggia cade sulle sue coste. Il mar Rosso è circondato da deserto e il colore dell'acqua è un caldo blu orlato dal tocco giallo della sabbia. Dallo spazio appare come un lungo braccio blu della Great Rift Valley, un fosso pieno d'acqua che divide l'Asia dall'Africa. È il punto estremo dell'immenso oceano Indo-Pacifico, isolato nel tempo e nello spazio; ma le sue scoscese pareti e la piccola piattaforma continentale costringono i coralli a una feroce contesa per lo spazio. Le scogliere sono meravigliosi e variegati tappeti corallini.

Immergersi nel mar Rosso è come lasciarsi avviluppare in un dipinto impressionista. Veli di piccoli serranidi color arancio rivestono le scogliere nutrendosi di plancton. Quando grossi carangidi in cerca di preda attaccano i serranidi, l'intera scogliera sussulta. Pesci falco attendono i giovani serranidi, perfettamente camuffati fra i rami di corallo nero e le gorgonie. Simili a tigri, stanno in agguato.

Il mar Rosso è stato il mio studio e il mio laboratorio, una finestra sulle città segrete della scogliera corallina. Ricordo di aver atteso con mia moglie Anne, il nostro amico Rosenstein e David Fridman, naturalista straordinario, il tramonto della luna, quando il mare diventa completamente nero. Quello è il momento in cui i singolari *Photoblepharon* o "pesci flash", emergono dai loro nascondigli sulla scogliera notturna. Sotto gli occhi hanno sacche bioluminescenti e formano piccoli banchi che, aggregando le loro luci verdeblu, attirano il plancton. I banchi di *Photoblepharon* fluttuano lungo il margine della scogliera come lontane galassie.

Un'altra notte, quasi vent'anni dopo, impiegai la mia potente lampada da set HMI a luce bianca, questa volta con filtri ultravioletti, per illuminare un gruppo di coralli dall'aspetto comune; assorbivano la radiazione ultravioletta e riemettevano luce visibile. Questo fenomeno è chiamato fluorescenza e i colori segreti paiono pulsare come città al neon. Il gruppo di coralli ardeva davanti ai miei occhi; quando emersi la luna sorgeva sopra Aqabah in Giordania, sull'altra sponda del mar Rosso.

Una sera nuotai dentro un banco di vitrei pemferidi, in un'alcova di corallo di Little Brother Island. Volevo fotografare i pesci mentre diventavano acqua. Il banco cambiava direzione all'unisono: movimento di code, chiusura di branchie. Producevano un suono simile a quello di un lenzuolo che schiocca al vento.

E perché il mar Rosso è rosso? Nelle sere estive senza vento l'aria surriscaldata intrappola la polvere del deserto, il sole che tramonta infuoca l'aria. Mare e cielo si fondono, l'orizzonte scompare e il mare pulsa come un rosso cuore.

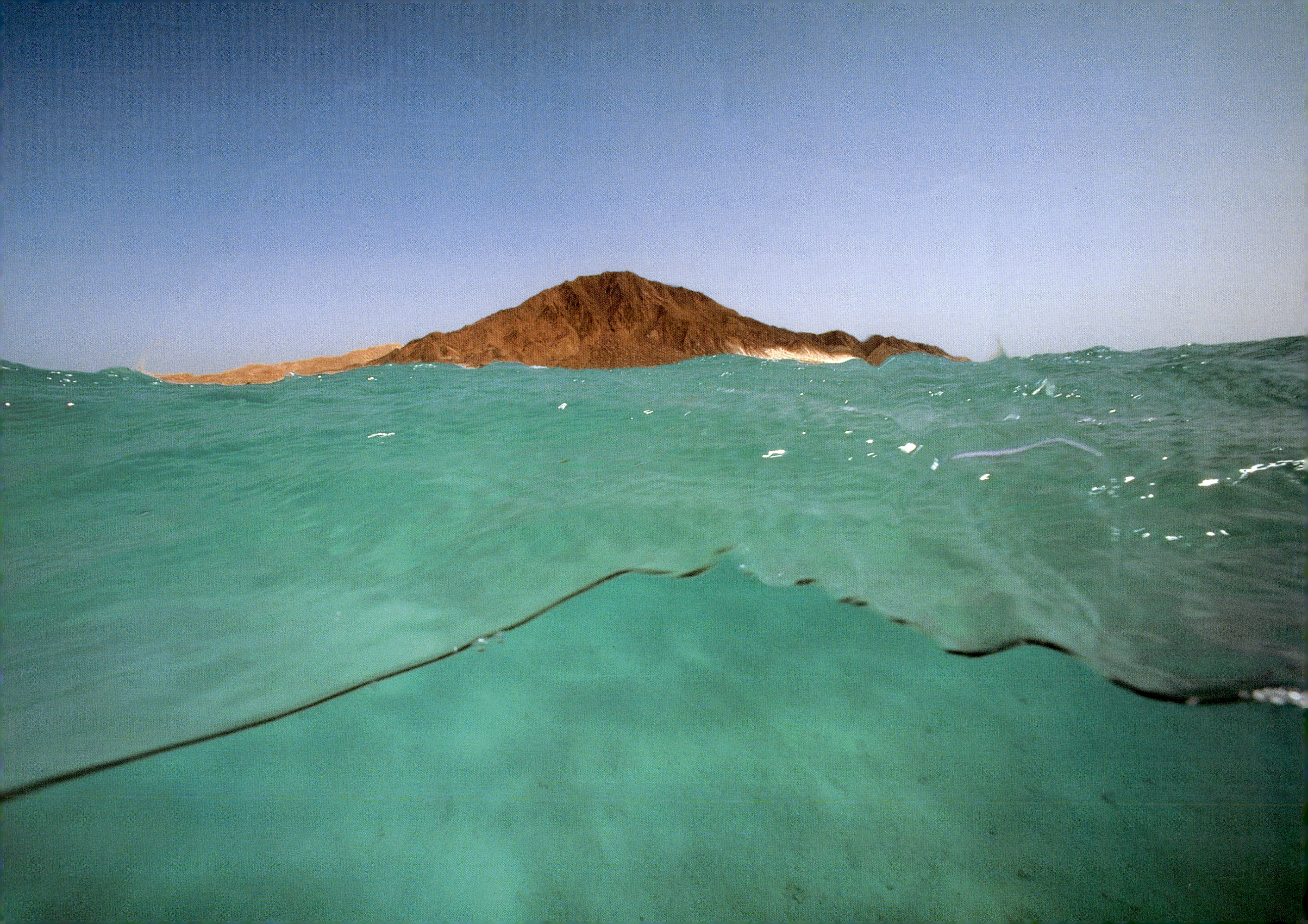

Altopiano corallino, Zabargad Island, mar Rosso settentrionale, Egitto, 1991

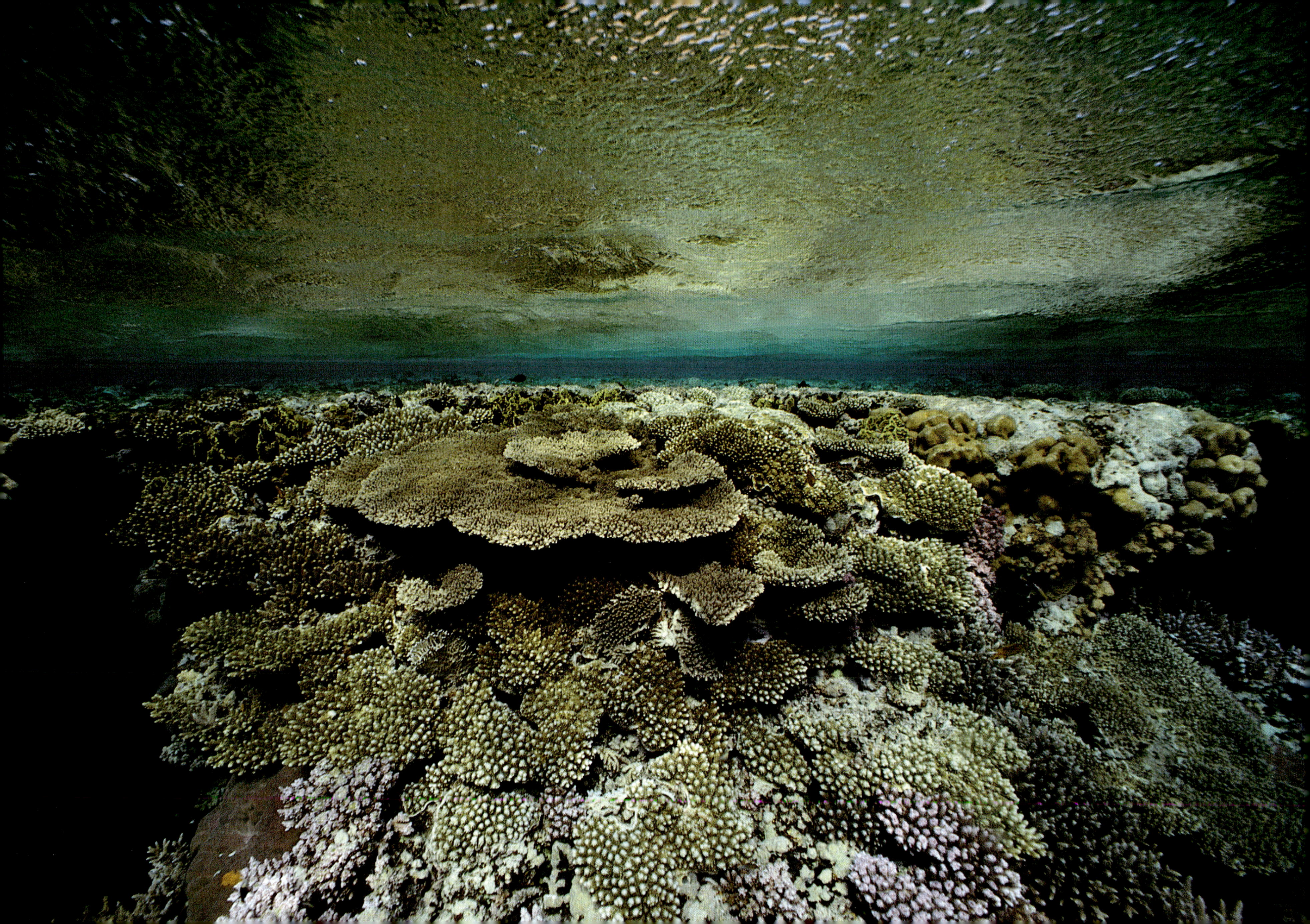

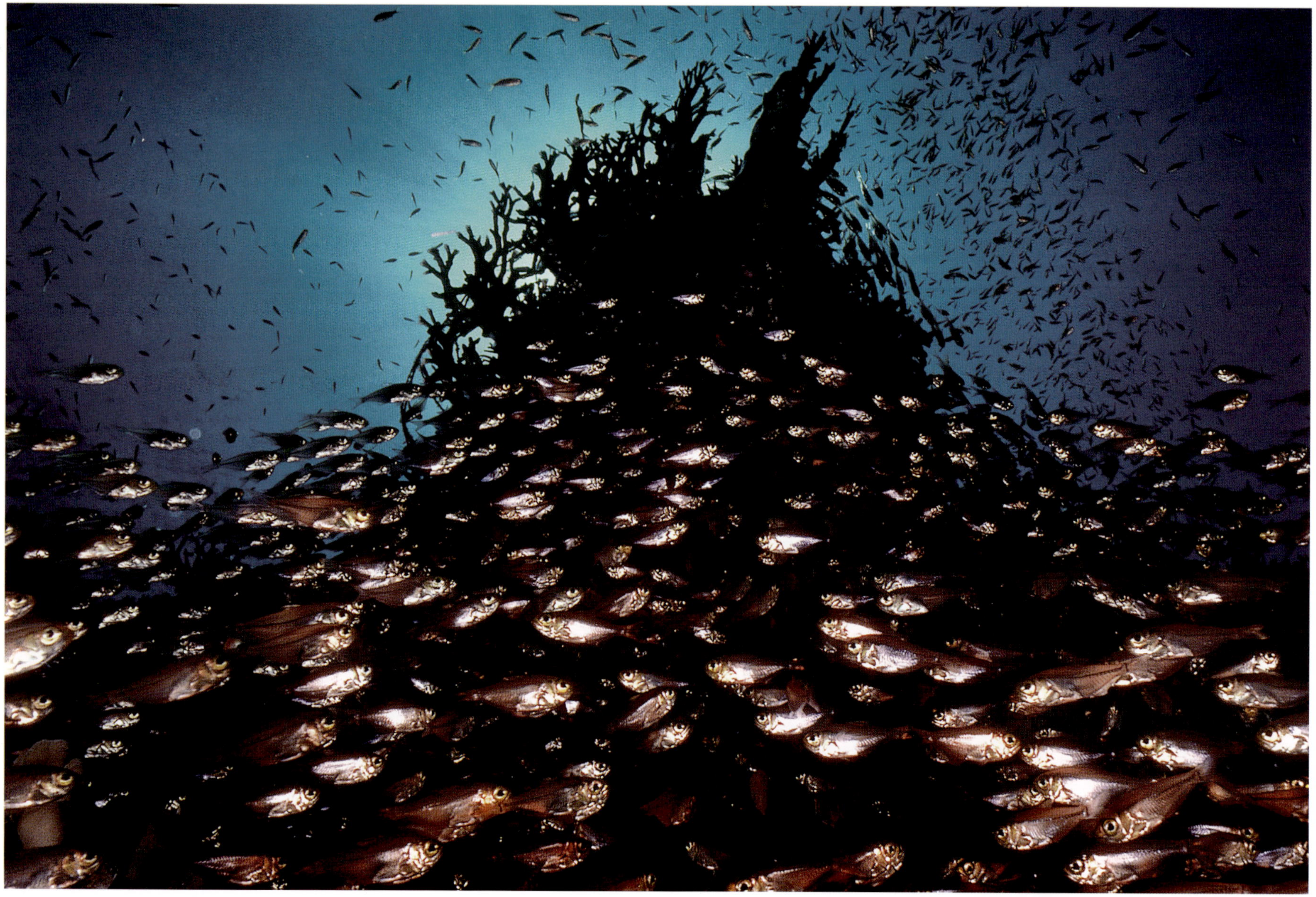

Banco di pemferidi, Costa del Sinai, mar Rosso settentrionale, Egitto, 1991

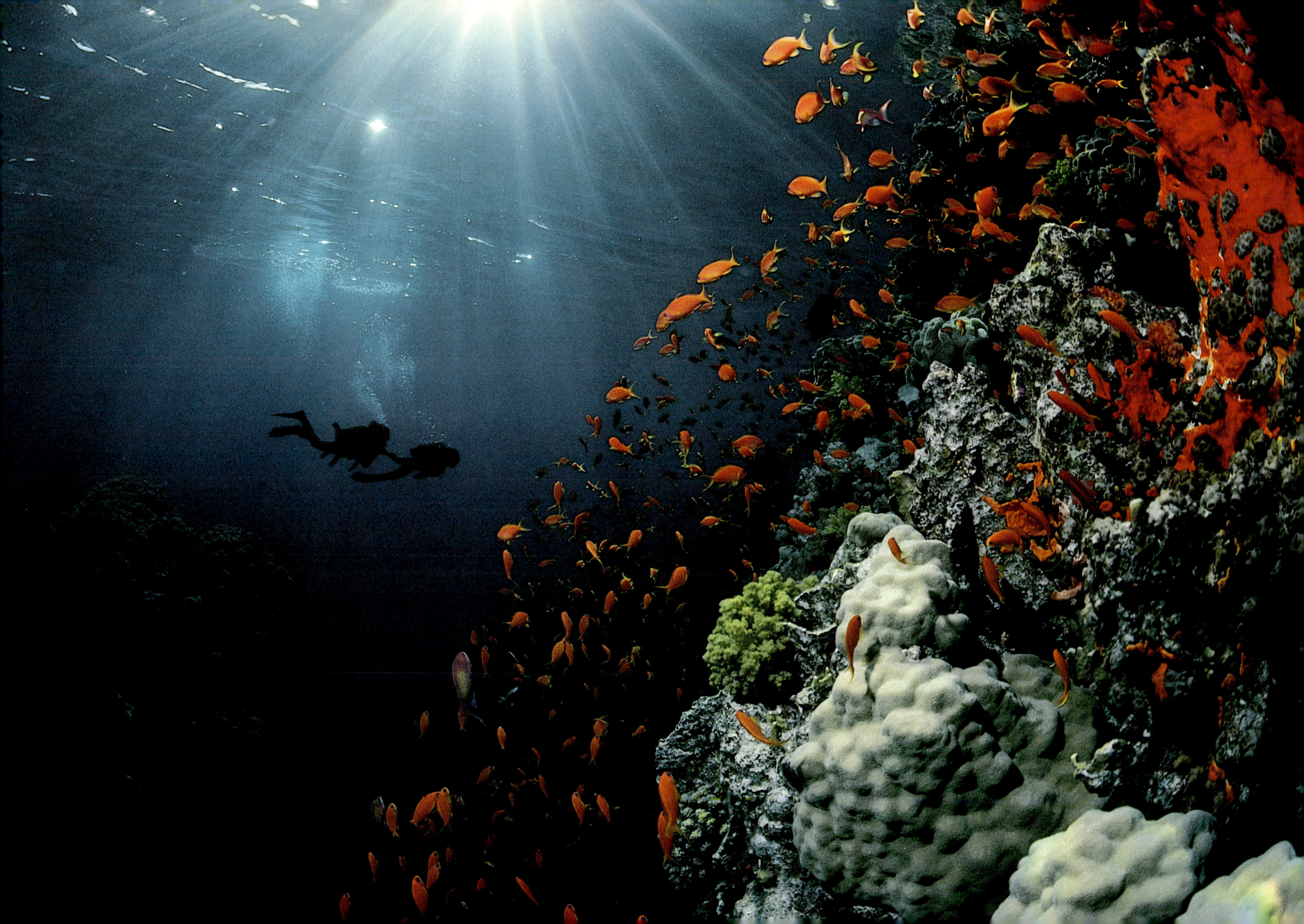

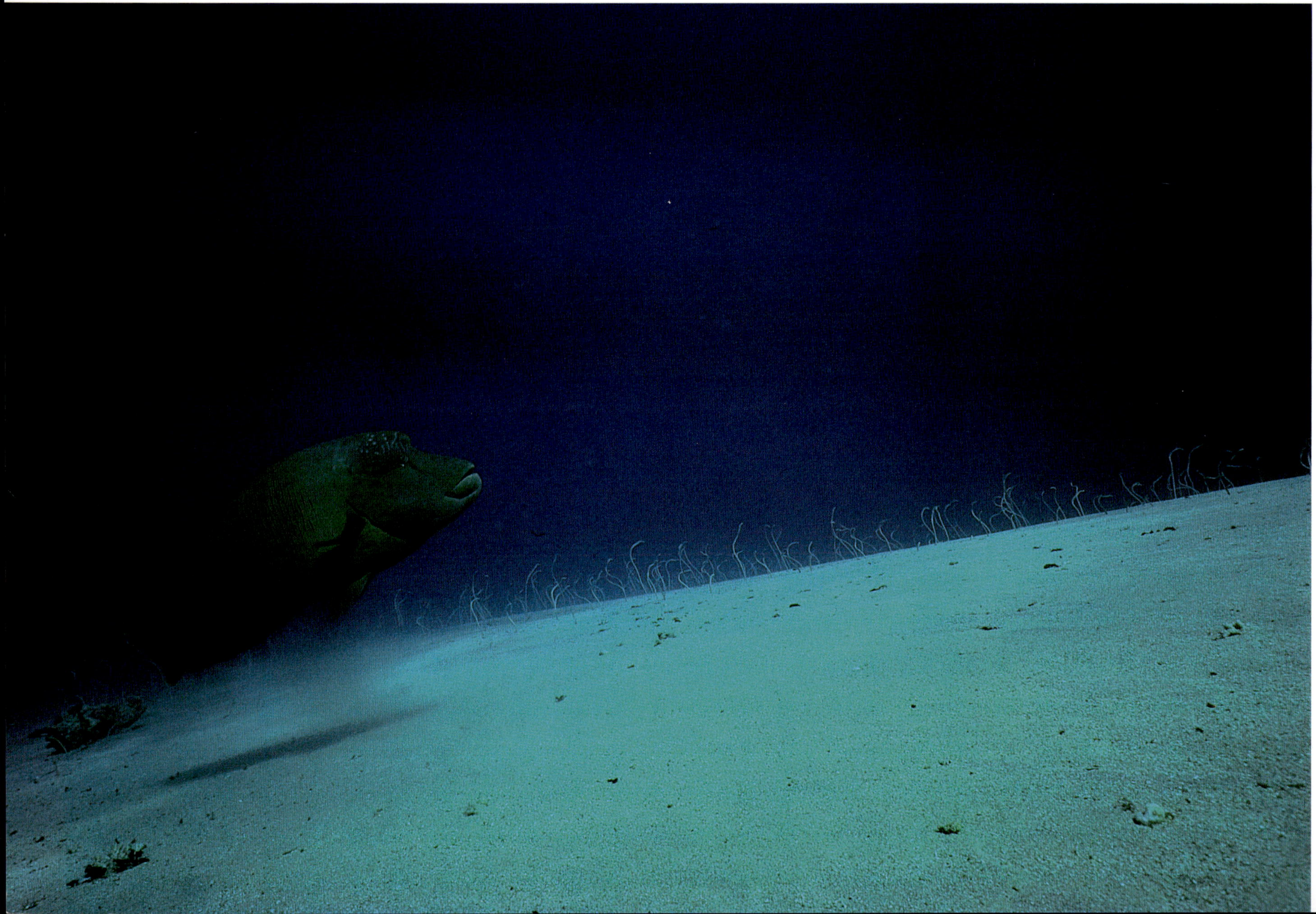

Labride in caccia di anguille di sabbia (Congridi), Ras Muhammad, Egitto, 1980

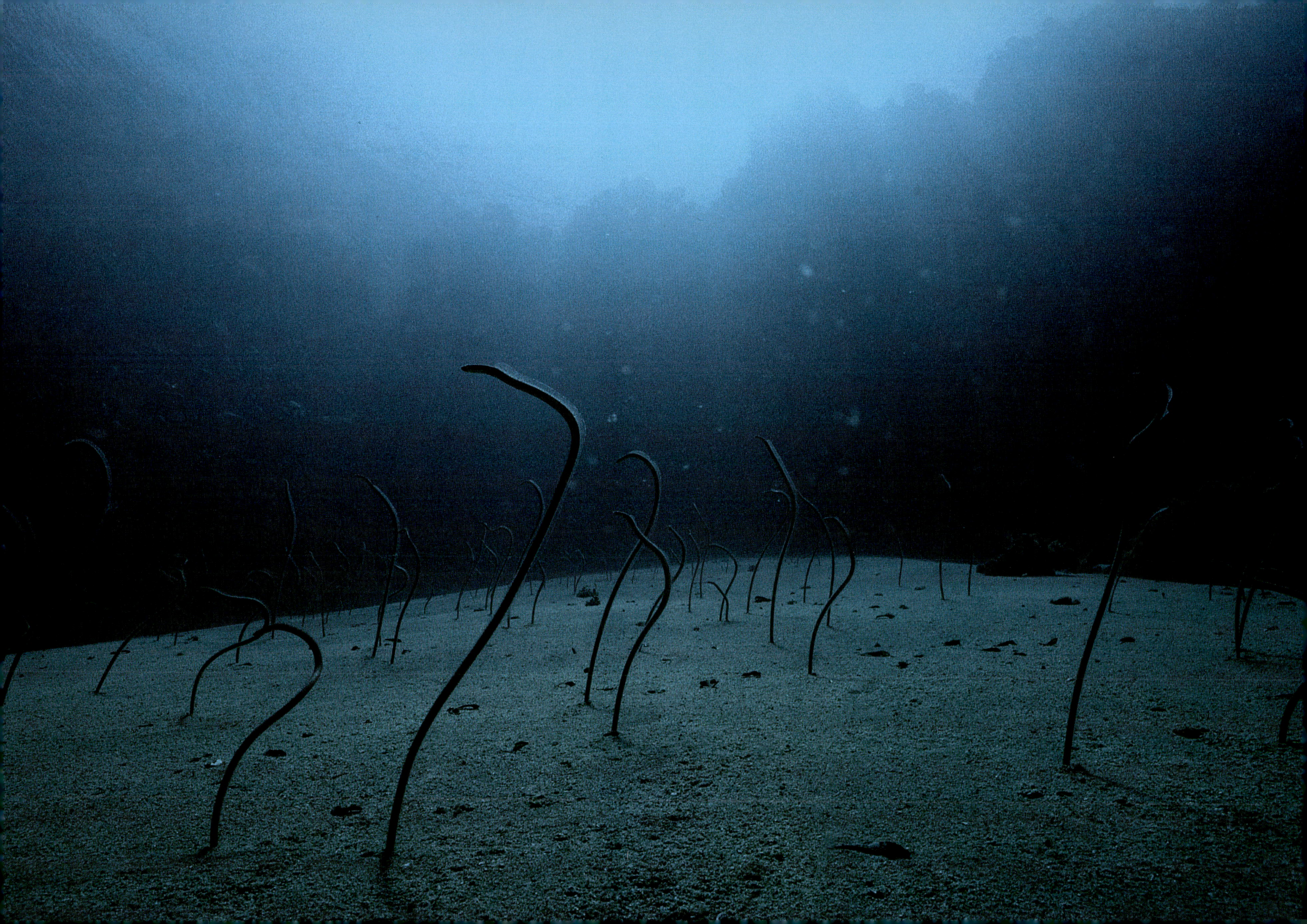

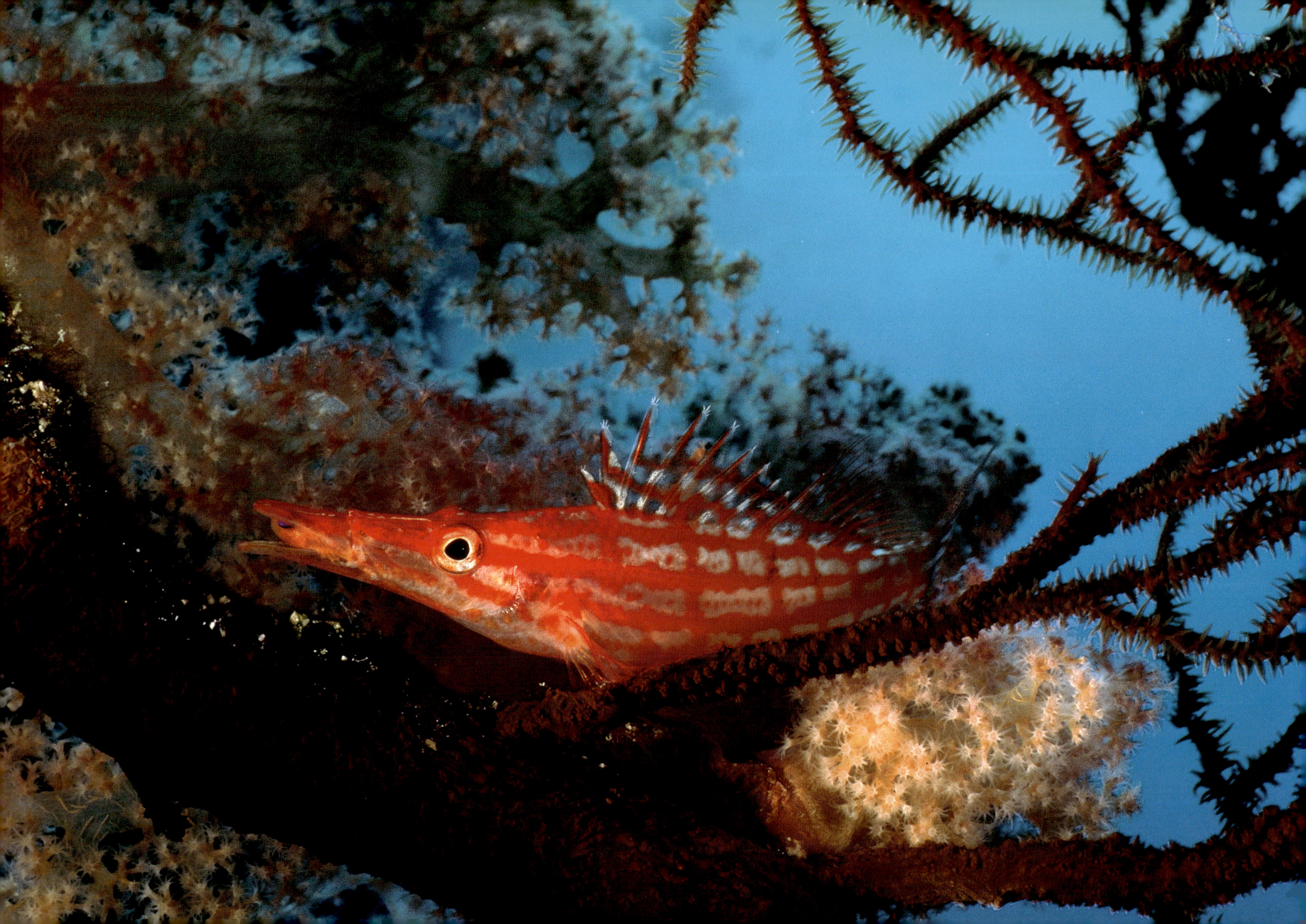

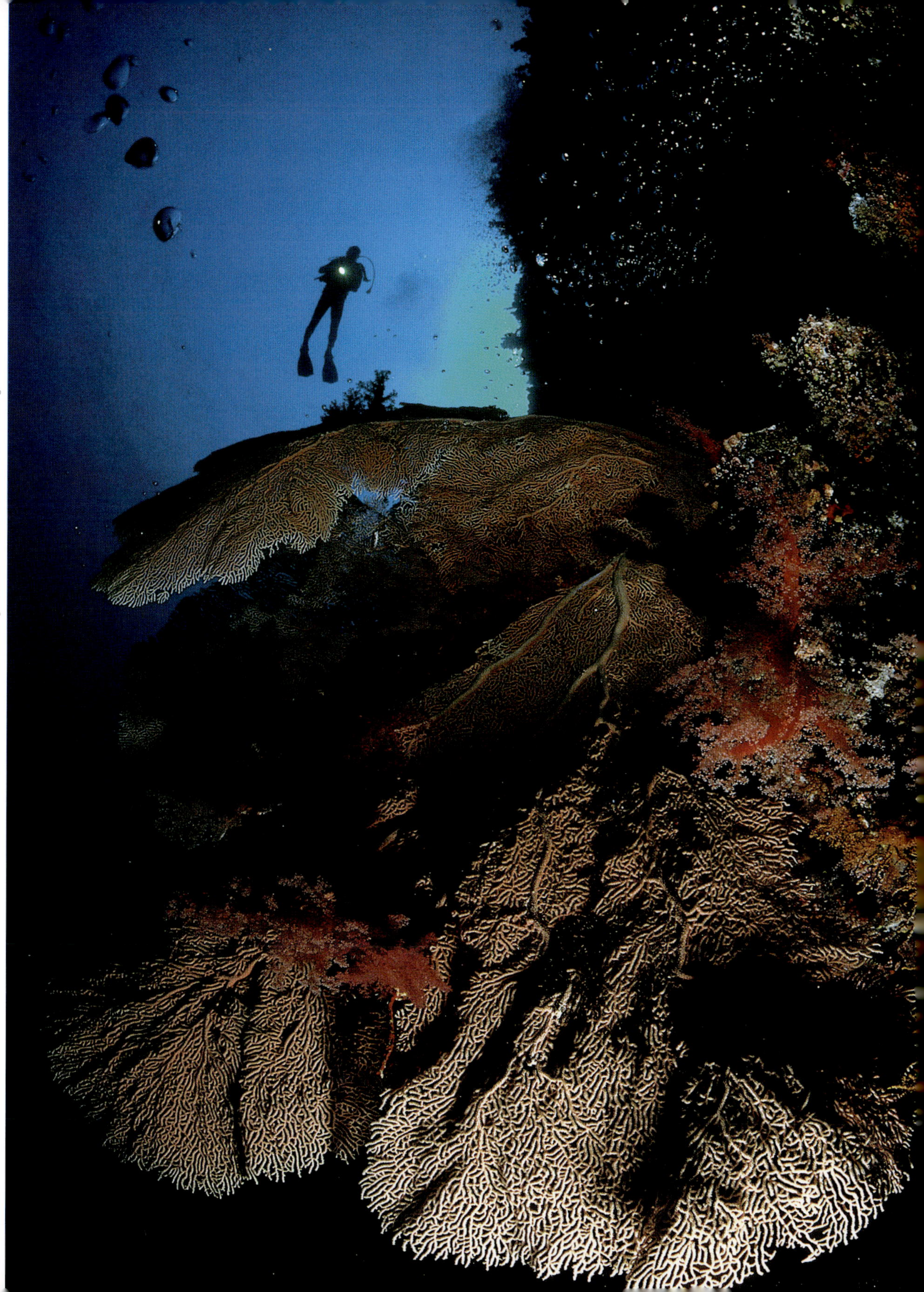

Gorgonie, Brother's Island, mar Rosso settentrionale, Egitto, 1991

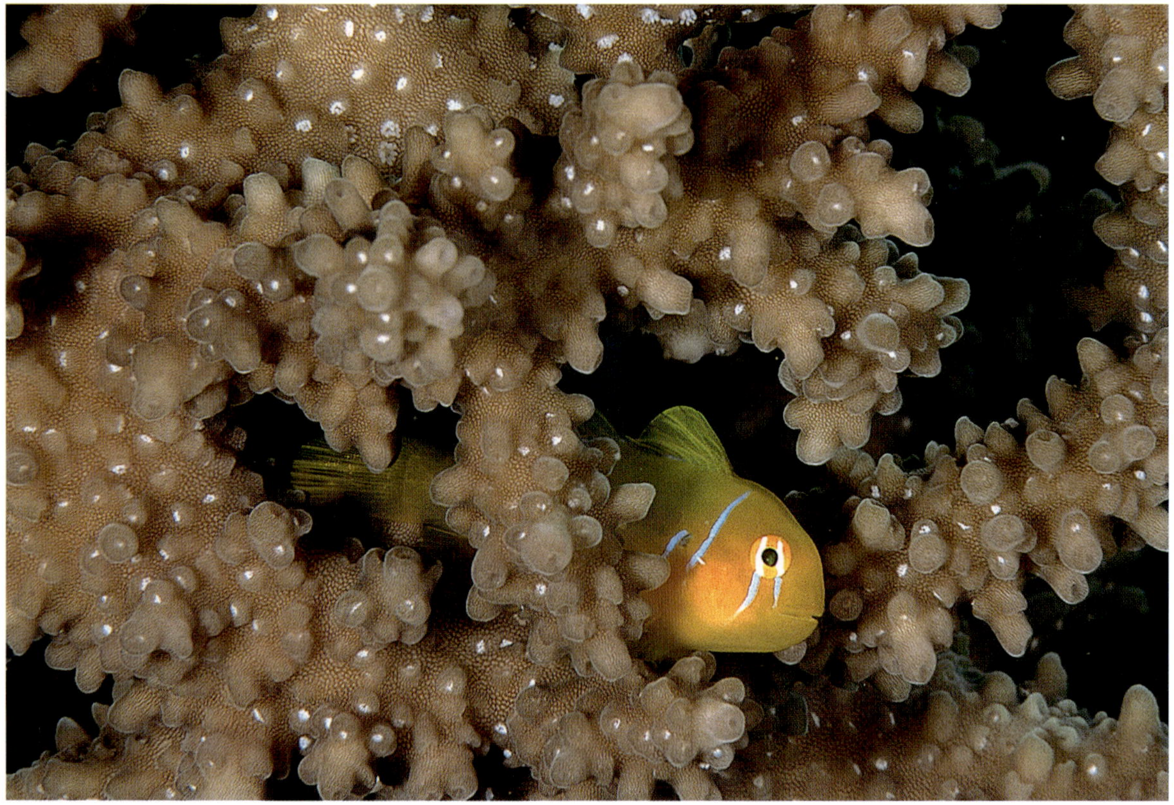

Gobide giallo, mar Rosso settentrionale, 1991

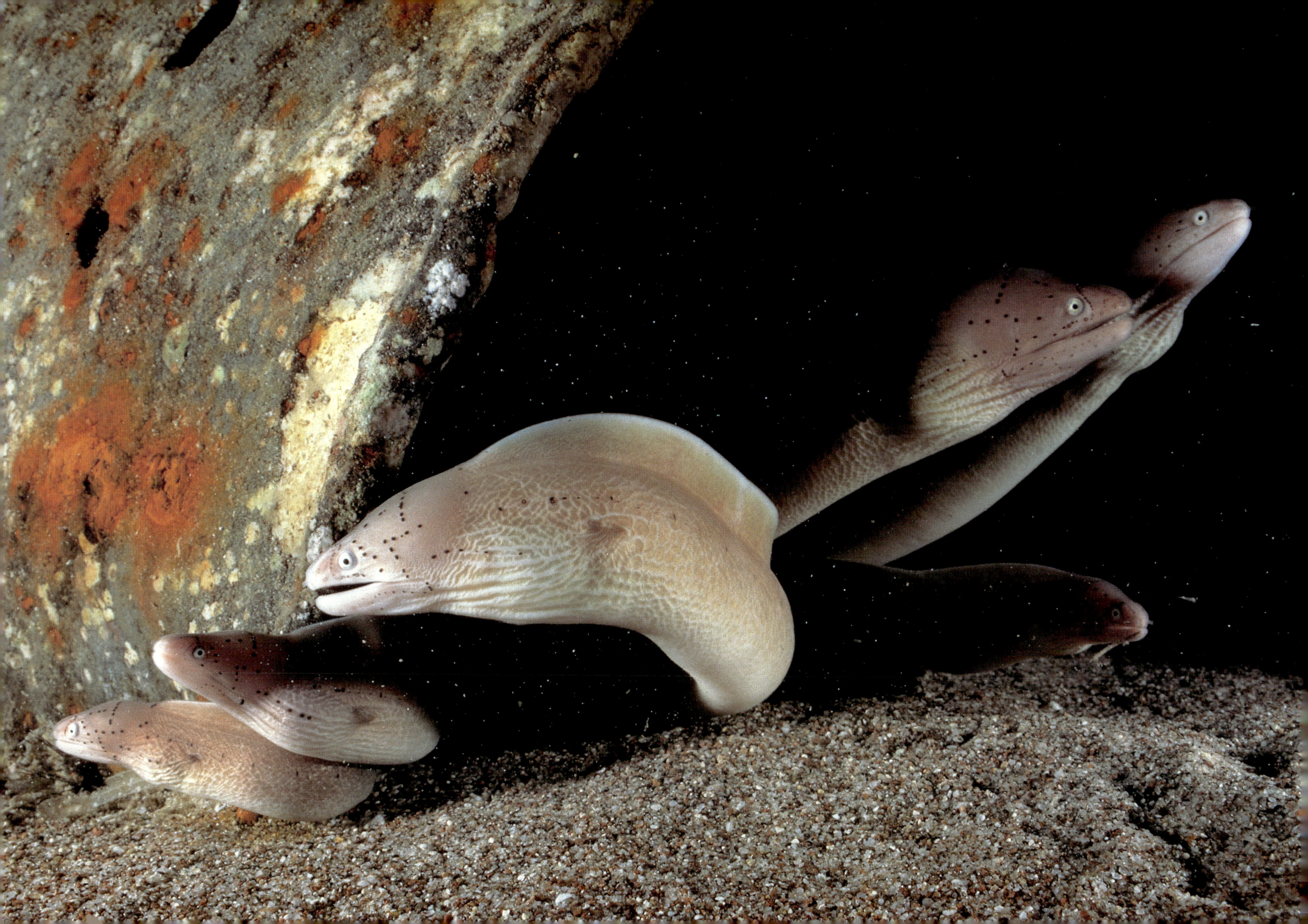

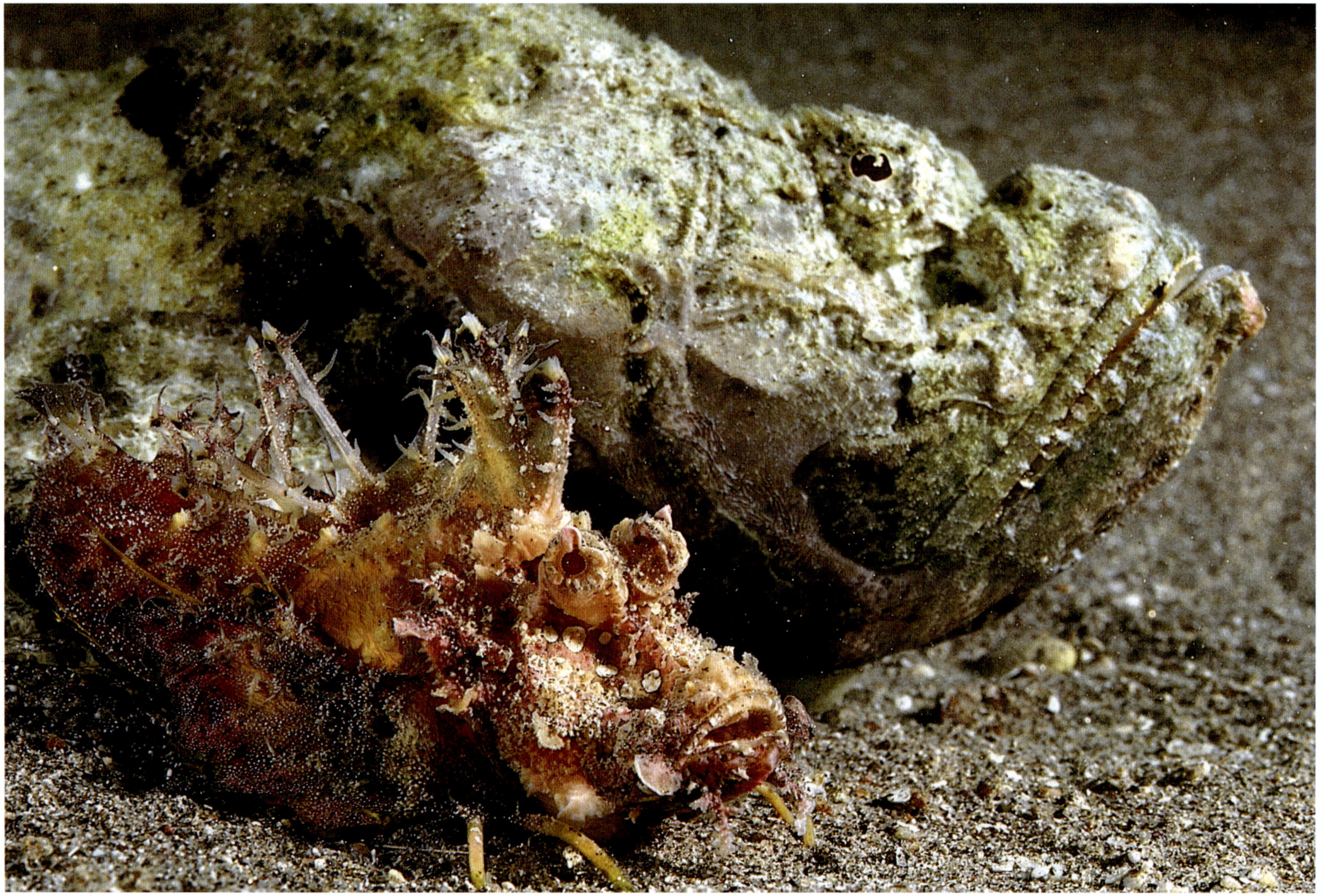

Due pesci scorpione, Eilat, Israelee, 1985

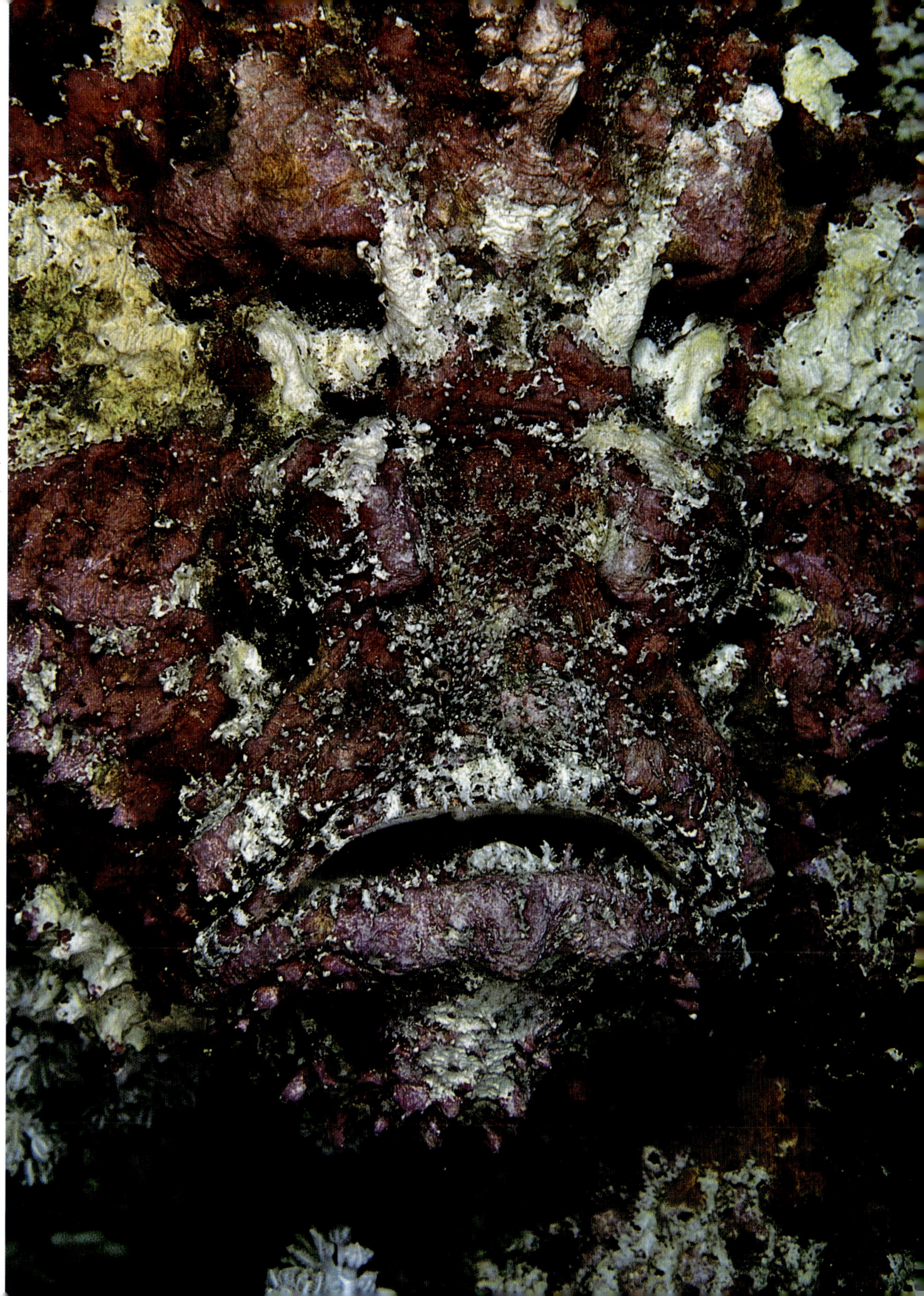

Testa di pesce pietra, Eilat, Israele, 1985

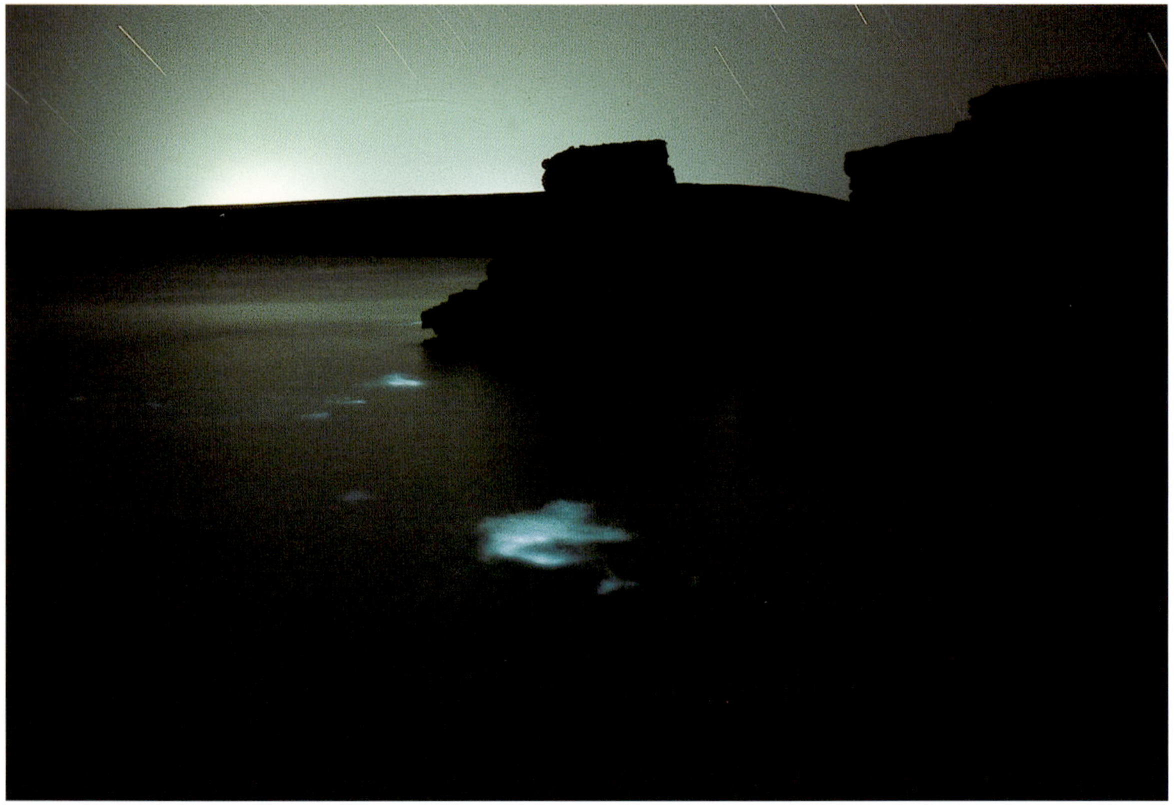

Photoblepharon ("pesce flash"), Sharm el Sheikh, Egitto, 1977

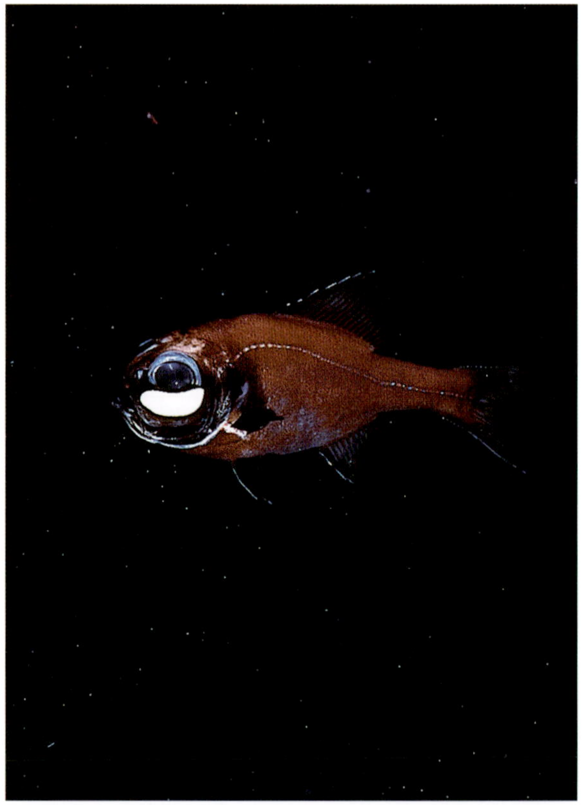

Photoblepharon, Sharm el Sheikh, Egitto, 1977

Corallo fluorescente fotografato di notte con un normale flash elettronico, Eilat, Israele, 1996

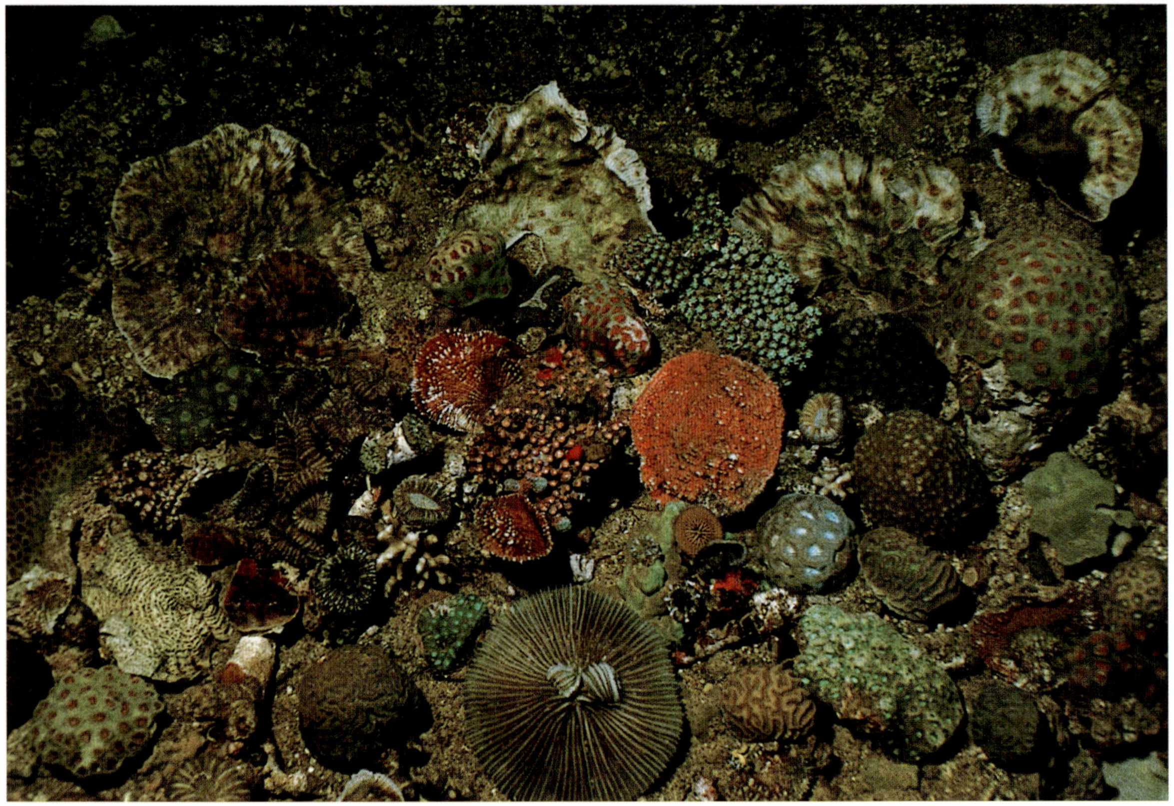

Lo stesso corallo fluorescente illuminato con luce ultravioletta, Eilat, Israele, 1996

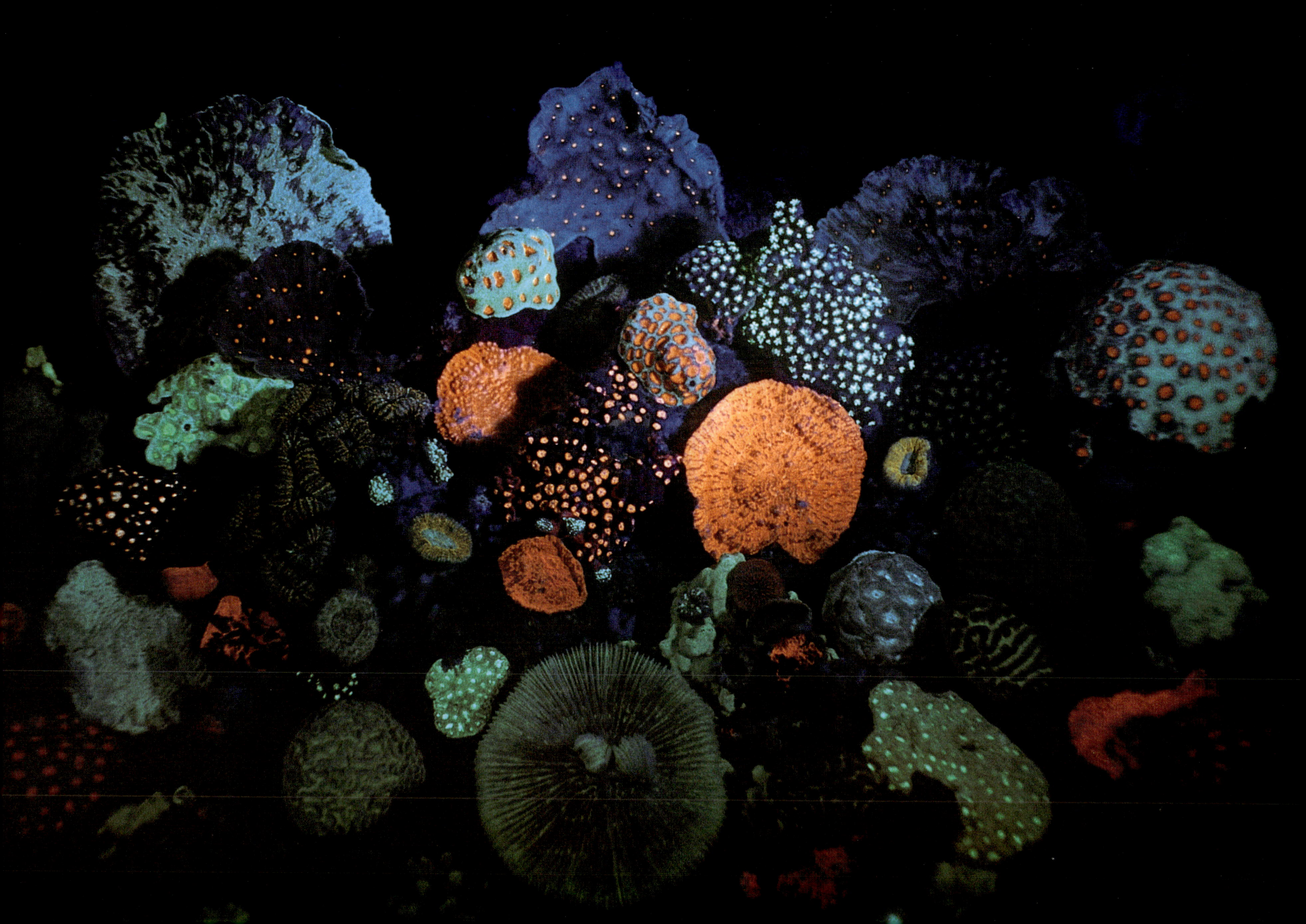

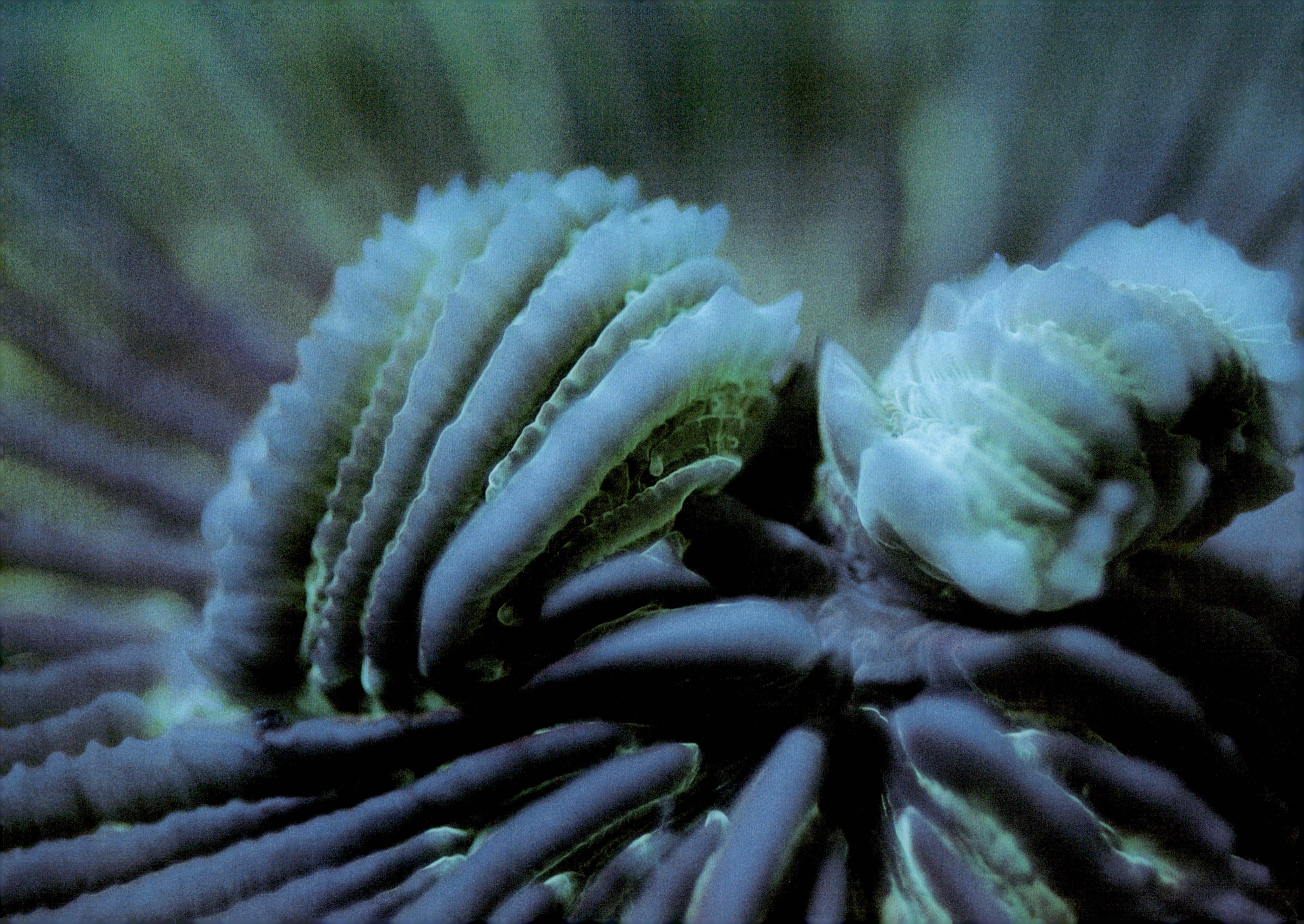

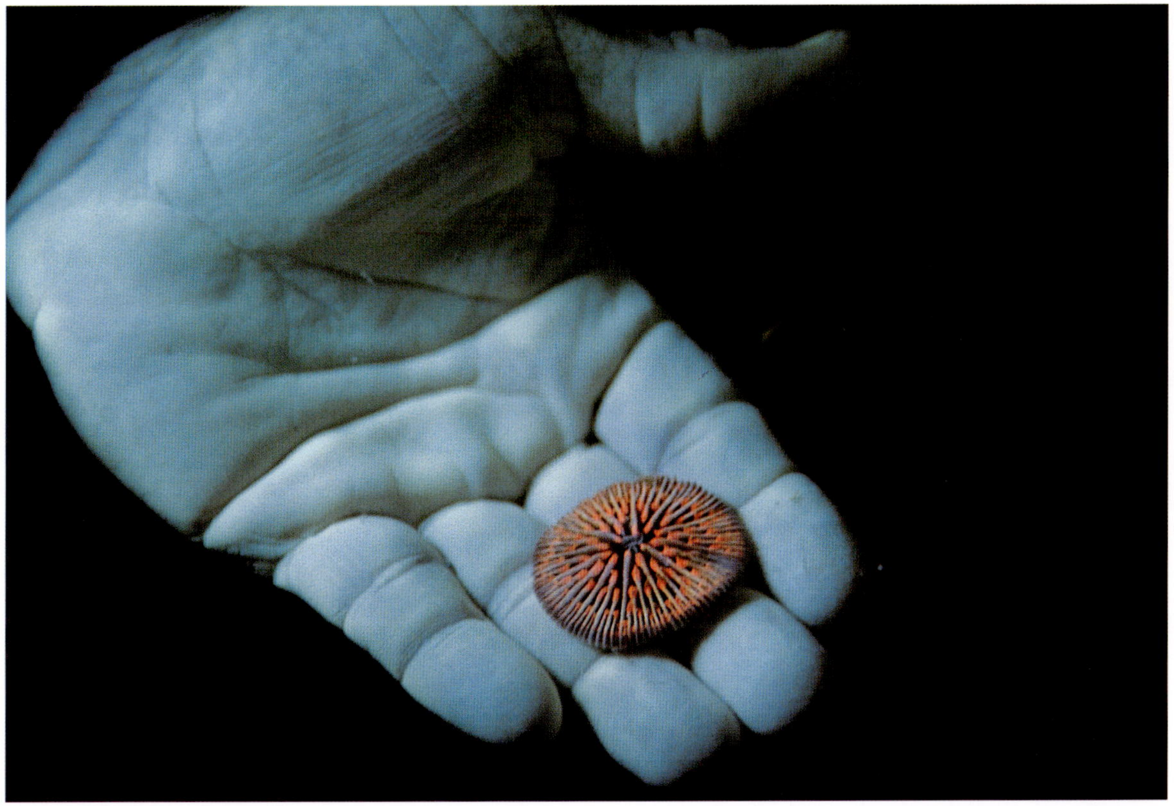

Corallo fungo emette luce fluorescente illuminato da luce ultravioletta, Eilat, Israele, 1996

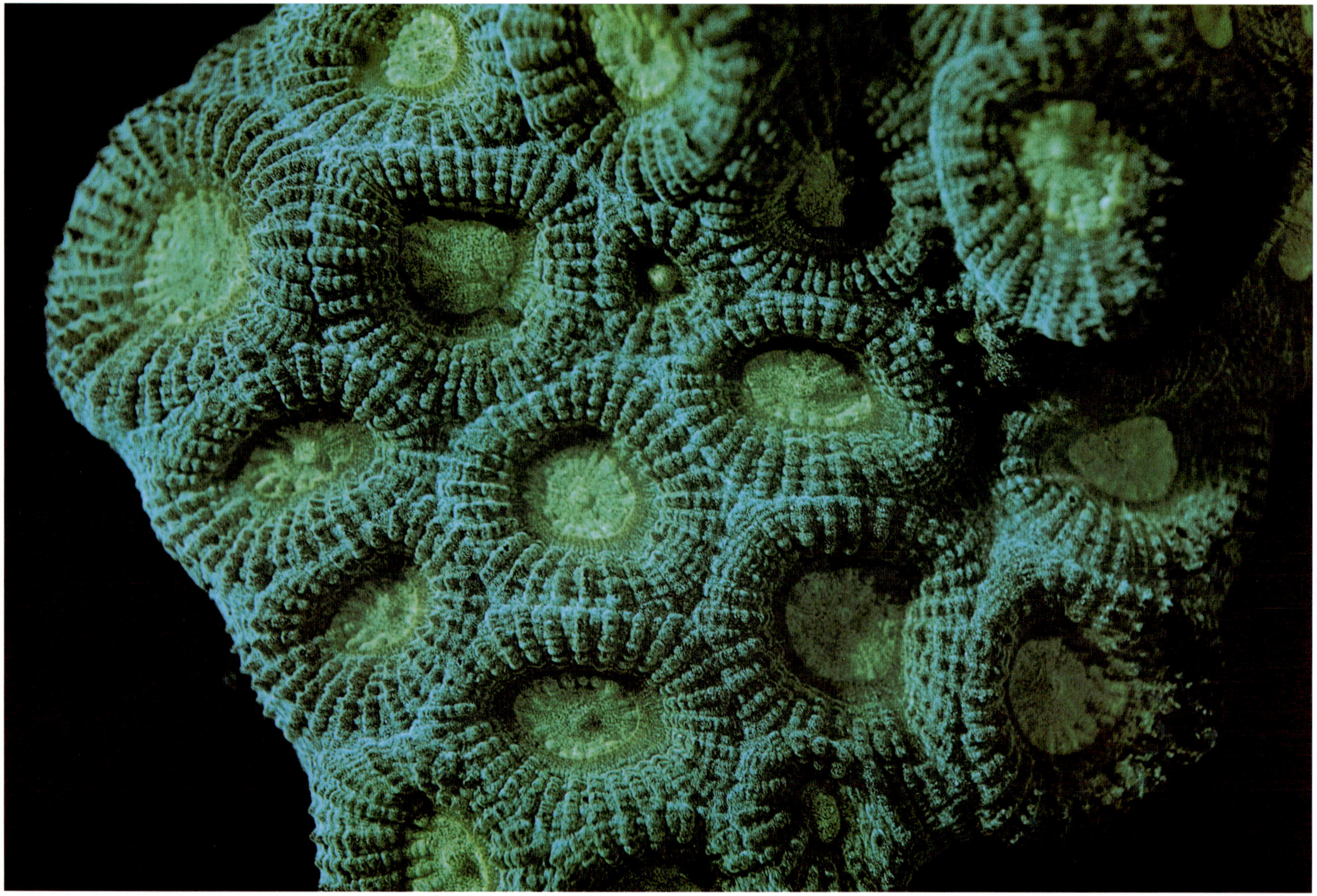

Corallo cervello emette luce fluorescente illuminato da luce ultravioletta, Eilat, Israele, 1996

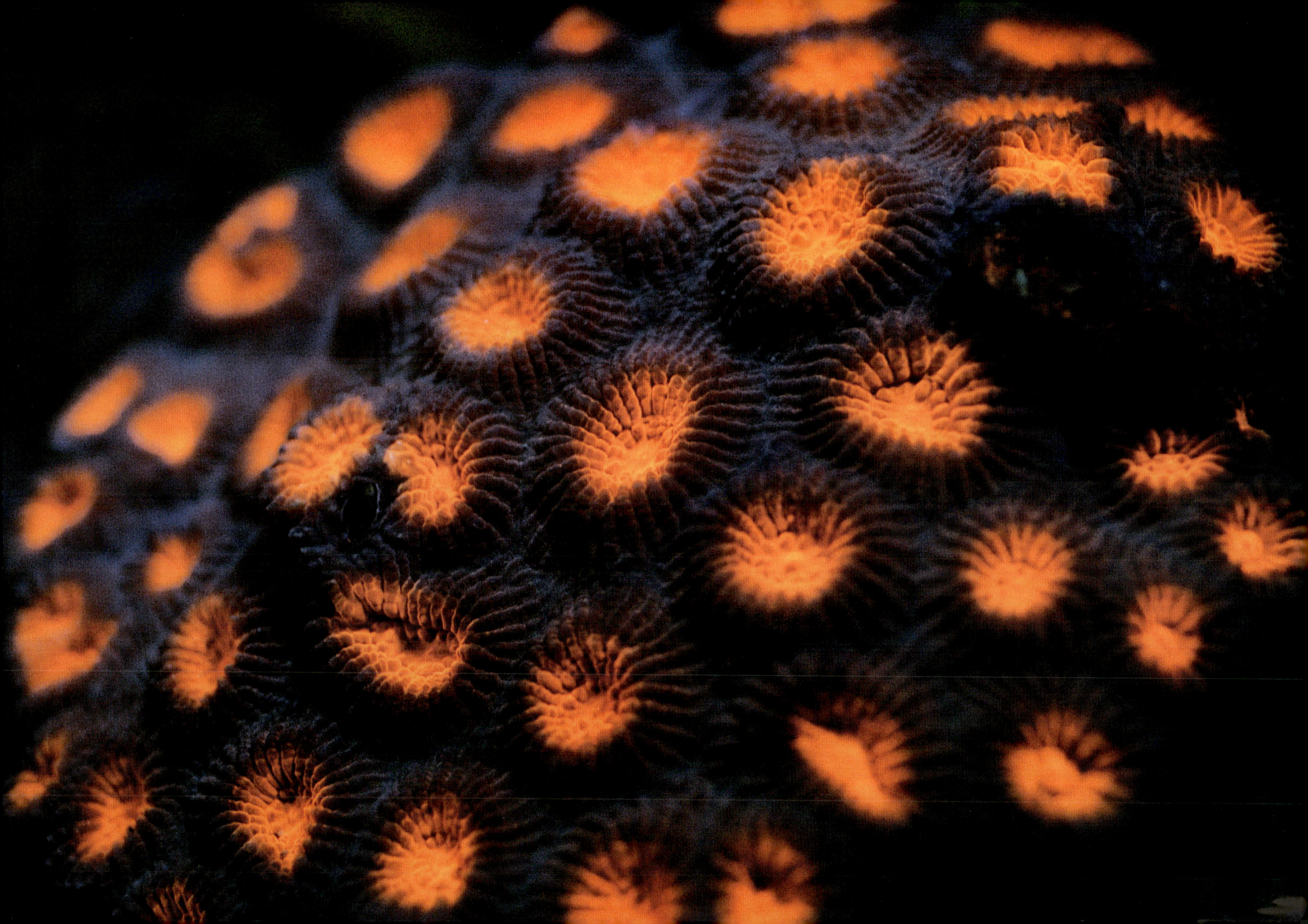

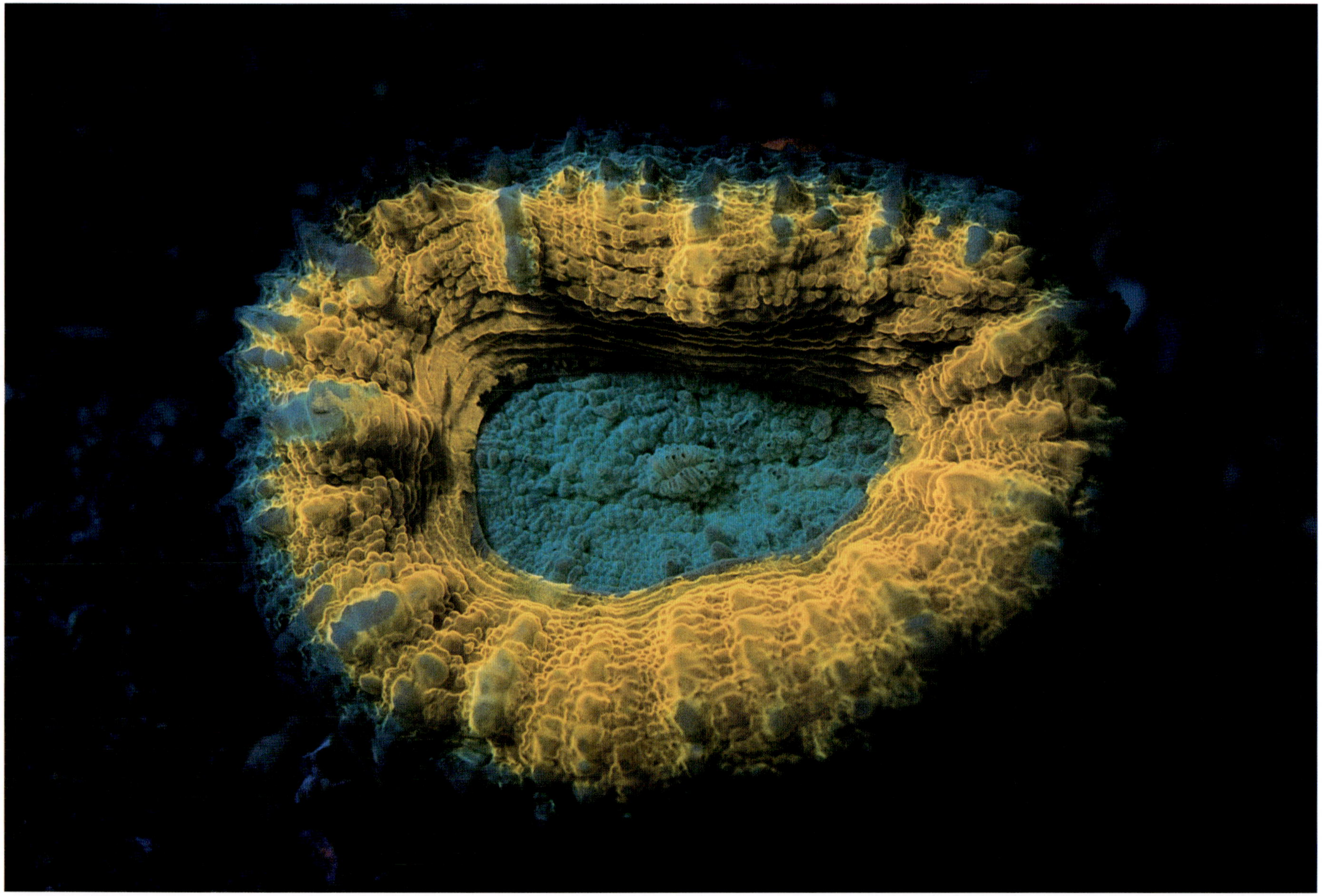

Corallo coppa emette luce fluorescente illuminato da luce ultravioletta, Eilat, Israele, 1996

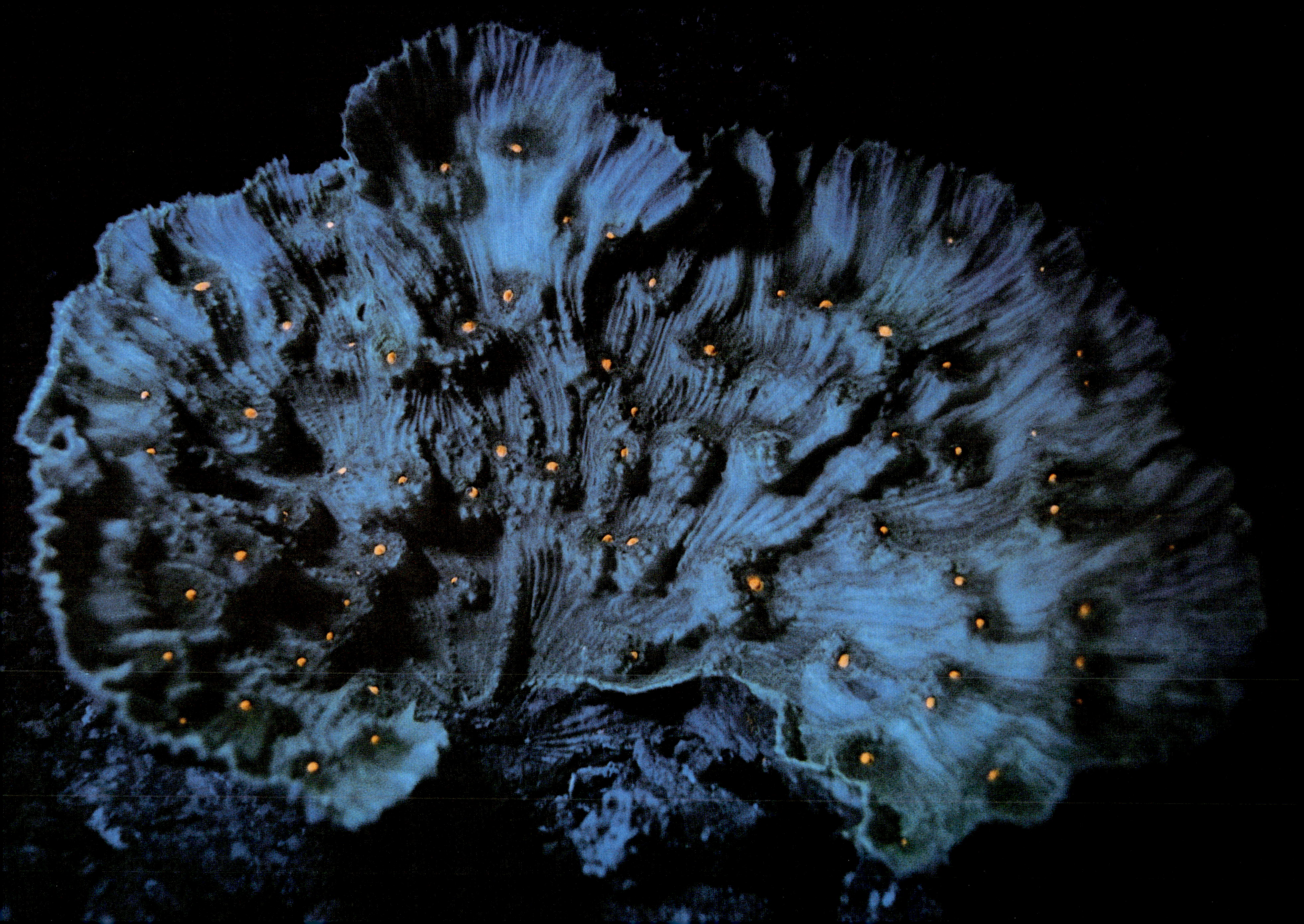

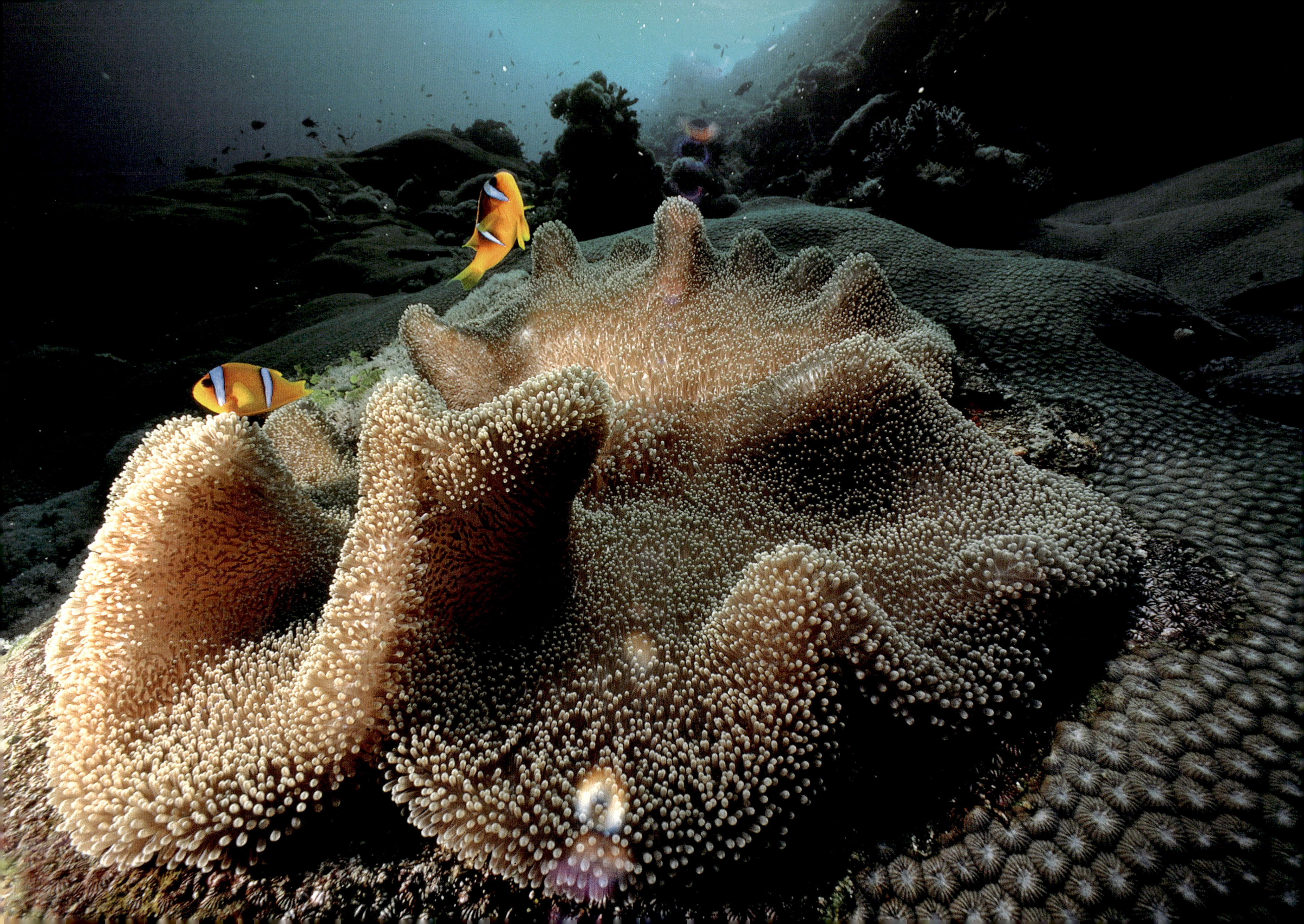

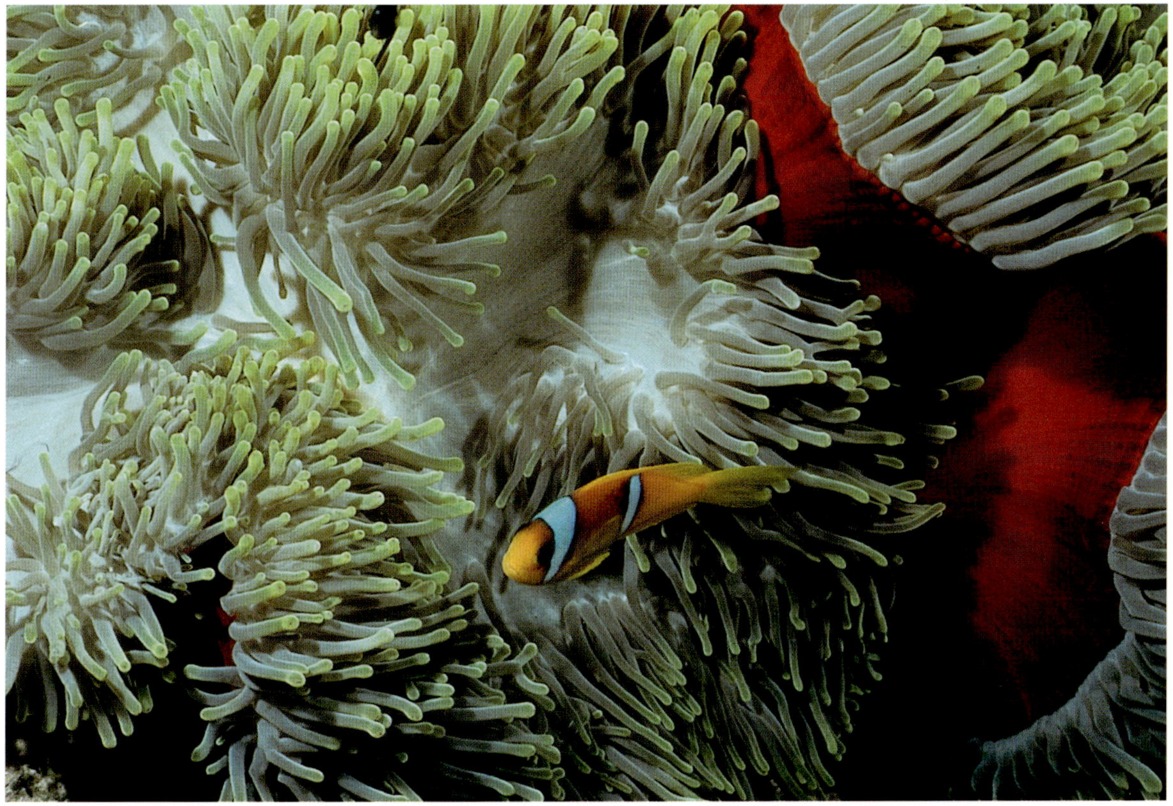

Anemone e pesce pagliaccio, Ras Muhammad, Egitto, 1977

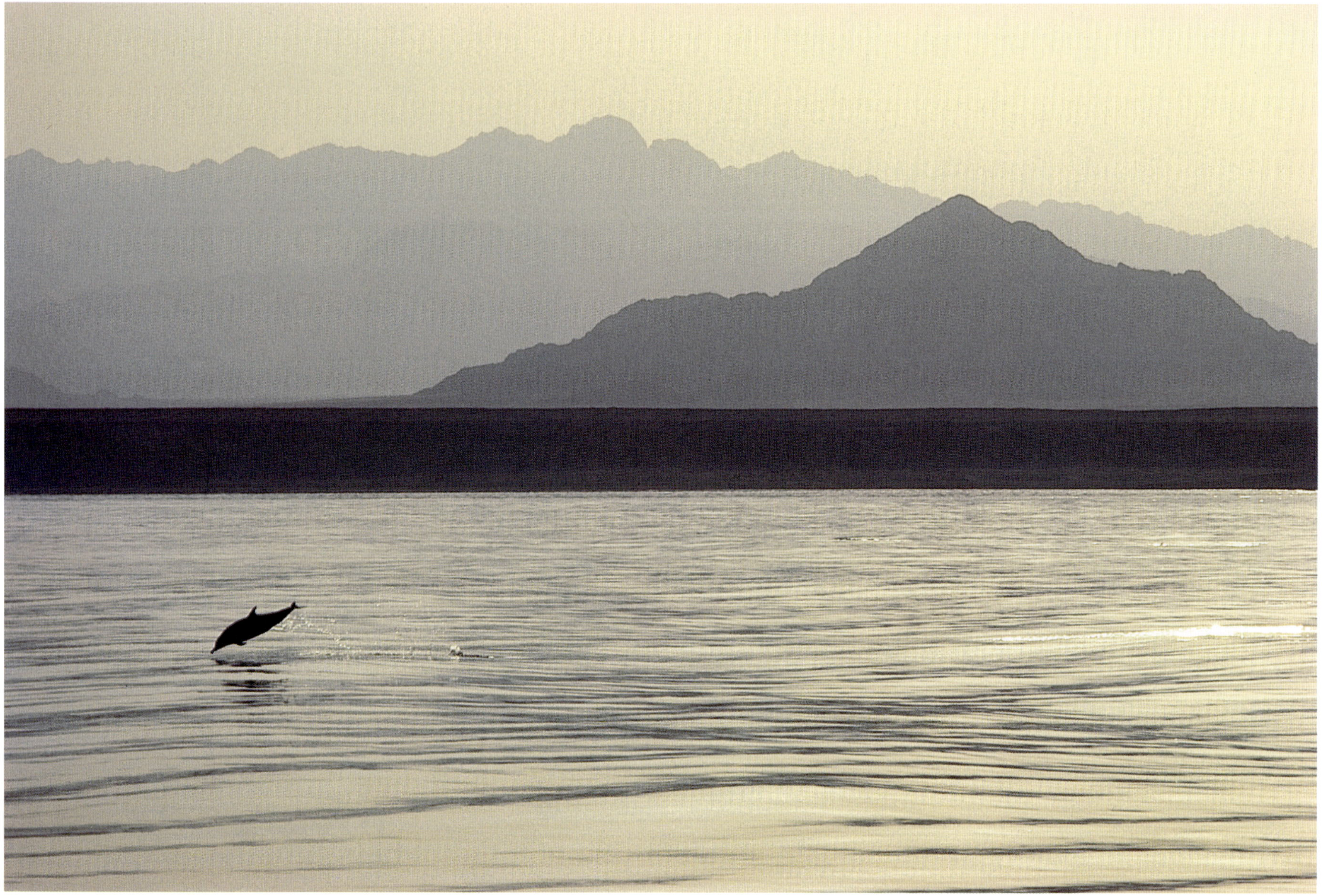

Stenella dal lungo rostro, Stretto di Tiran, Golfo di Aqabah, mar Rosso settentrionale, Egitto, 1980

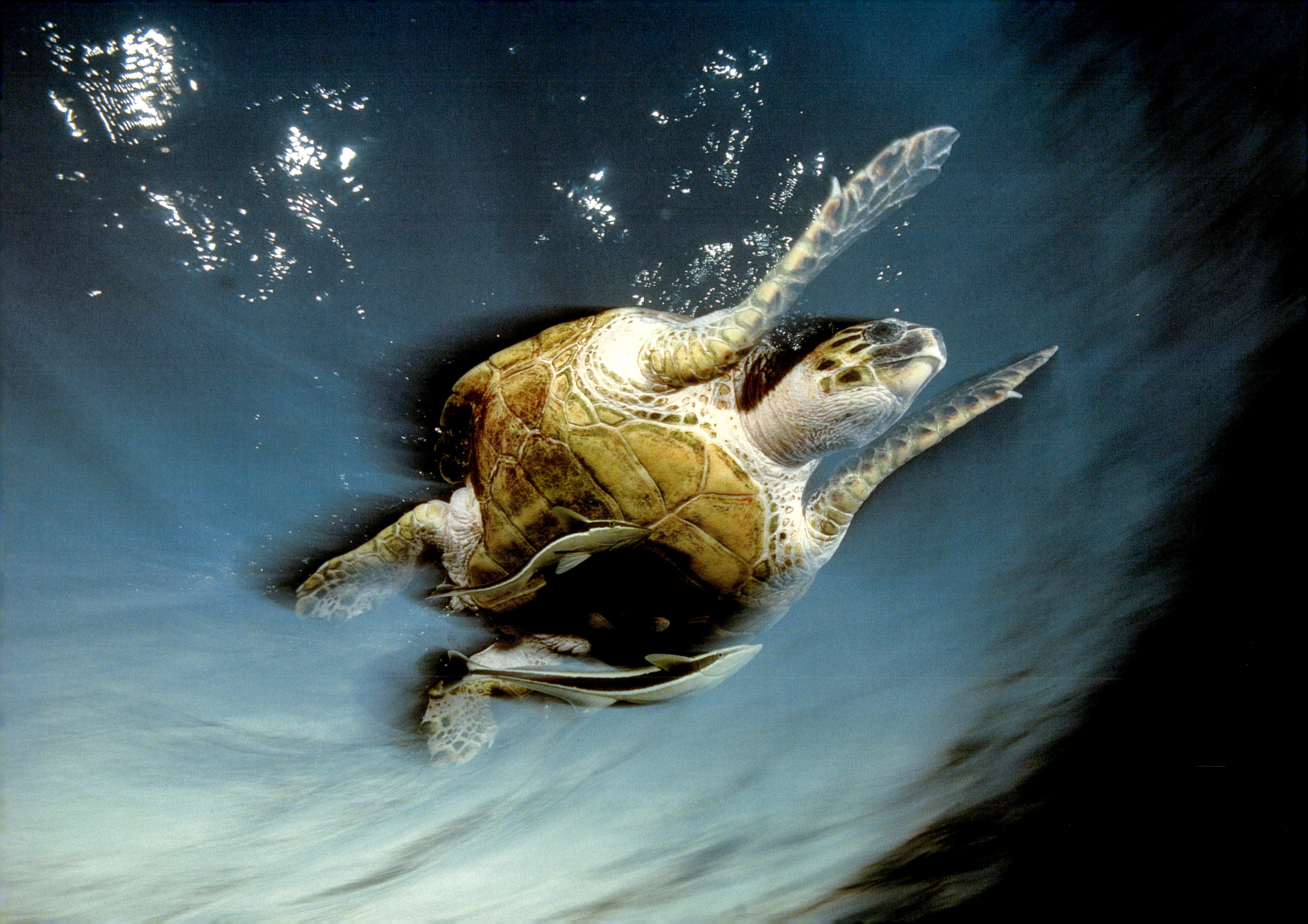

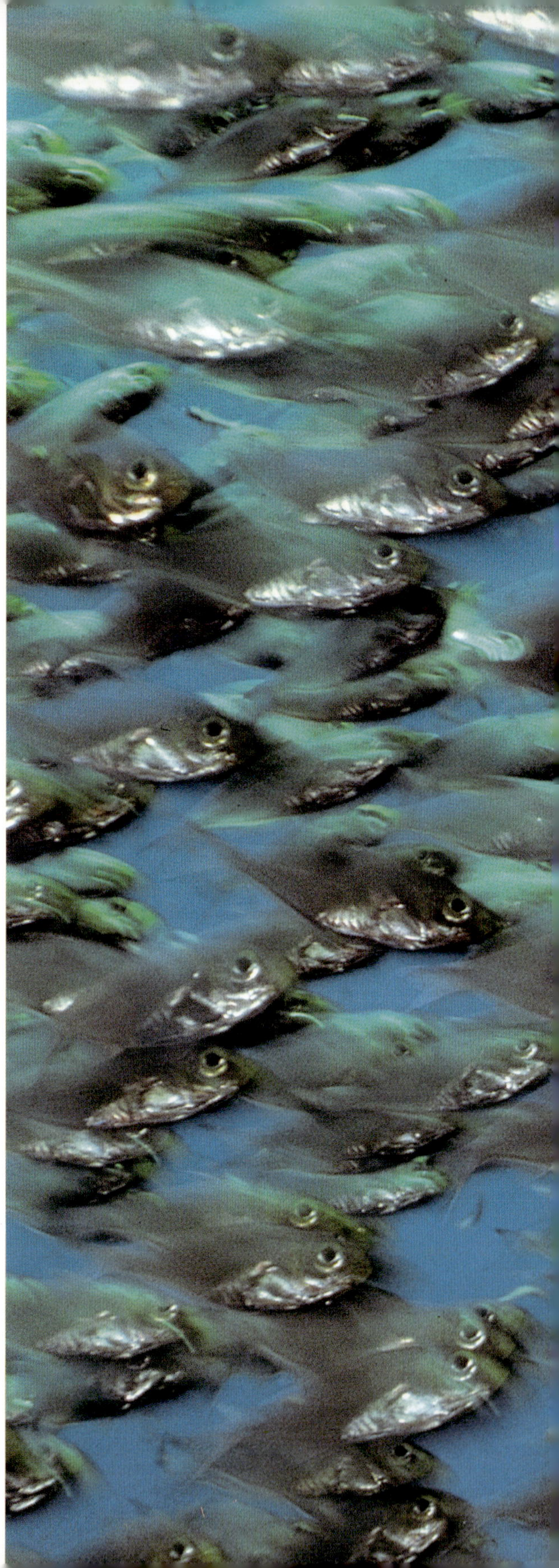

Banco di pemferidi, Little Brother Island, North Red Sea, Egitto, 1991

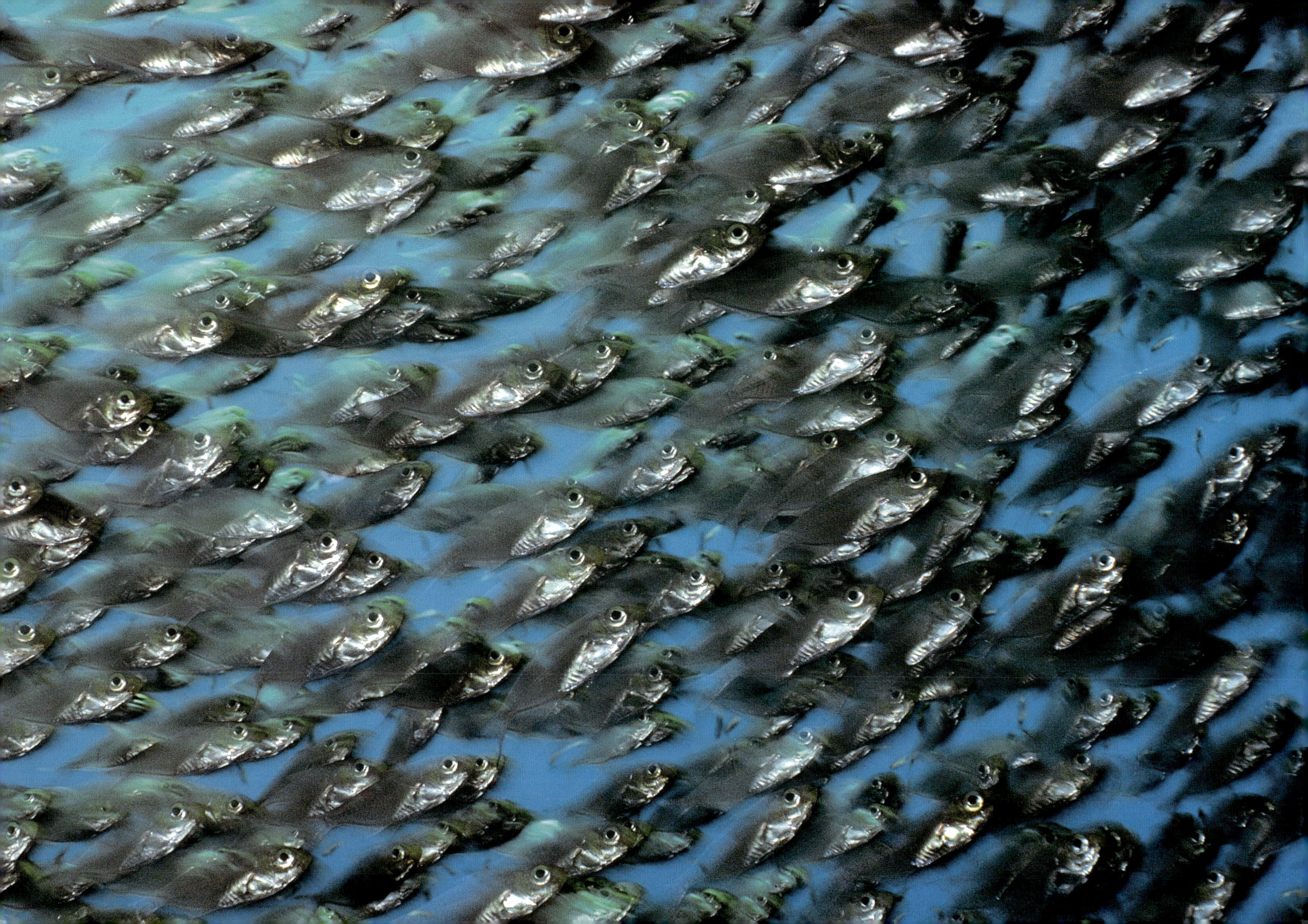

Luce del Sud

Da 12.000 metri d'altezza osservo l'angolo sudorientale dell'Australia sotto di me: c'è una spiaggia che si stende quasi fino all'orizzonte. Questa è una terra che nel suo isolamento divenne un laboratorio alternativo per la vita. Niente mucche, niente caprioli, bensì canguri, koala, wombat e, nel più ardito esperimento dell'evoluzione, l'ornitorinco, un animale che depone uova ed è ricoperto di peli. La vita marina presenta caratteristiche altrettanto bizzarre. Qui vive il cavalluccio di mare festonato, lungo 30 centimetri e lontano cugino del più comune ippocampo; qui vivono i gobiesocidi rosa e il polpo dagli anelli blu.

L'Australia non è solo la Grande Barriera Corallina. La scogliera, parco nazionale nello stato del Queensland, costituisce solo una piccola percentuale dello sconfinato nastro costiero. C'è la bellezza delle fredde acque lungo le costiere orientali e meridionali, ci sono le praterie di fuco nell'Australia del sud e la singolare potenza delle acque dell'Australia nordoccidentale, ai margini dell'oceano Indiano. Per me è anche un luogo di intensa drammaticità, talvolta di paura. Sono stato sorpreso all'esterno di una gabbia da squali da uno squalo bianco di cinque metri in cerca di preda, e mi è accaduto che un serpente marino velenoso mi si infilasse nella muta.

Nell'Australia settentrionale sono sceso con maschera e respiratore lungo il fiume Jardine, un fiume serpeggiante e apparentemente tranquillo di quelli che si possono trovare in Inghilterra, alla ricerca di coccodrilli d'acqua salata. L'acqua era calda, il cielo piacevolmente percorso da nuvole paffute e io ero assolutamente terrorizzato.

C'è un momento che ricordo, al largo di Little Hopkins Island nell'Australia meridionale, dove mi immersi con un gruppo di leoni marini che giocavano nella vegetazione acquatica di un mare inondato di luce estiva. Appoggiavano il muso all'obiettivo, mordicchiavano i cavi del flash e, quando stesi il palmo della mano, uno di loro mi solleticò con i baffi.

Leoni marini dell'Australia Meridionale, Little Hopkins Island, Australia Meridionale, 1985

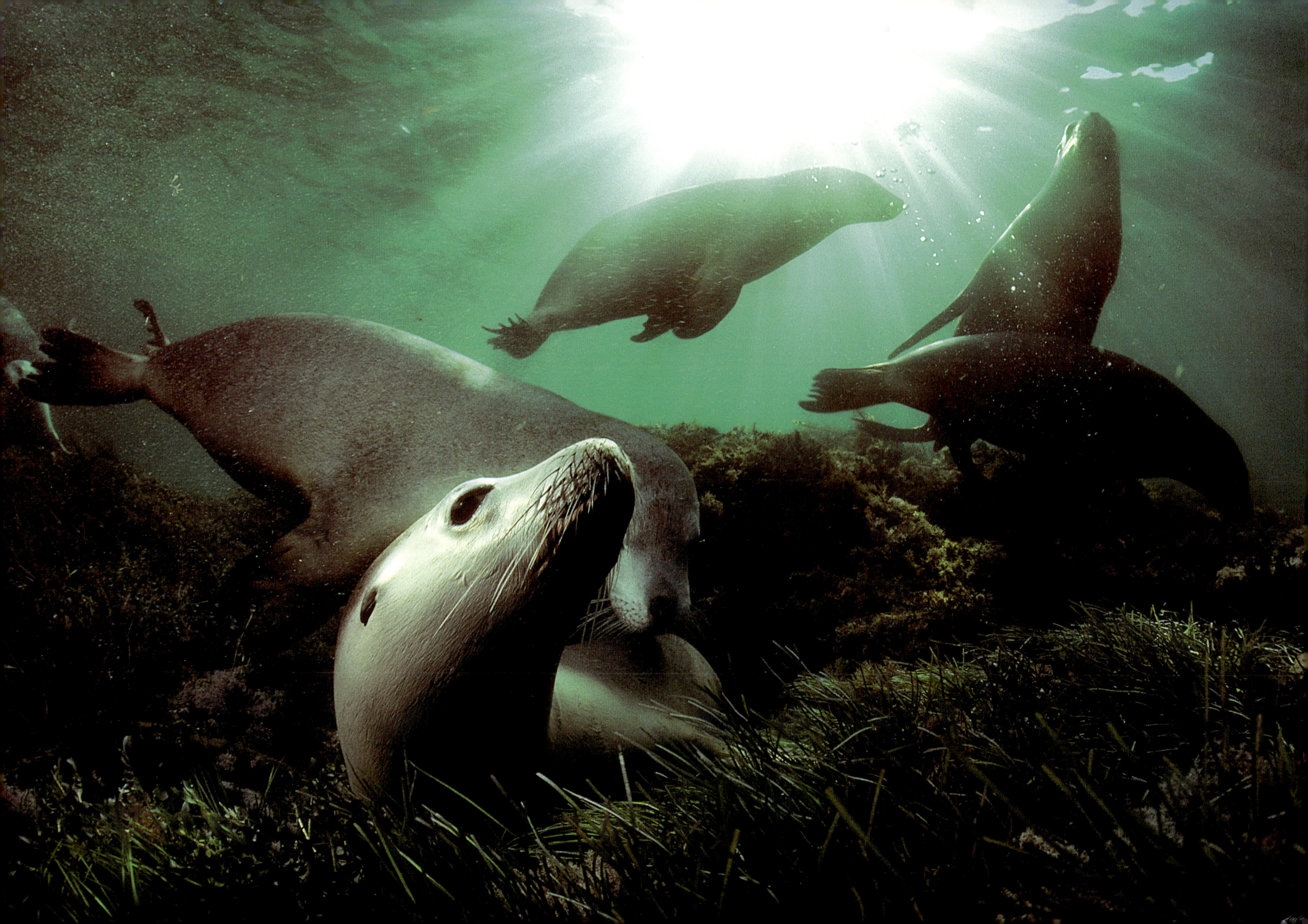

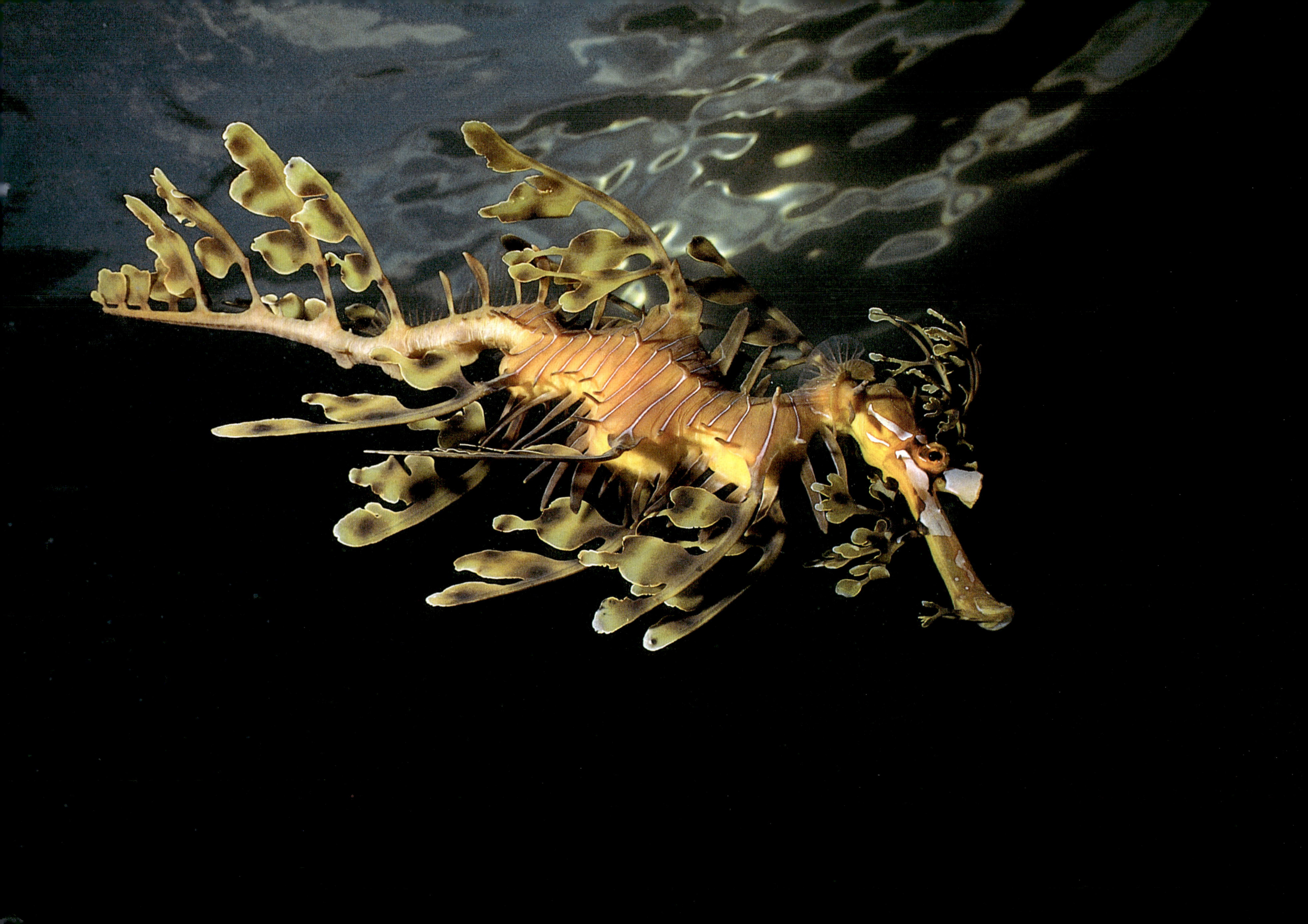

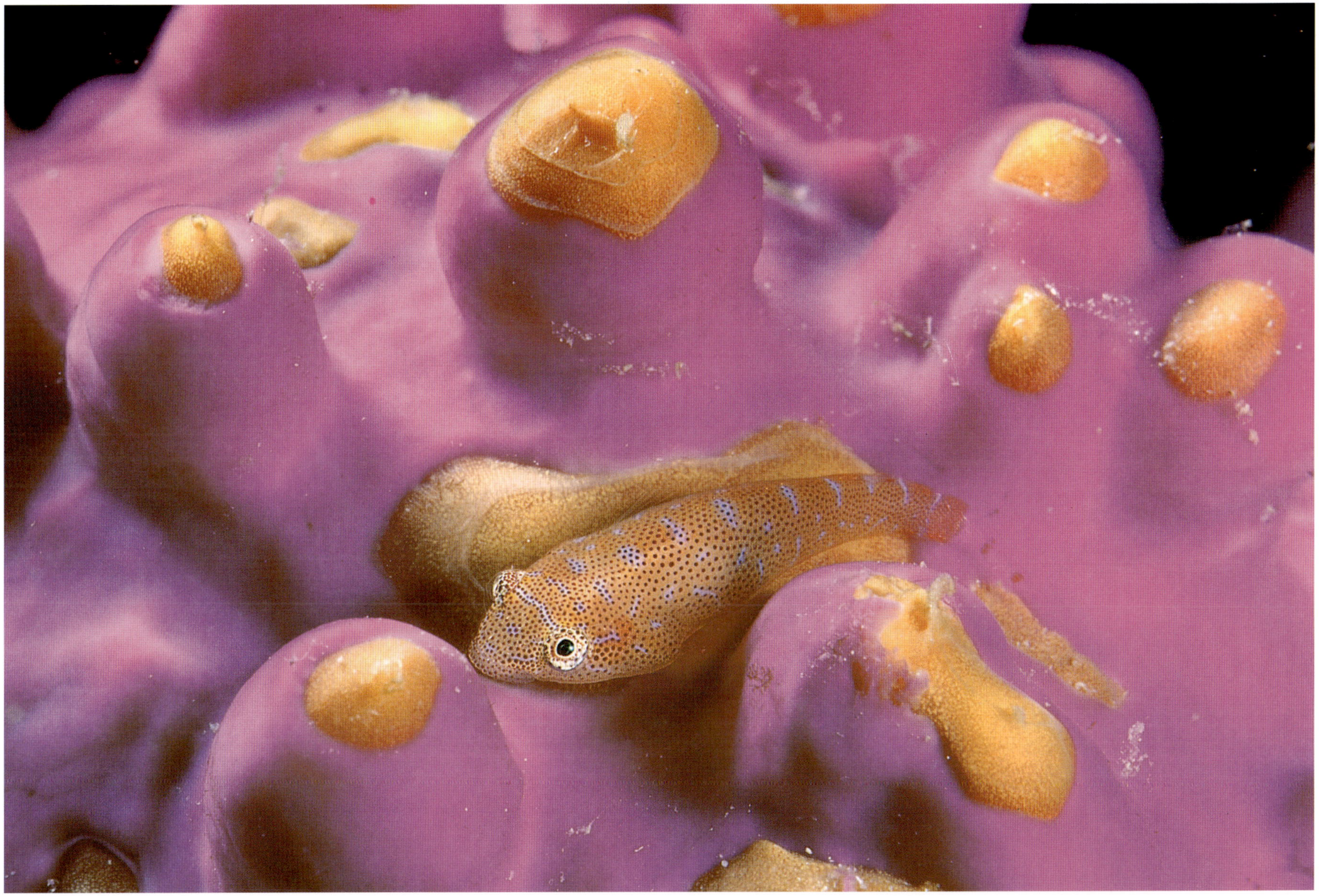

Gobiesocide su un tulipano di mare, Jervis Bay, Australian Capital Territory, 1985

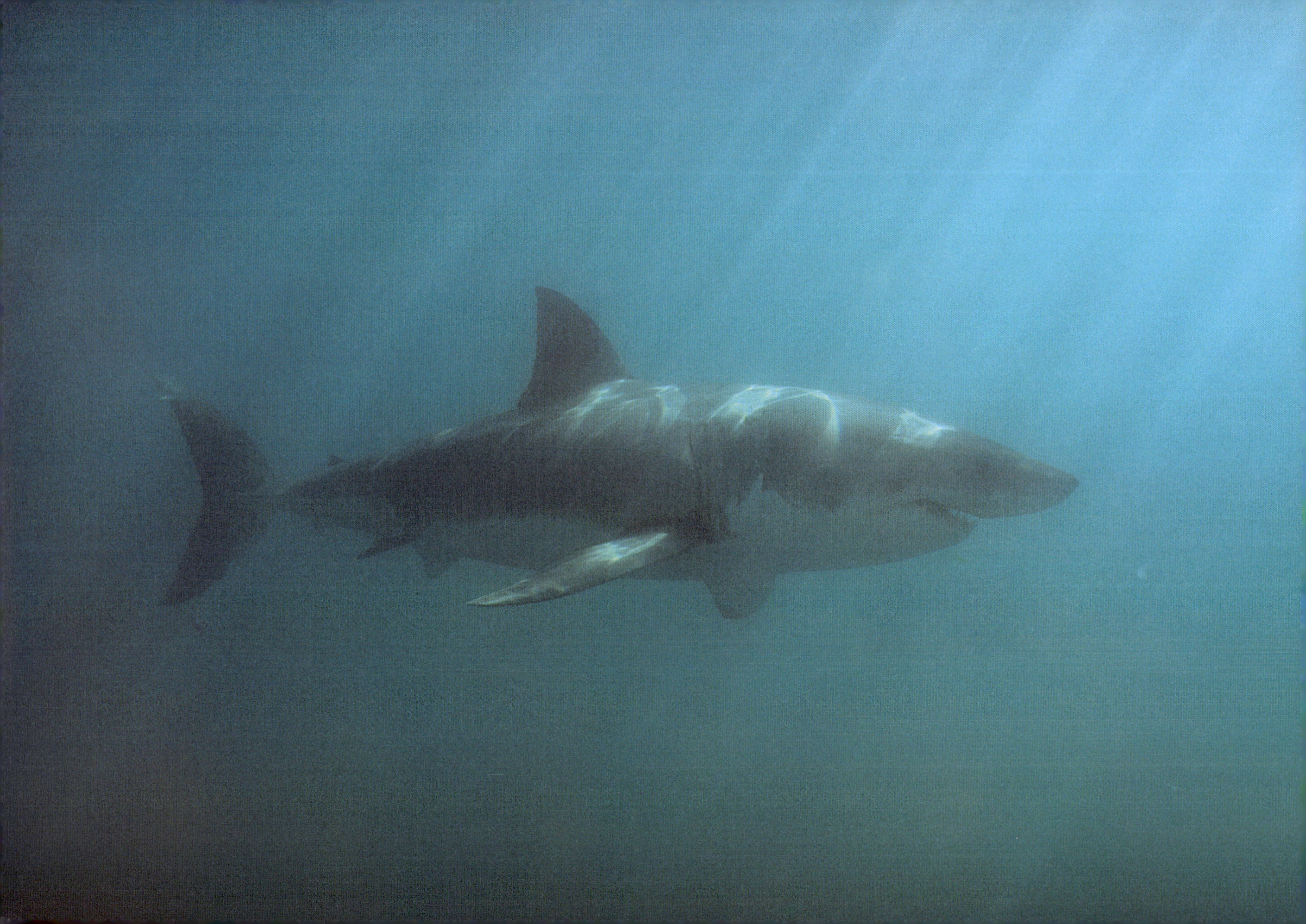

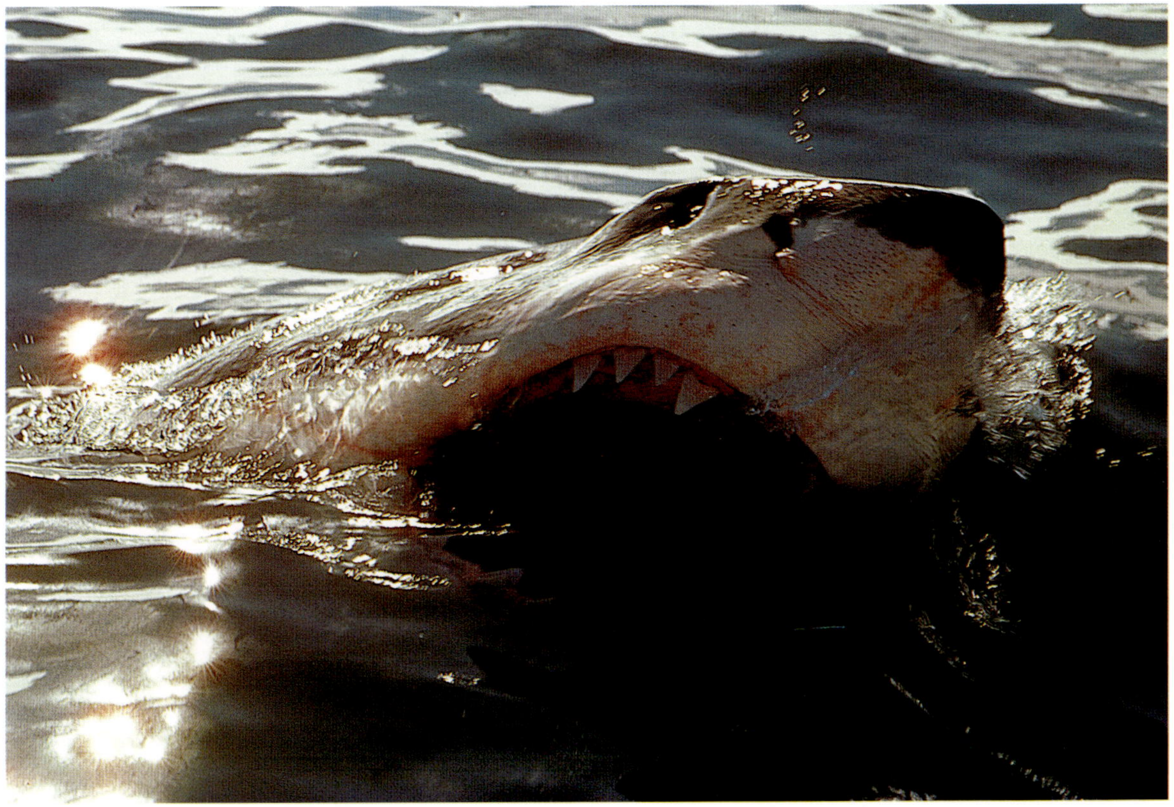

Grosso squalo bianco, Dangerous Reef, Australia Meridionale, 1980

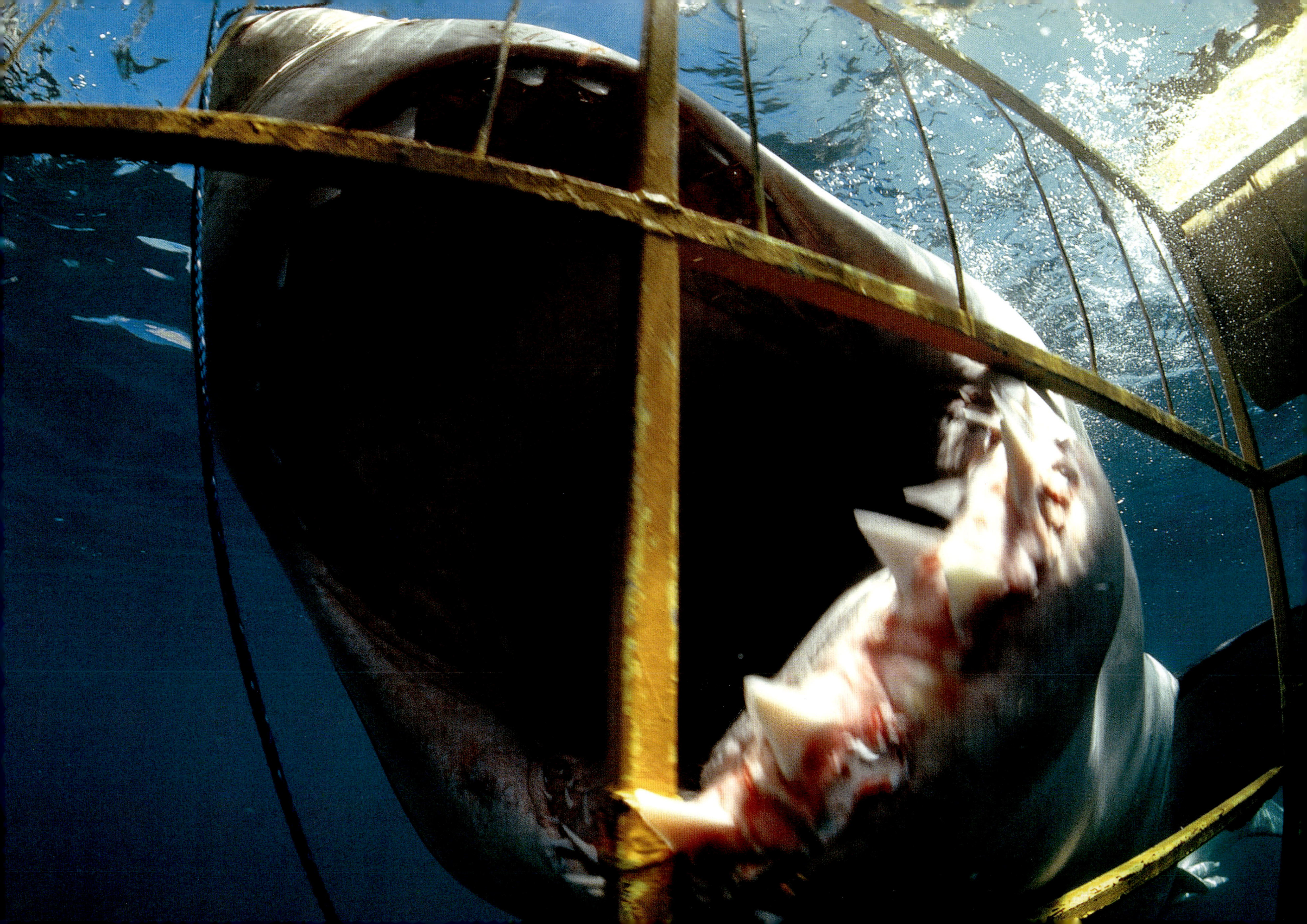

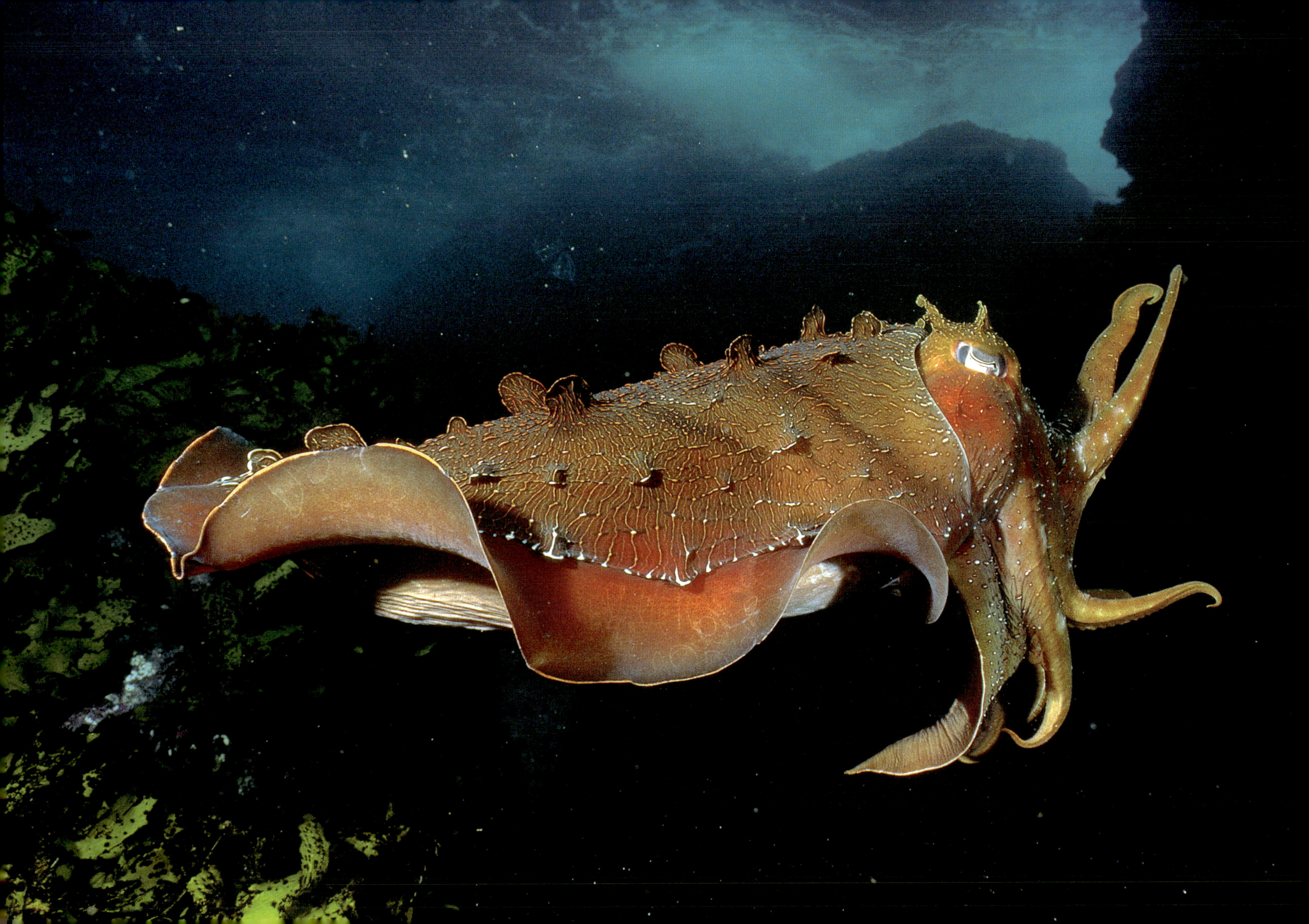

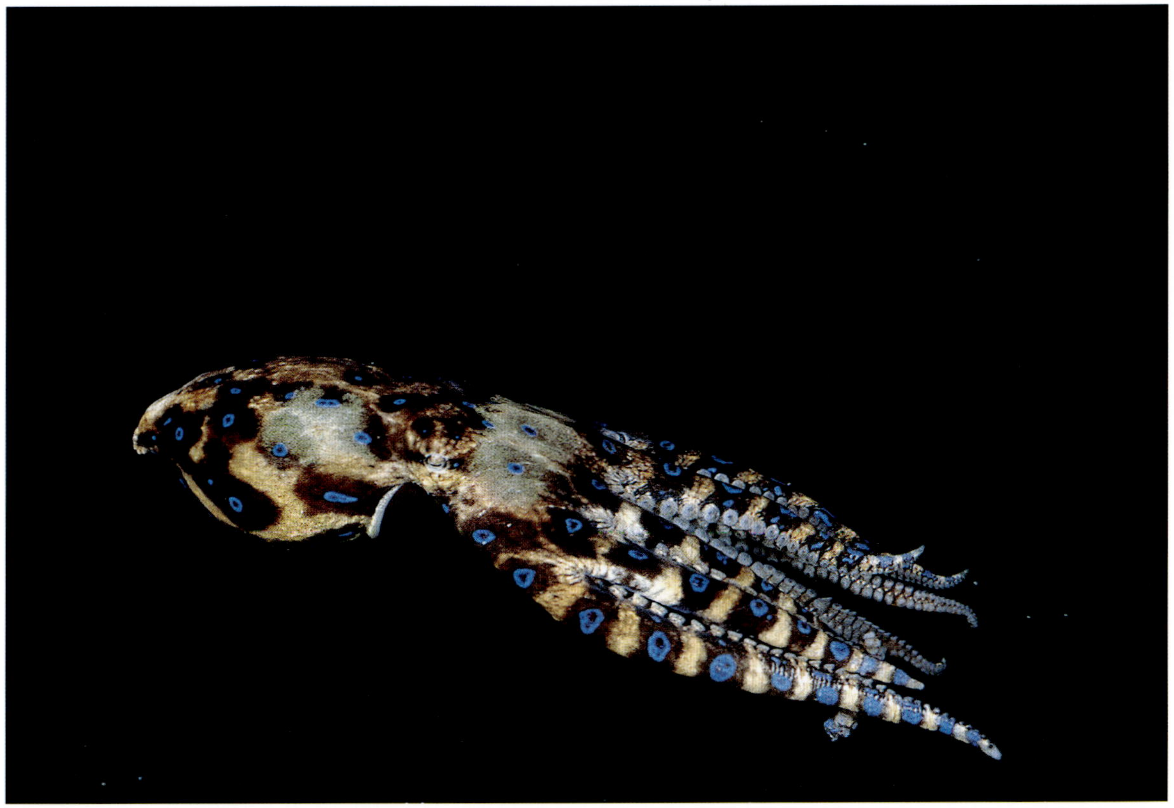

Polpo dagli anelli blu, Australia Meridionale, 1996

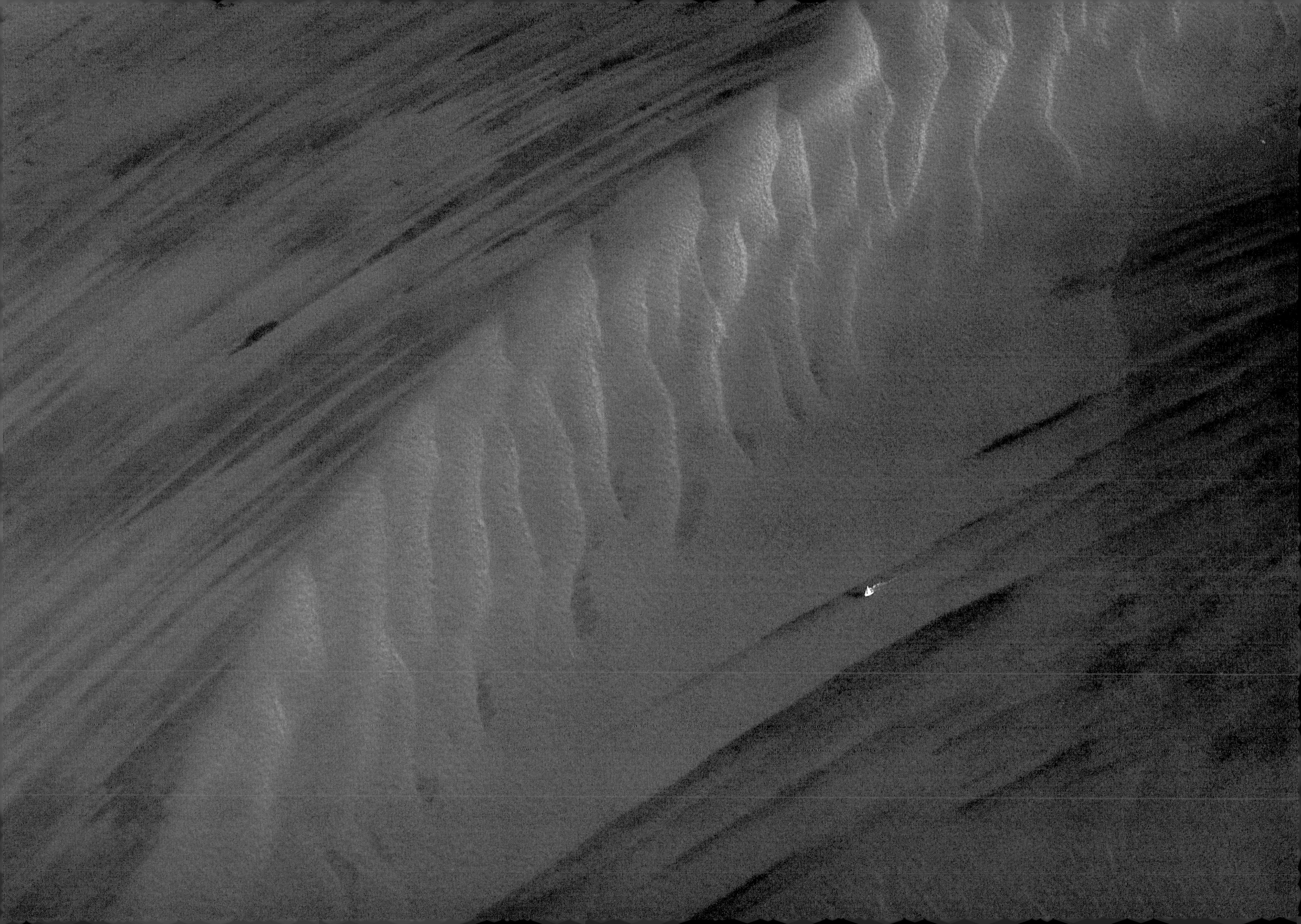

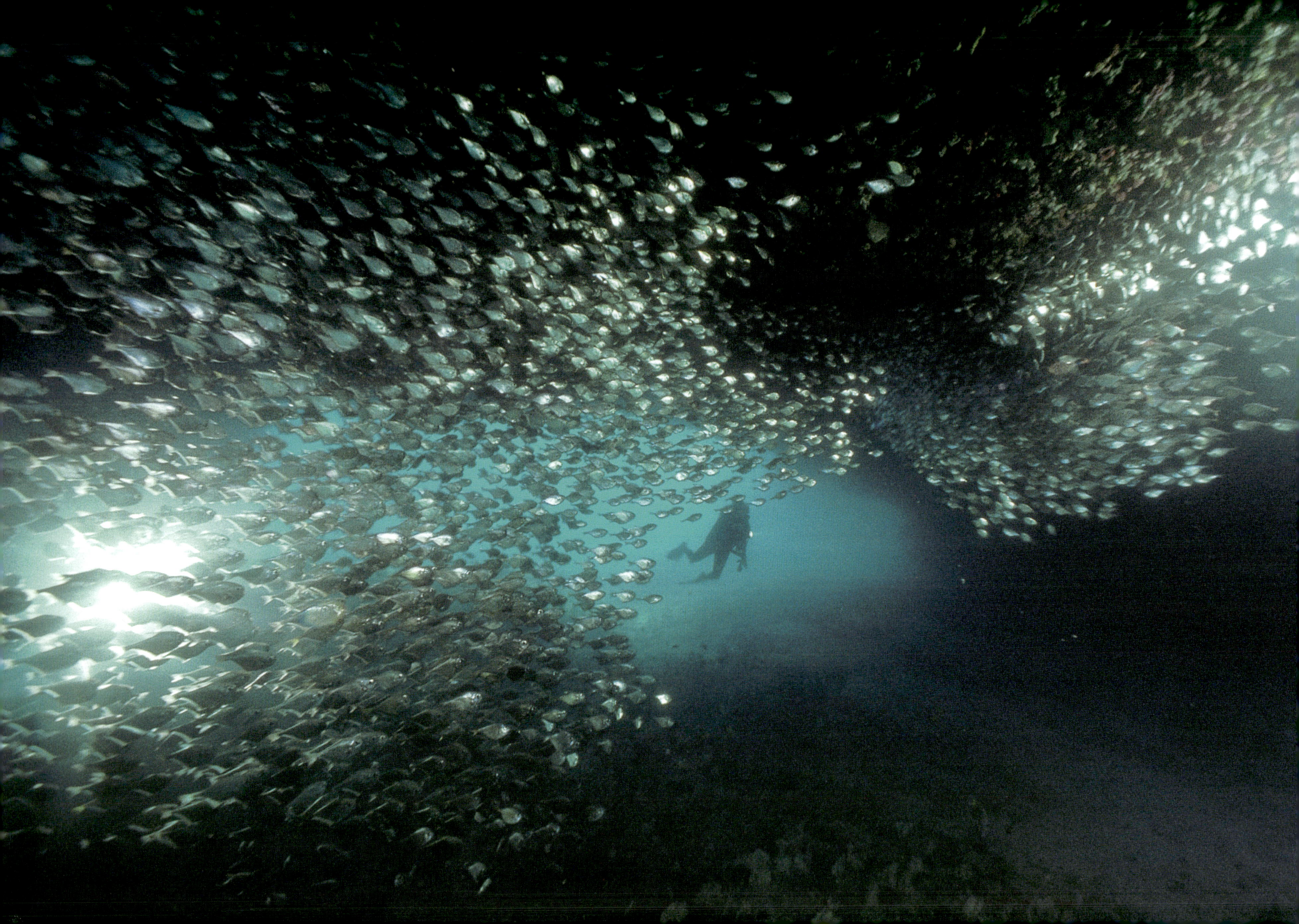

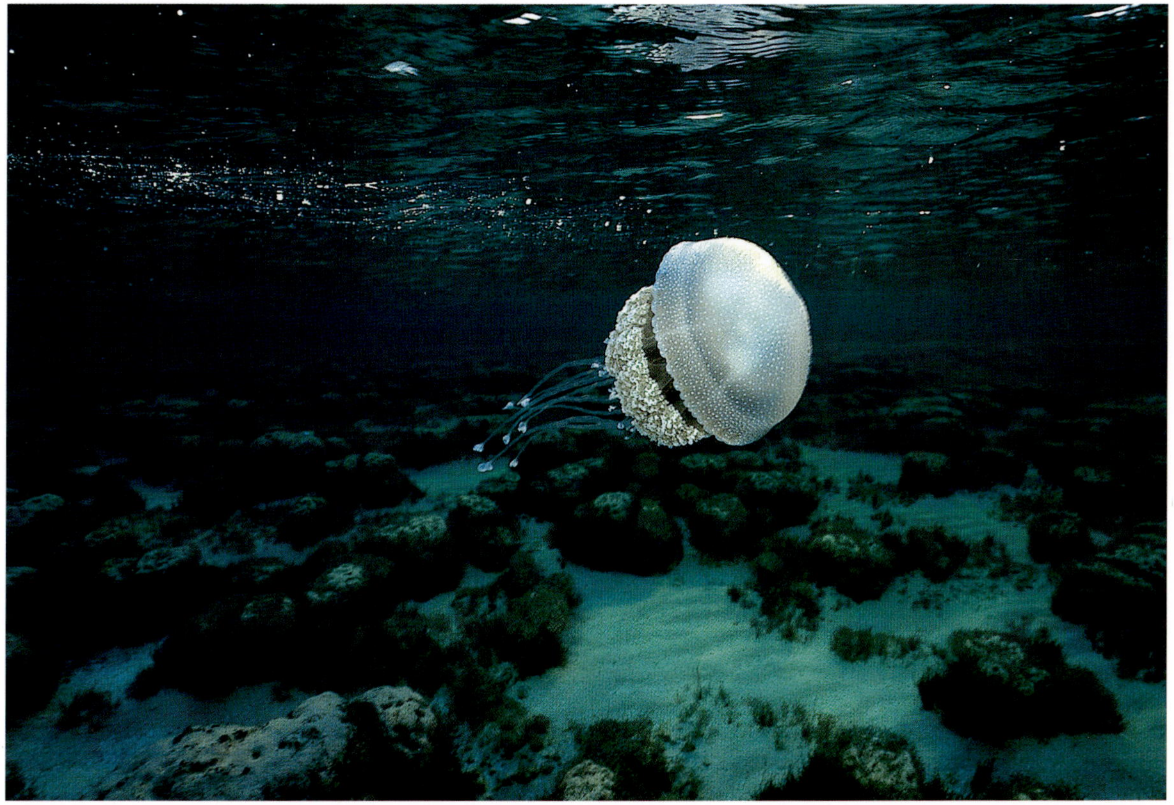

Medusa e stromatoliti, Hamlin Pools, Shark Bay, Australia Occidentale, 1989

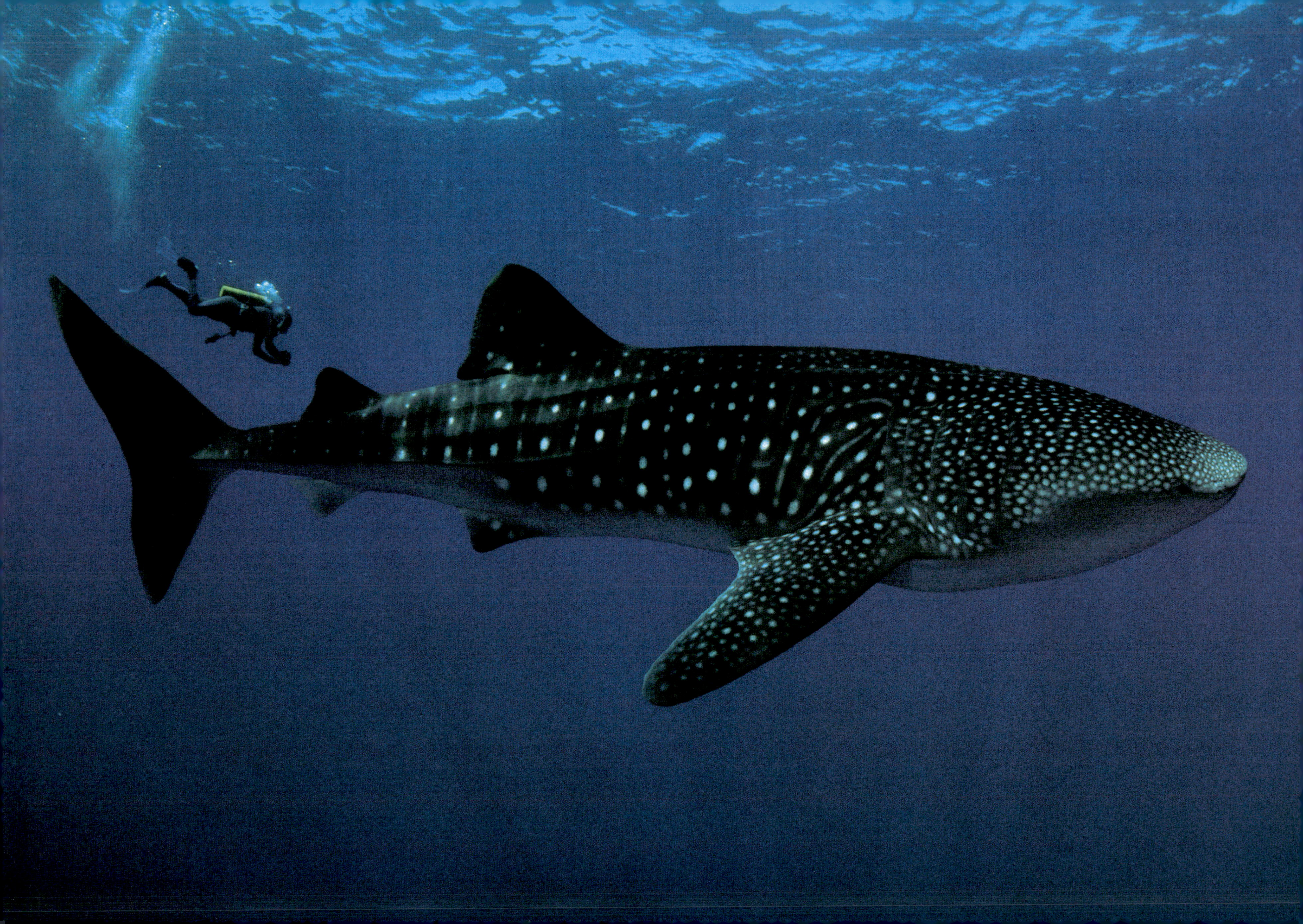

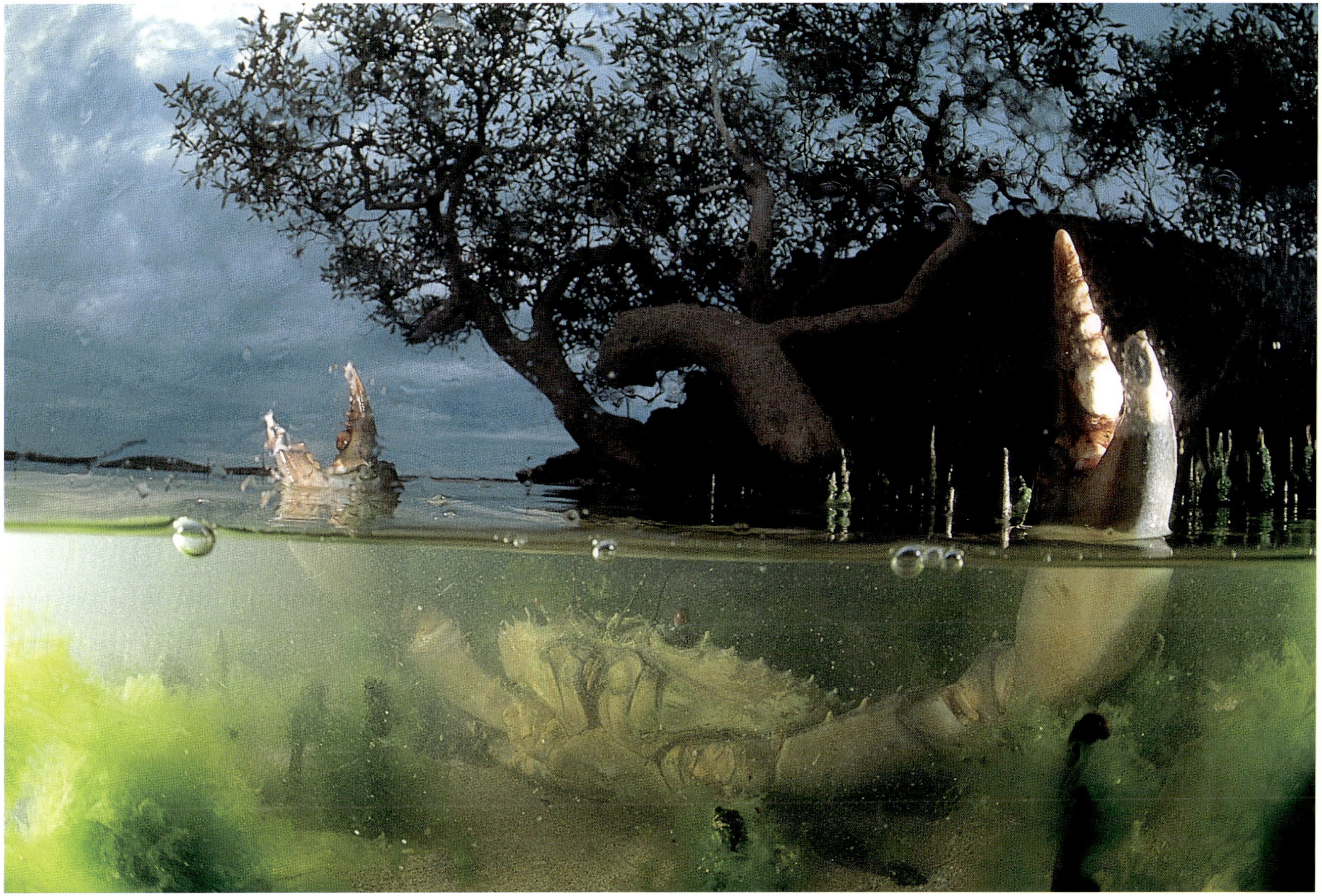

Granchio delle mangrovie, Montebello Islands, Australia Occidentale, 1989

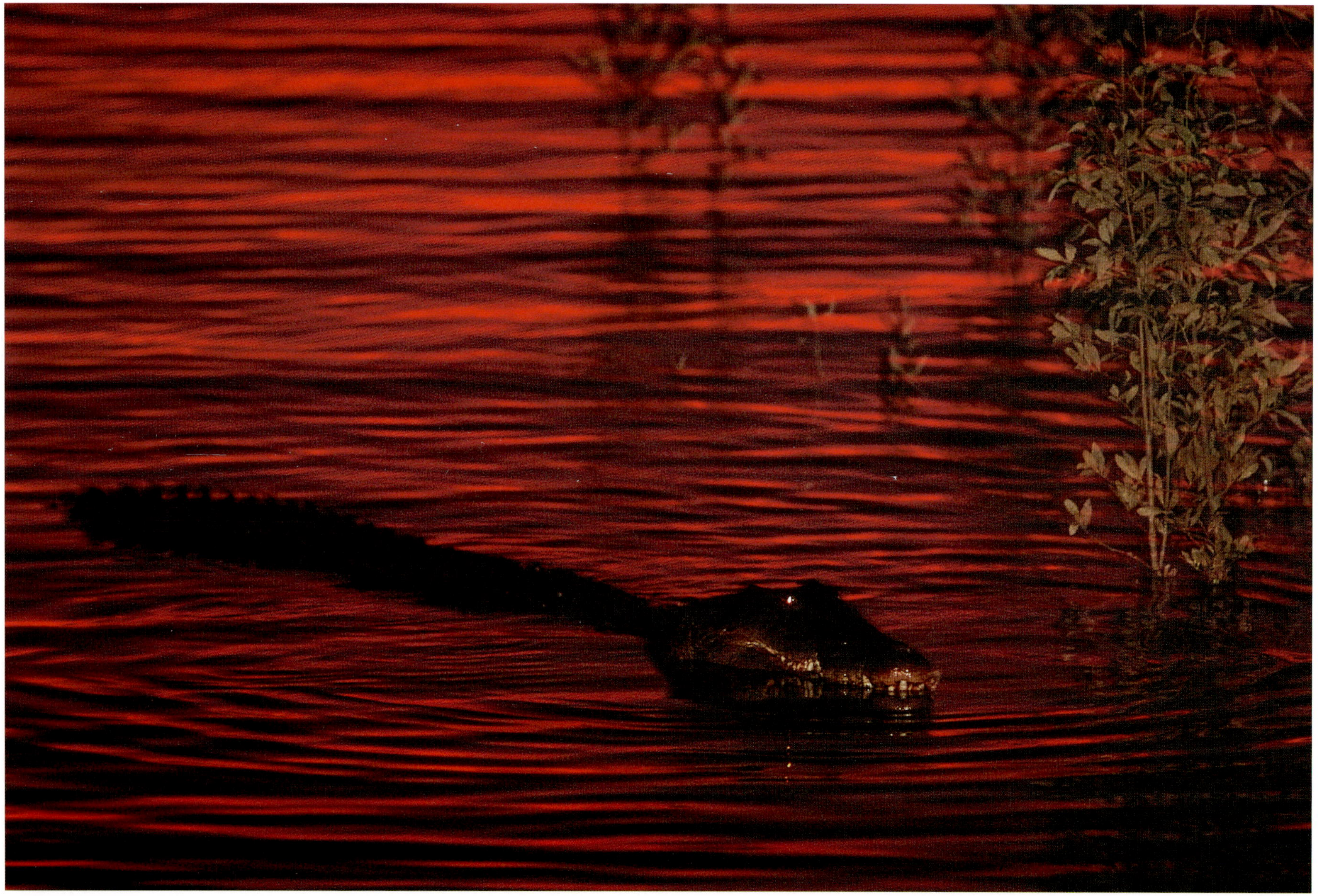

Coccodrillo marino, Wyndham, Australia Occidentale, 1989

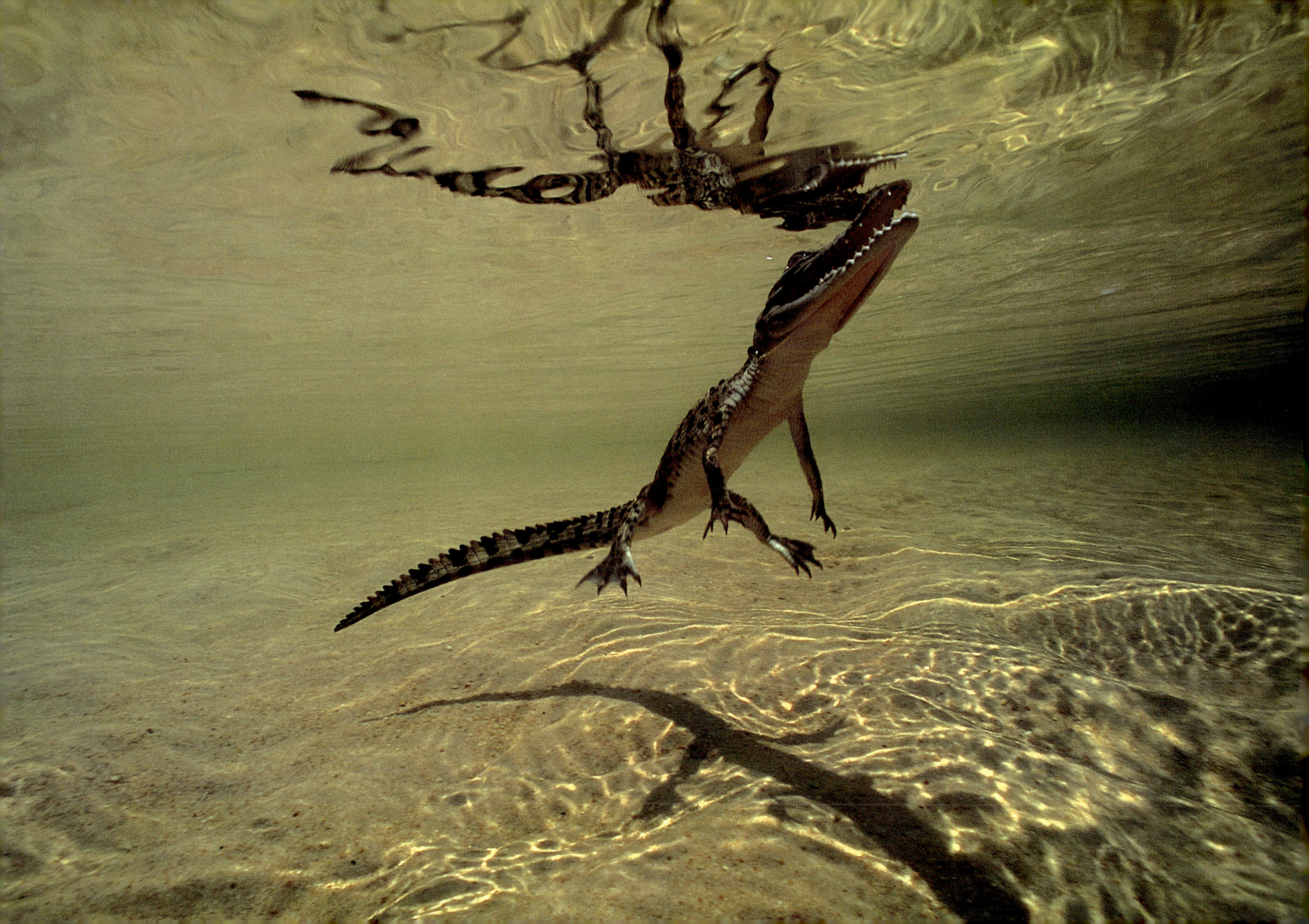

Ci troviamo cinque chilometri al largo dell'atollo gigante di Rangiroa nella Polinesia Francese, proprio davanti all'imbocco della corrente principale. L'acqua è di un blu chiarissimo tipico della Polinesia. La luce di mezzogiorno penetra in un mare senza fondo e molto in basso vedo un gruppo di forme bianche fluttuare come colombe. In realtà sono le punte argentate delle pinne dorsali e pettorali di squali dalle punte bianche. Improvvisamente tre squali, impeccabili ed eleganti, ci sono addosso, saliti in un istante dal profondo. Con corpi spessi e pinne dalle punte d'argento, ci ruotano attorno, attaccano, accennano a mordere le mani del mio amico Yves Lefevre e i gialli flash elettronici. Siamo nel loro regno; dopo averci esaminati svaniscono. Squali e palme – l'atollo respira con l'alternarsi delle maree.

Dallo spazio le Rock Islands di Palau paiono una calligrafia verde scritta sulla superficie di un mare blu. Queste isole sono le sommità di antiche scogliere coralline e alcune racchiudono superfici di acqua oceanica creando laghi marini o d'acqua salata. Ospitano esseri viventi che si trovano solo qui: banchi immensi, nubi pulsanti di meduse Mastigas. I laghi sono come antichi oceani in miniatura; la vegetazione marcescente che vi cade dalla foresta ne fa ristagnare il fondo, isolandoli dall'oceano aperto. Spooky Lake, all'interno di Eil Malk, ha strati d'acqua limpida galleggianti sopra "piastre" d'acqua cariche di batteri; è come immergersi nella nebbia. Palau è un sistema di barriere coralline che racchiudono una straordinaria giungla oceanica: grotte piene di stalattiti, passaggi nascosti e isole sottominate – quasi un giardino ornamentale.

L'Isola di Lord Howe, d'altro canto, è un sogno. Costituita dai resti di un antico vulcano, è circondata dalle barriere coralline più a sud della terra, 600 km al largo della costa sudorientale dell'Australia. L'isola ha un clima temperato in un mare tropicale, la sua laguna è piena di pesci damigella e di labridi che si muovono al ritmo a cui l'oceano aperto respira.

240 chilometri a nord di Lord Howe, Middleton Reef fiorisce nel mare deserto come un'orchidea. Grandi merluzzi neri vivono qui, a custodire i molti relitti dei naufragi di Middleton. Uno di loro mi adottò seguendomi ovunque. S'infuriava quando fotografavo altri pesci, cercando di mangiarli.

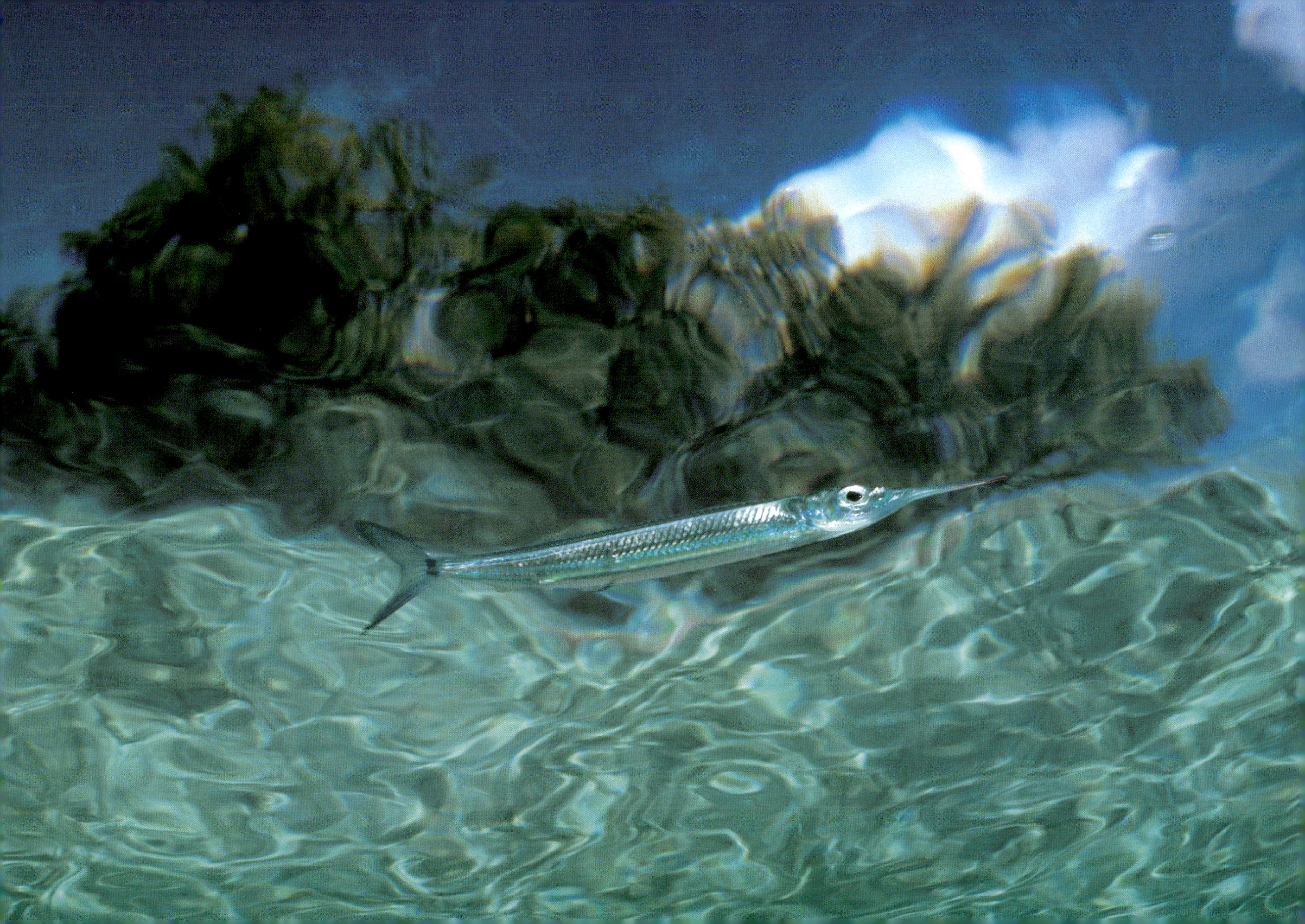

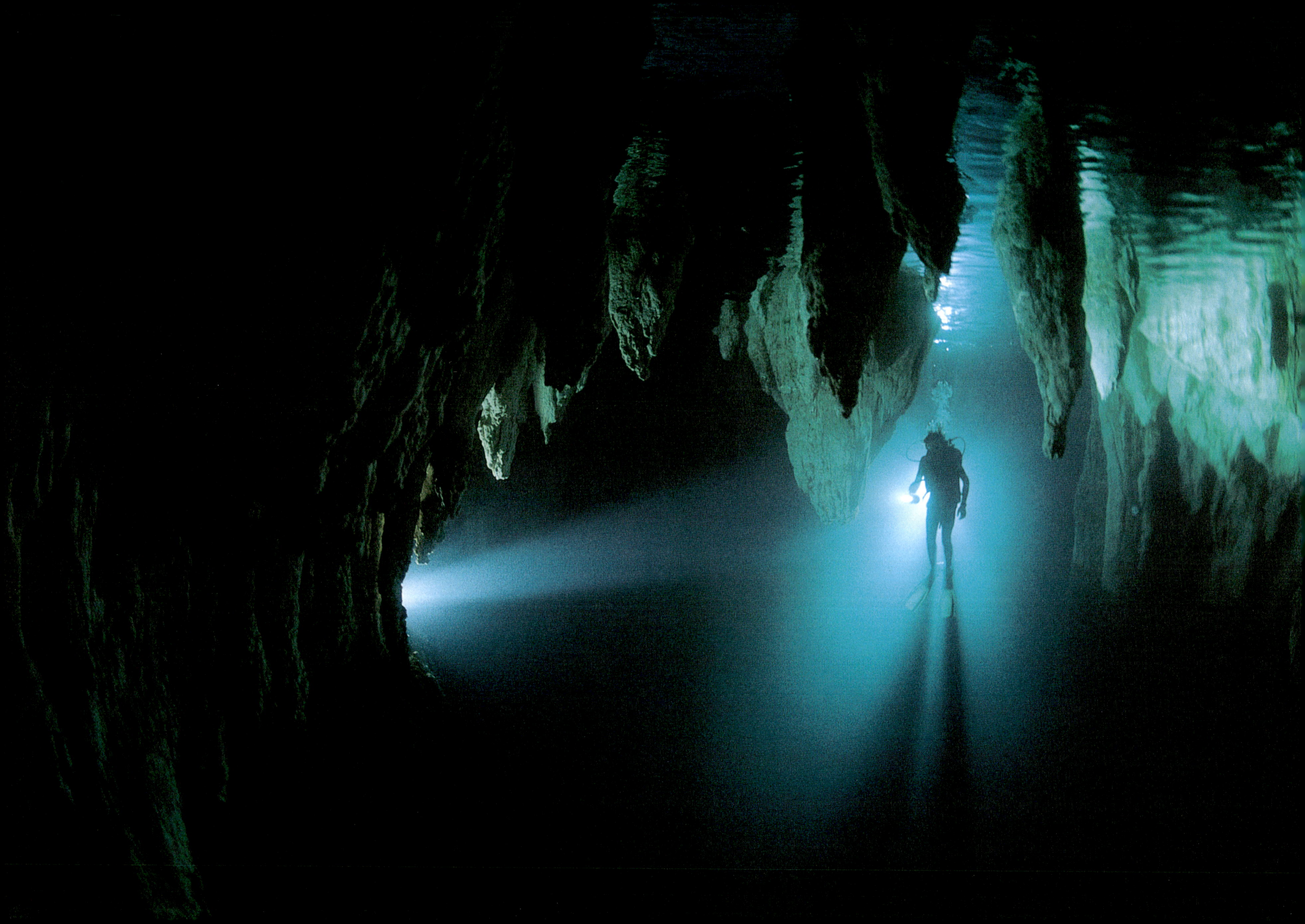

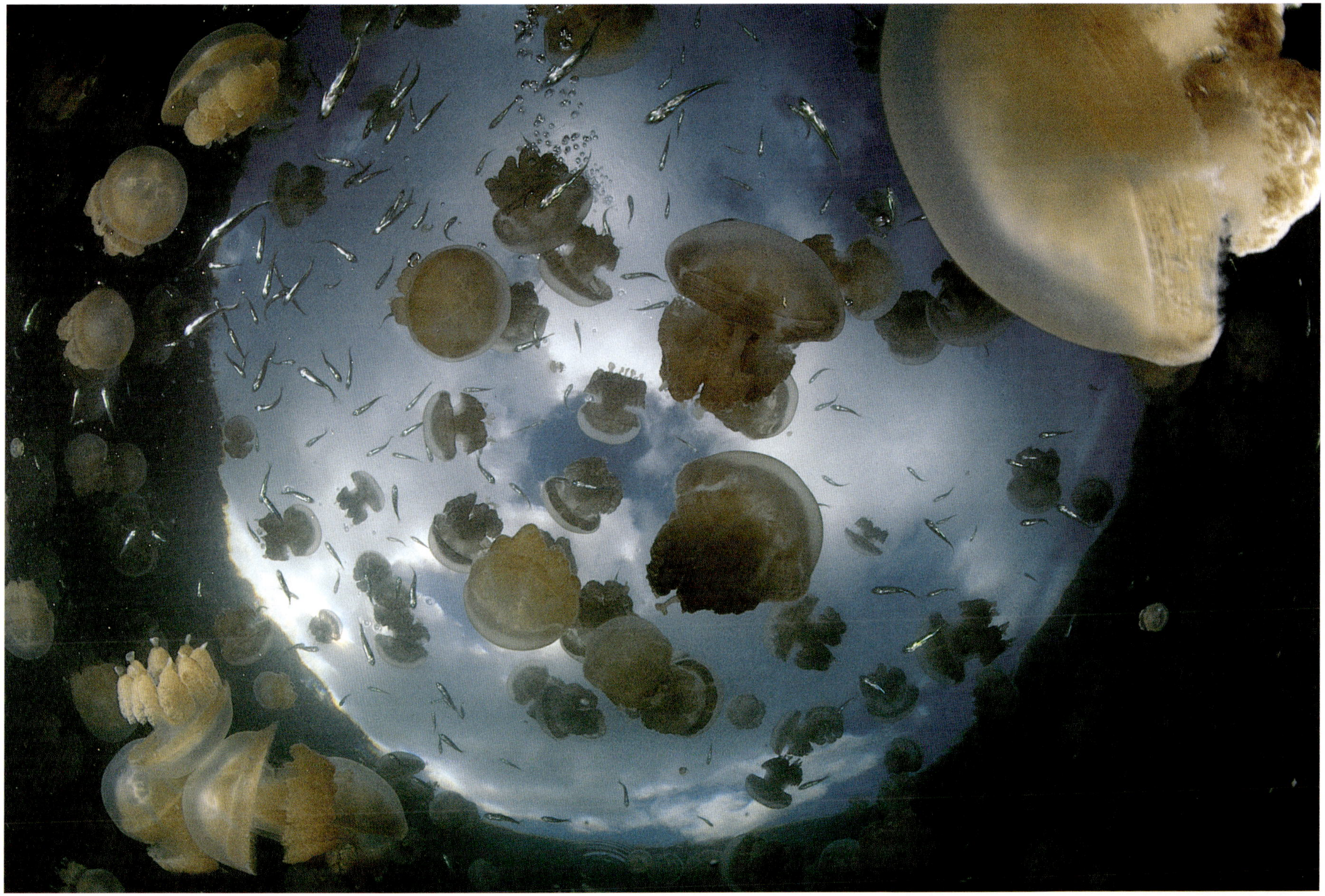

Medusa Mastigas, Jellyfish Lake, Eil Malk Island, Palau, 1994

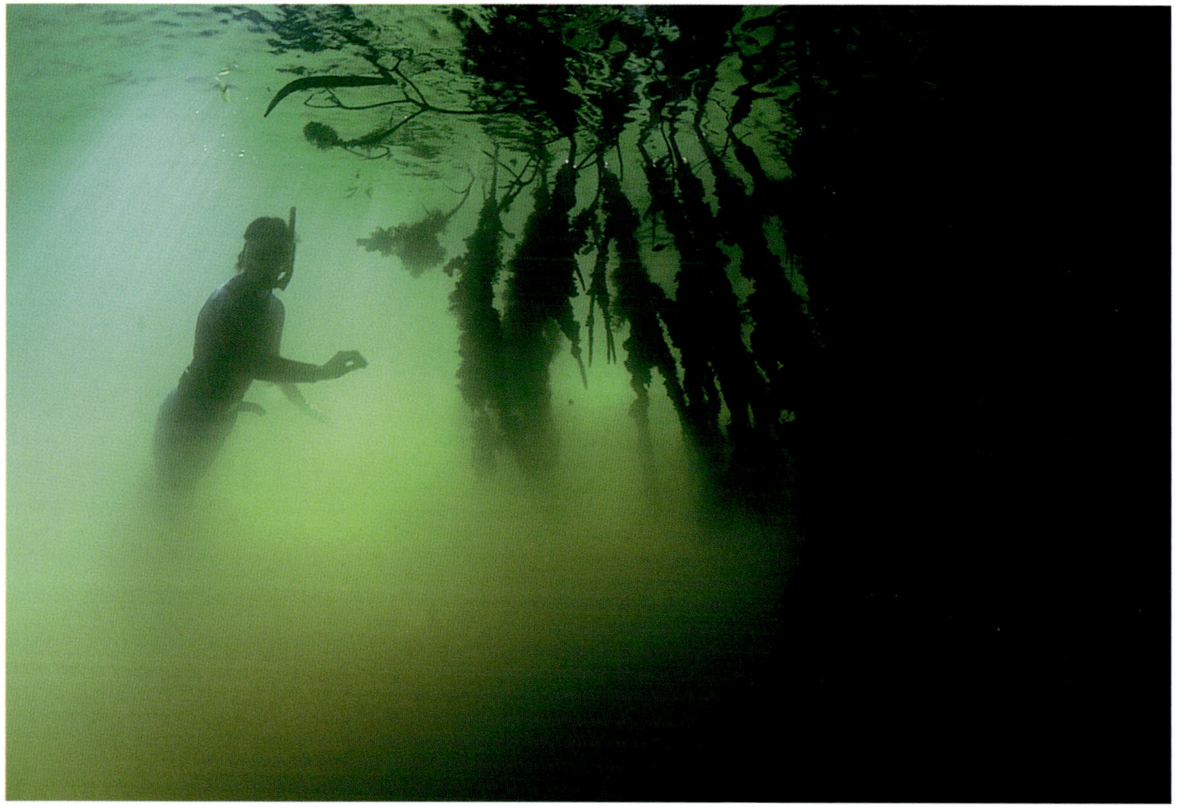

Spooky Lake, Eil Malk Island, Palau 1981

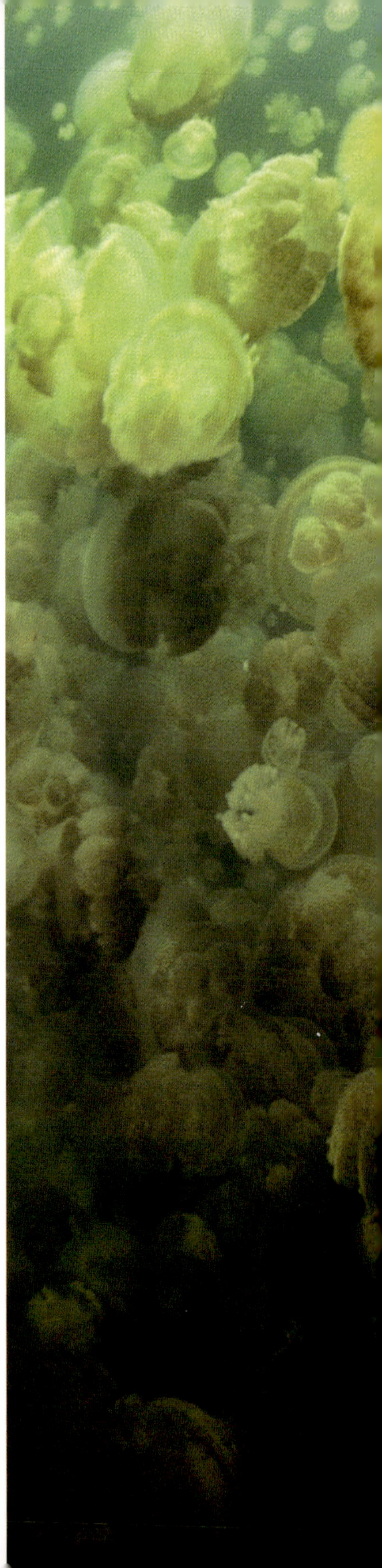

Banco di meduse Mastigas, Jellyfish Lake, Eil Malk Island, Palau 1981

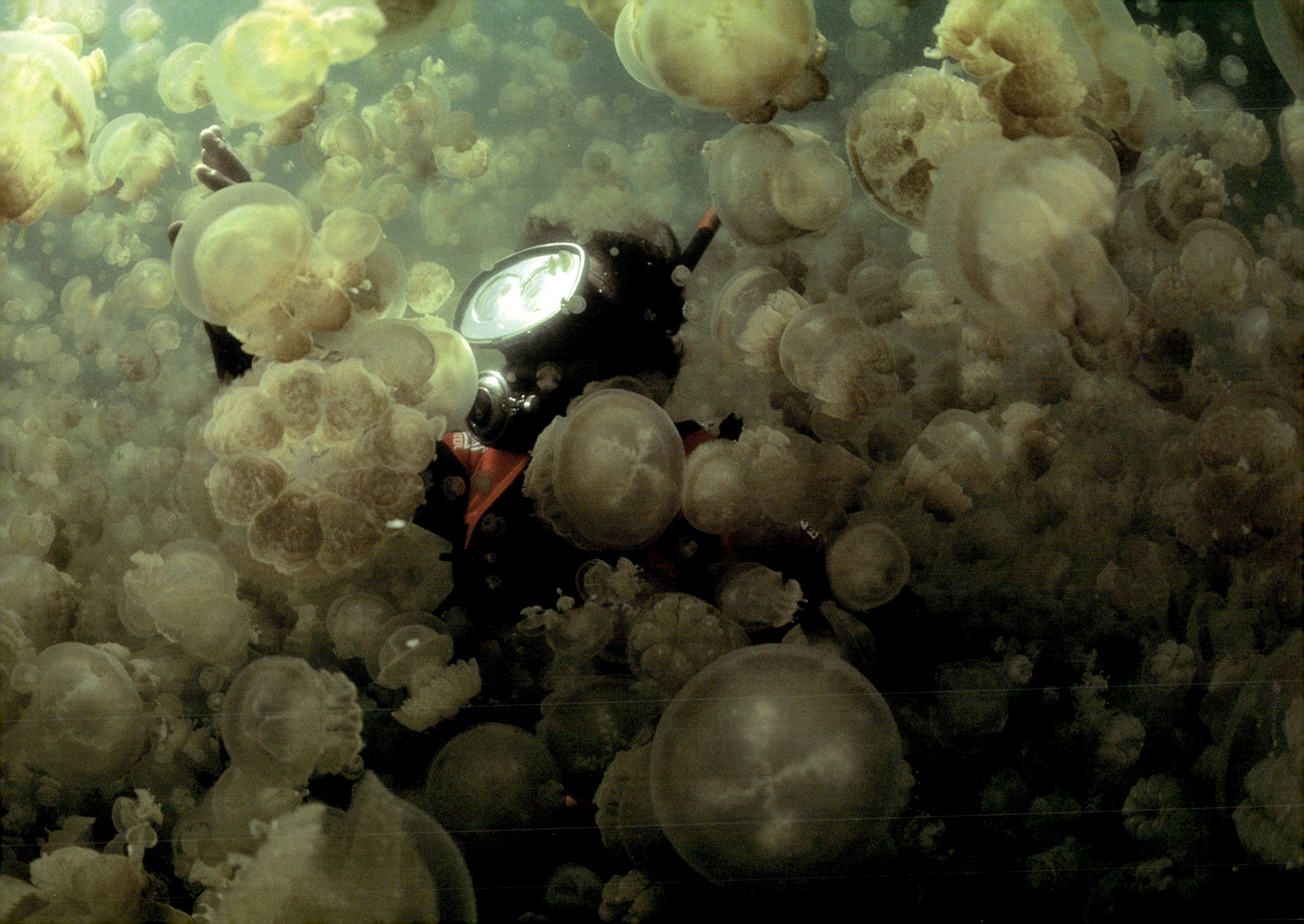

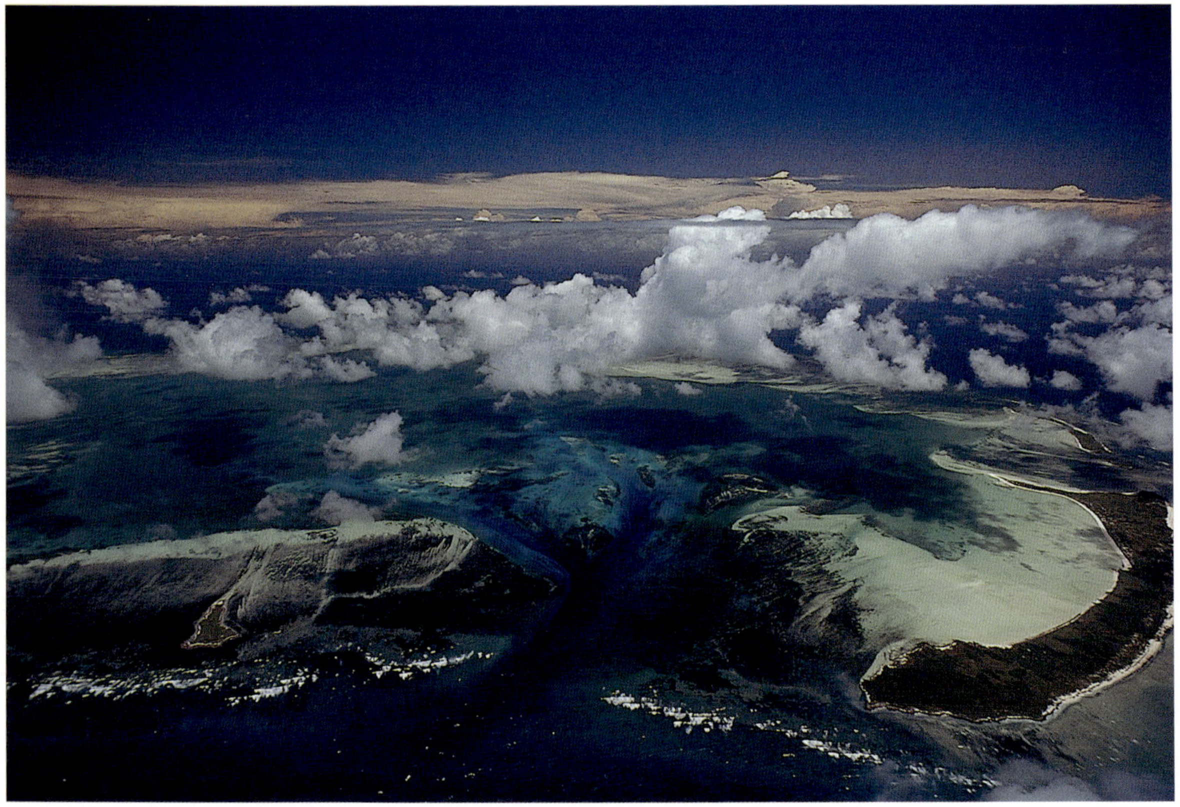

Atollo di Cosmoledo, Seychelles, Oceano Indiano, 1993

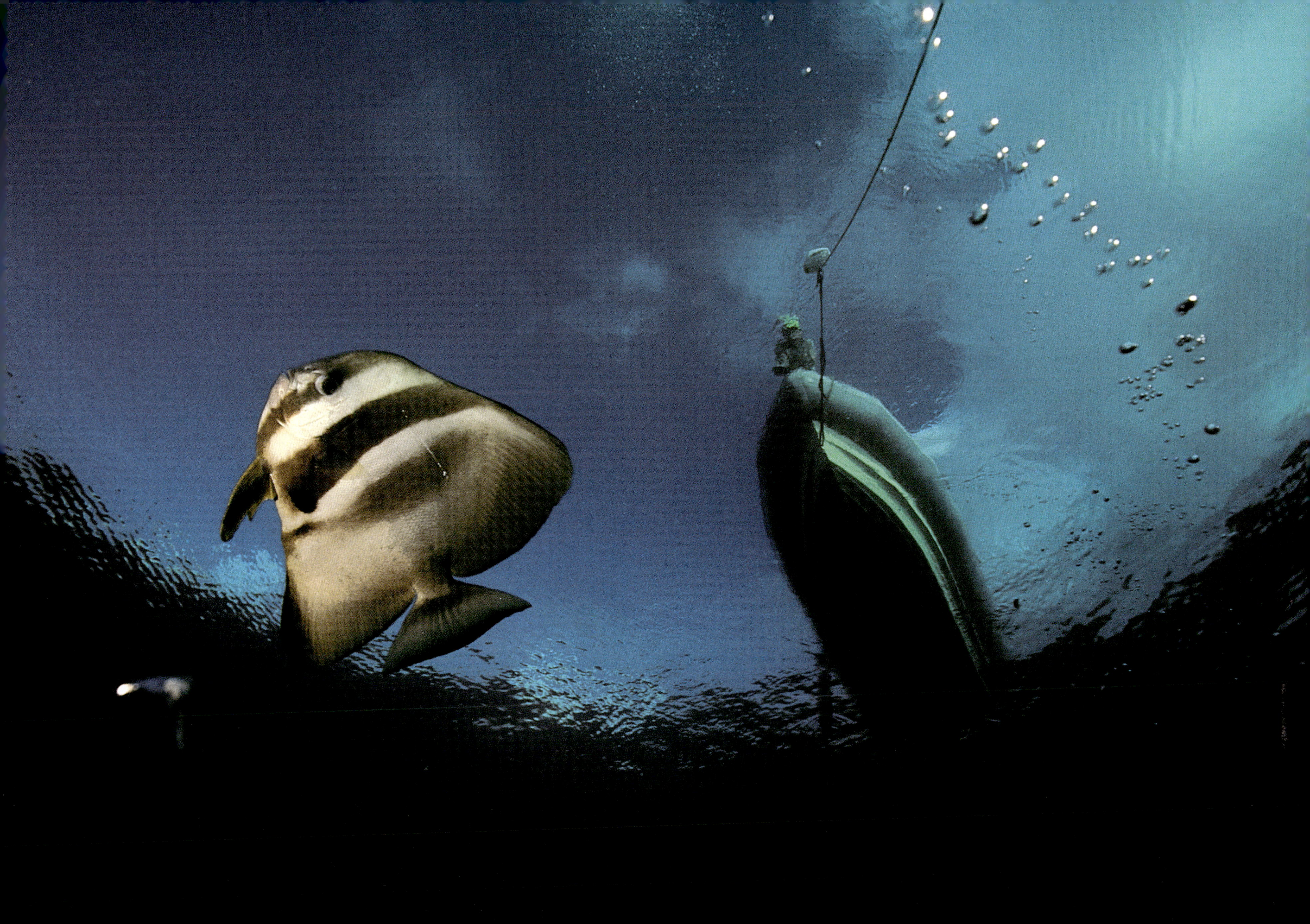

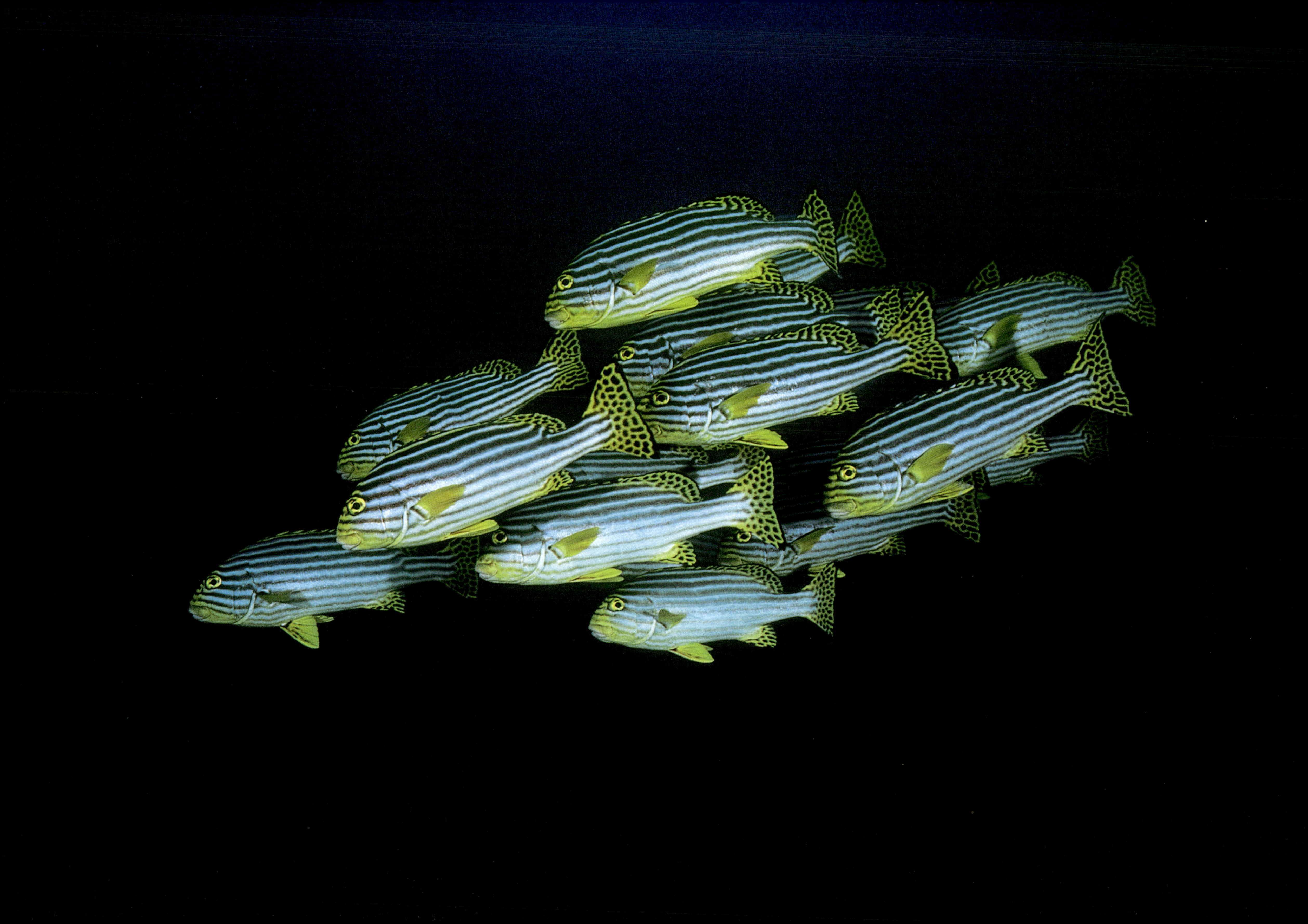

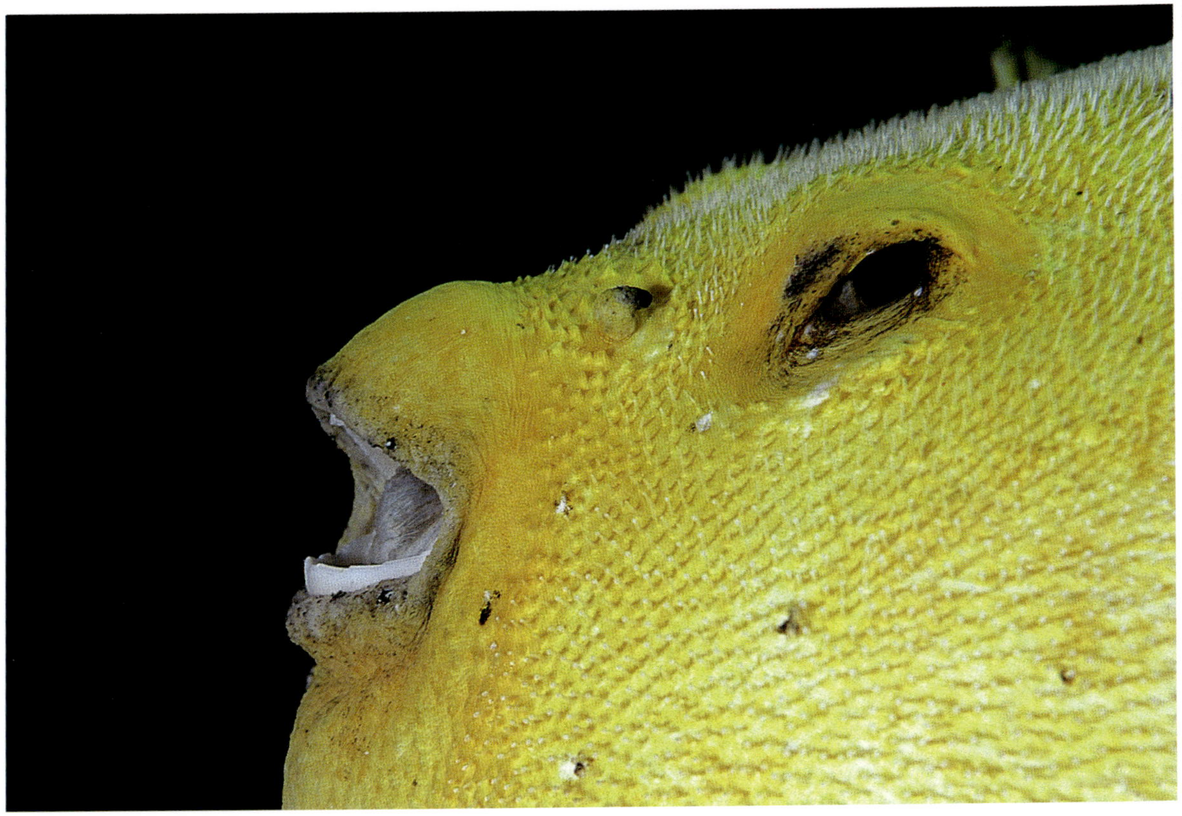

Pesce palla giallo, Astov Island, Seychelles, Oceano Indiano, 1993

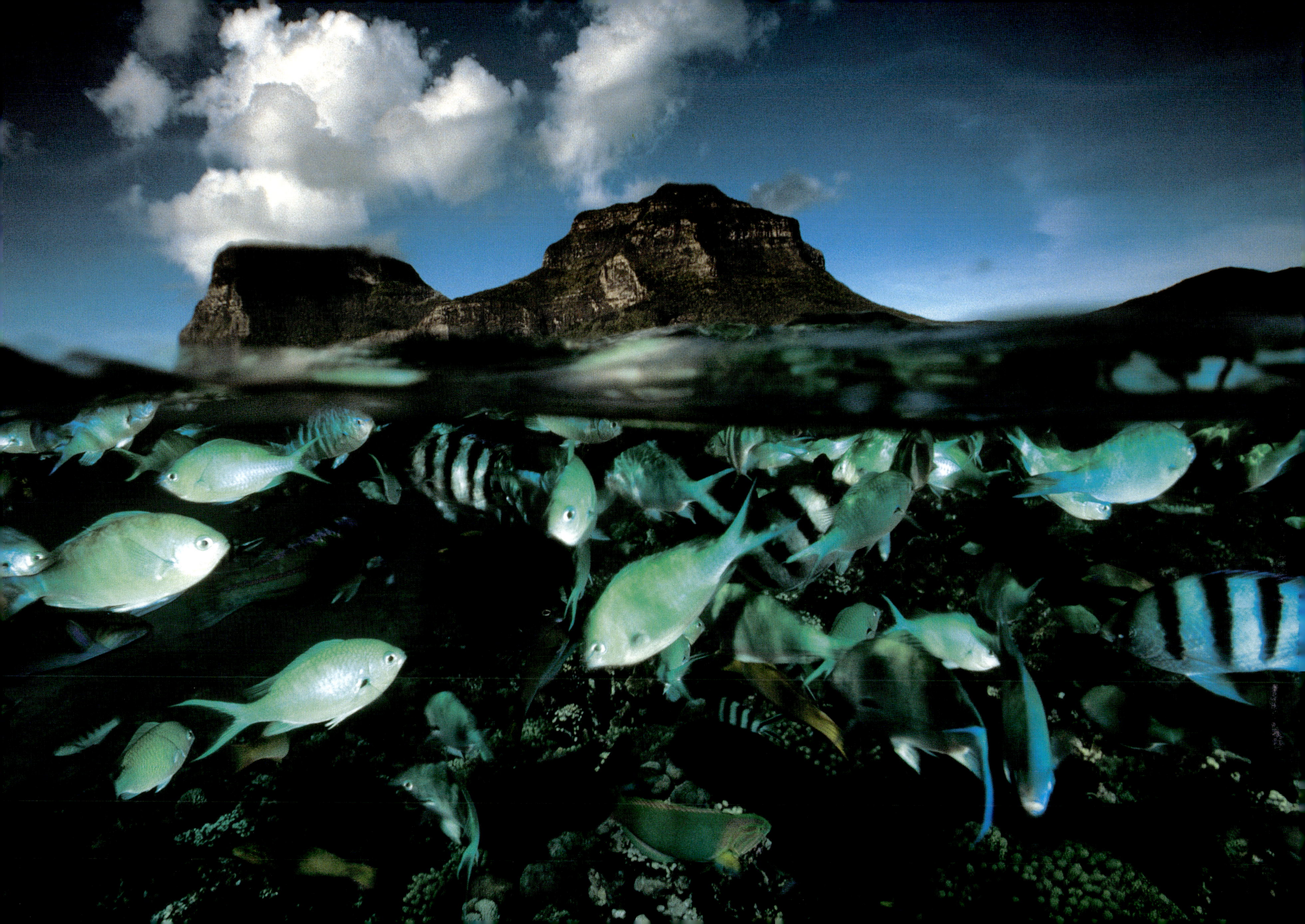

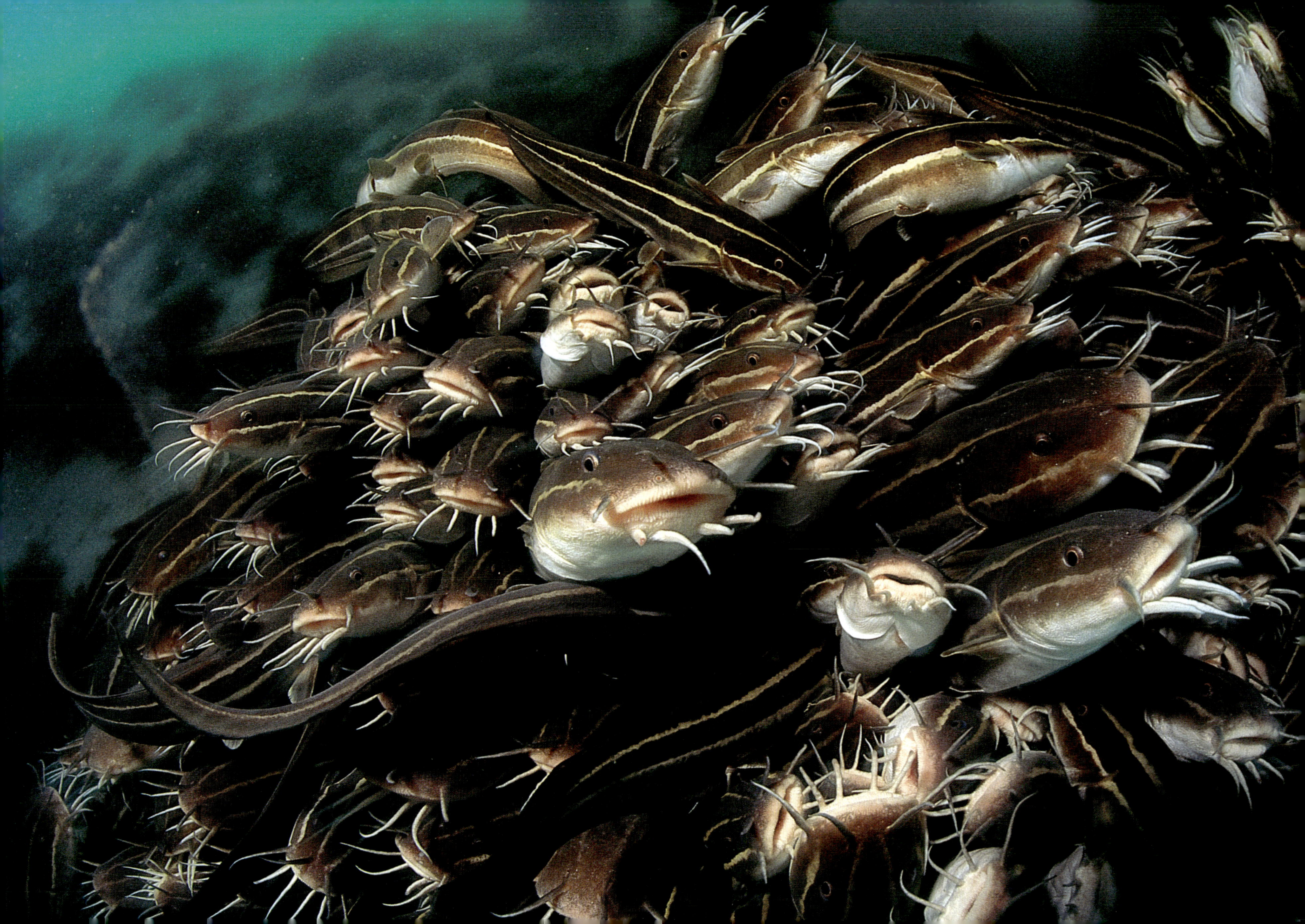

Pesci gatto, Lord Howe Island, Australia, 1996

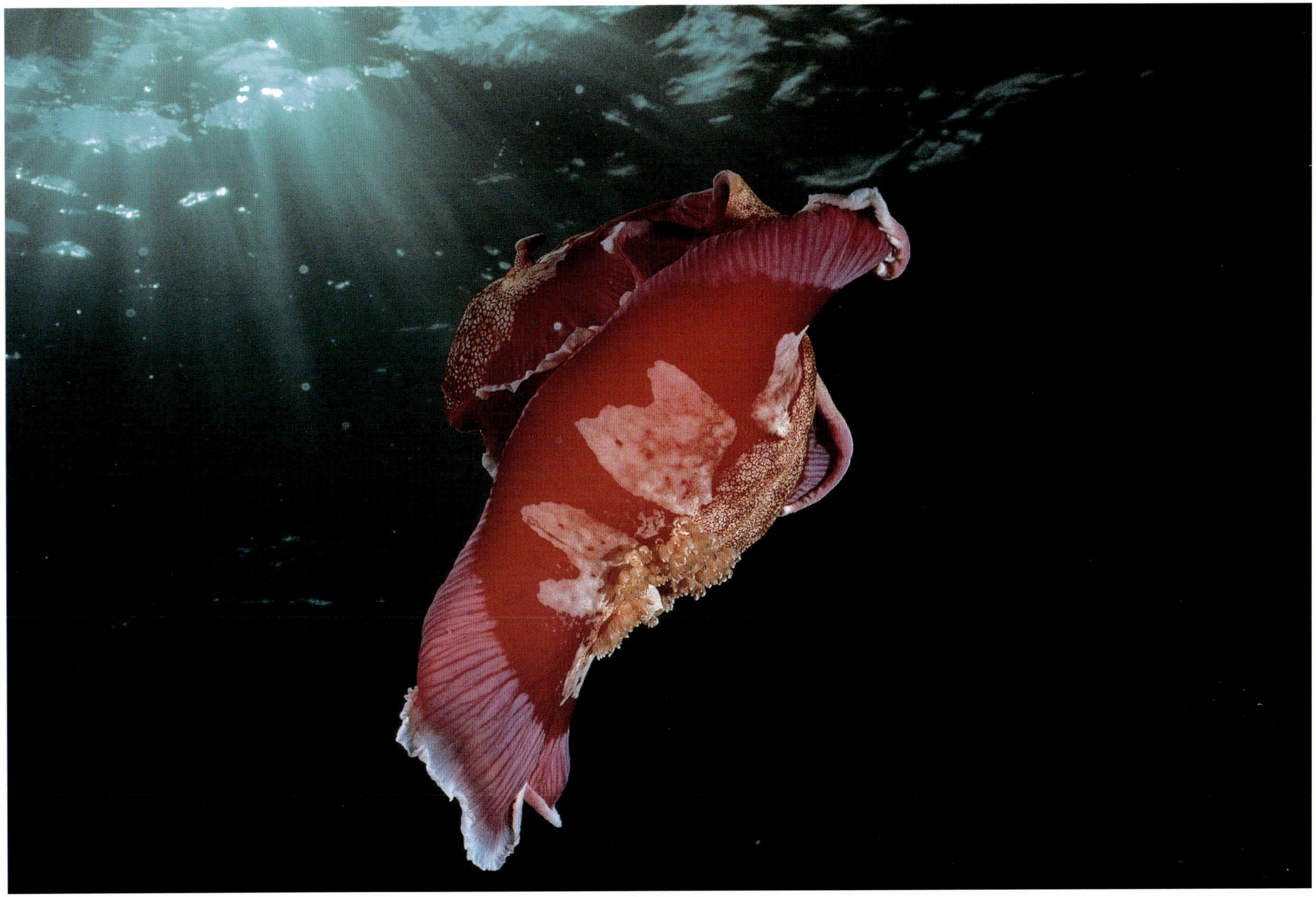

Nudibranco, Lord Howe Island, Australia, 1987

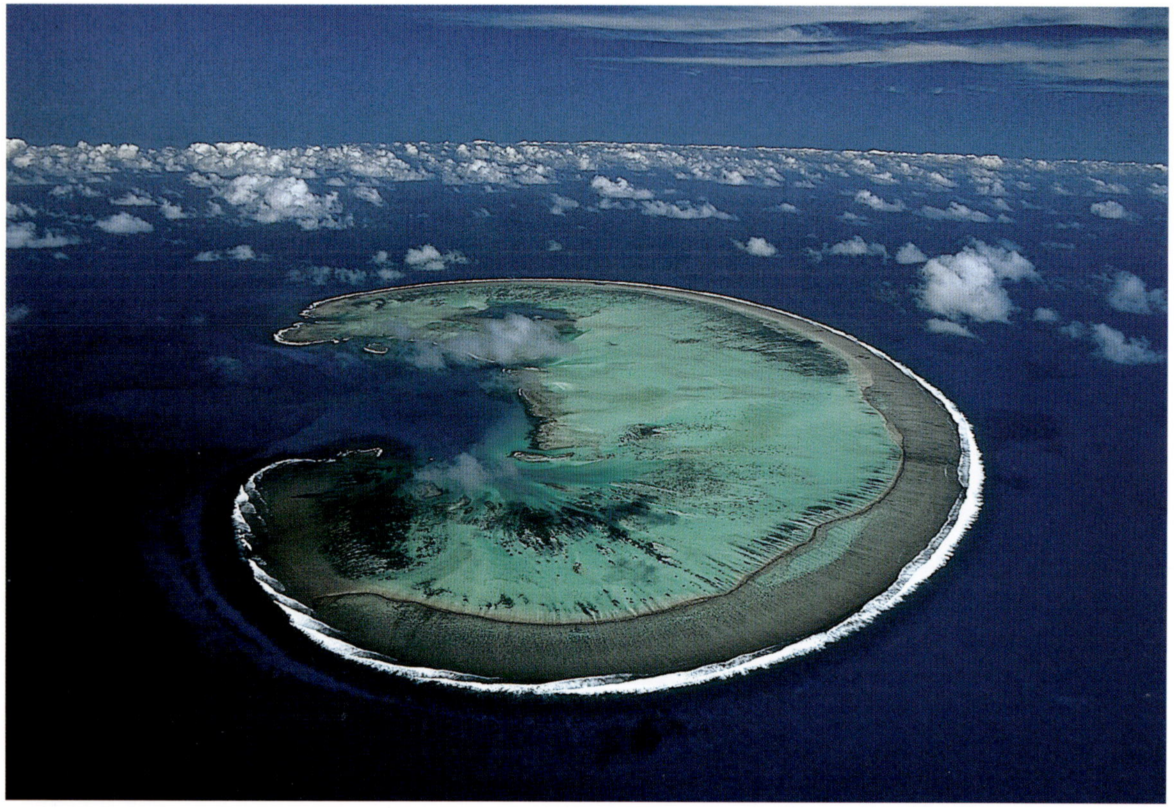

Middleton Reef, Australia, 1986

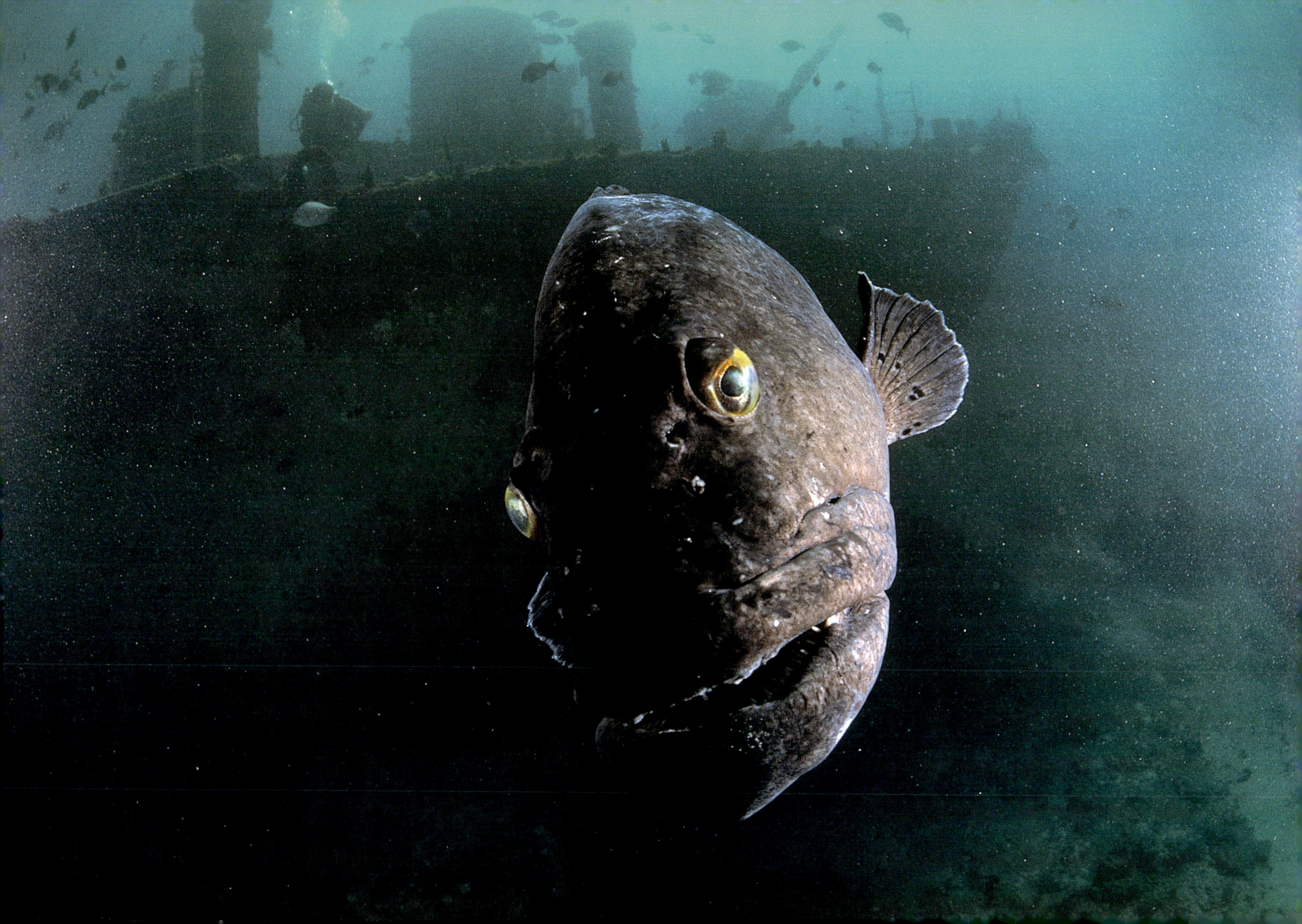

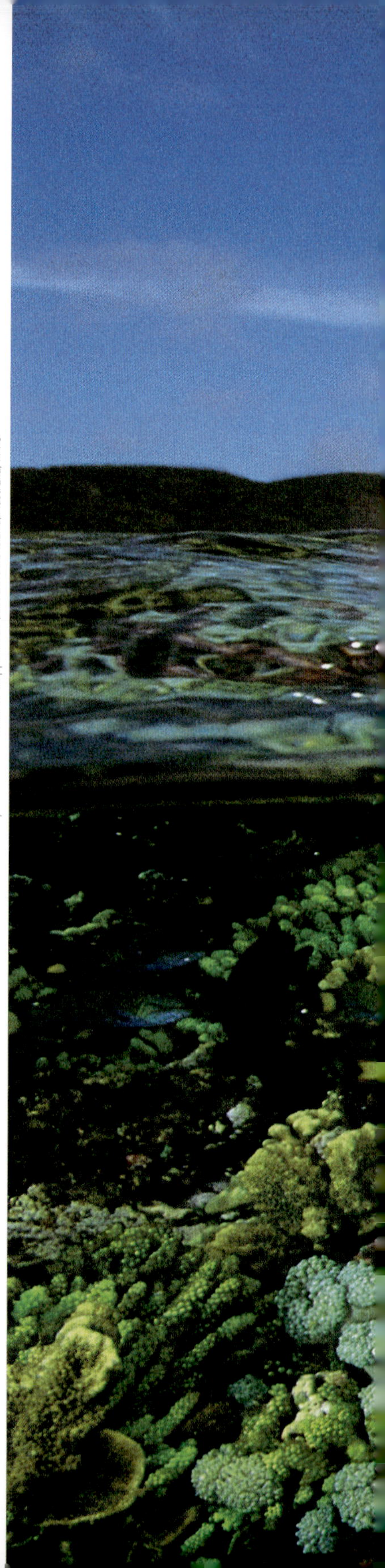

Labride "doppia testa", Lord Howe Island, Australia, 1996

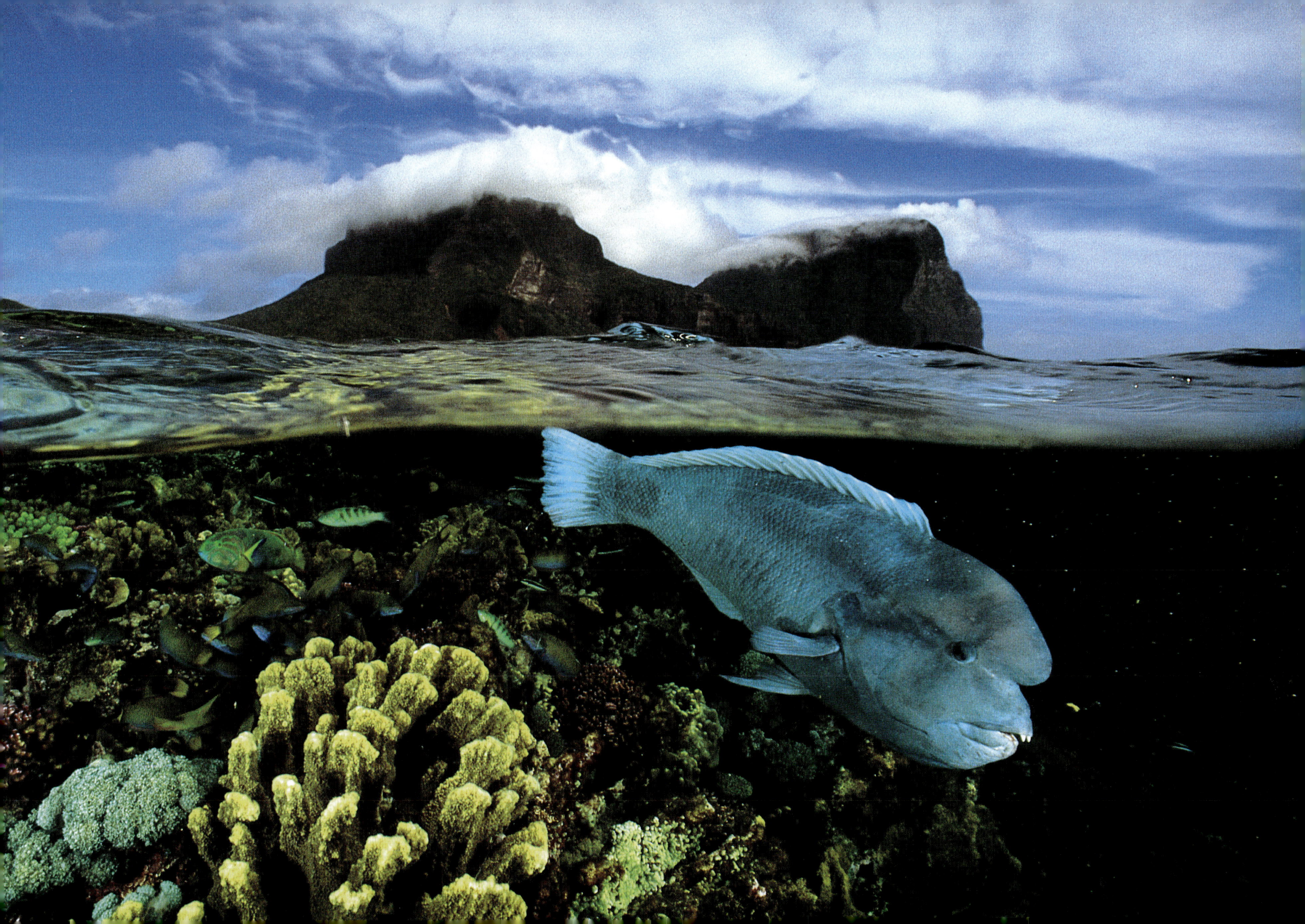

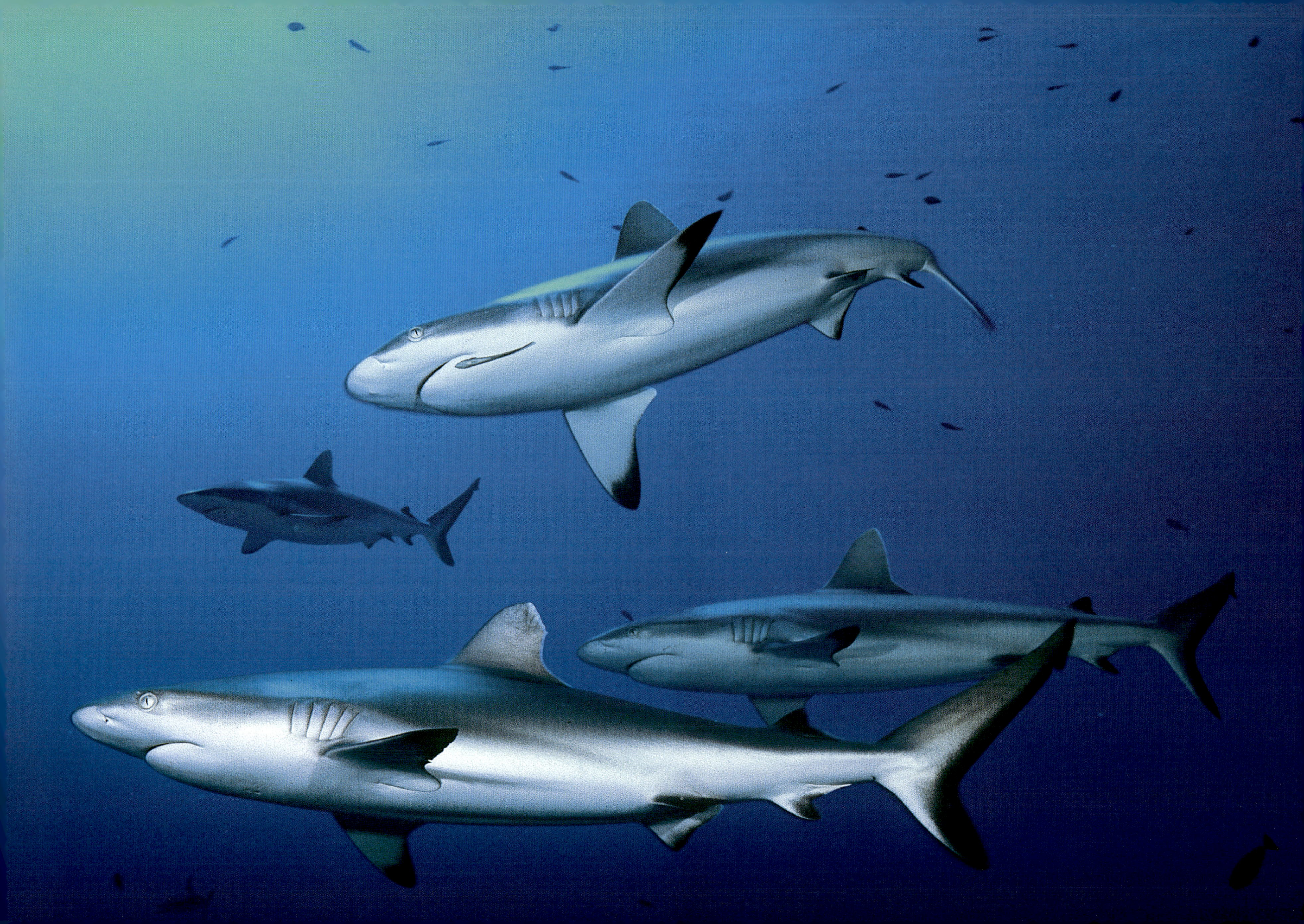

Squalo corallino grigio accompagnato da serioline (*Elagatis bipinnulata*), Atollo di Rangiroa, Polinesia Francese, 1995

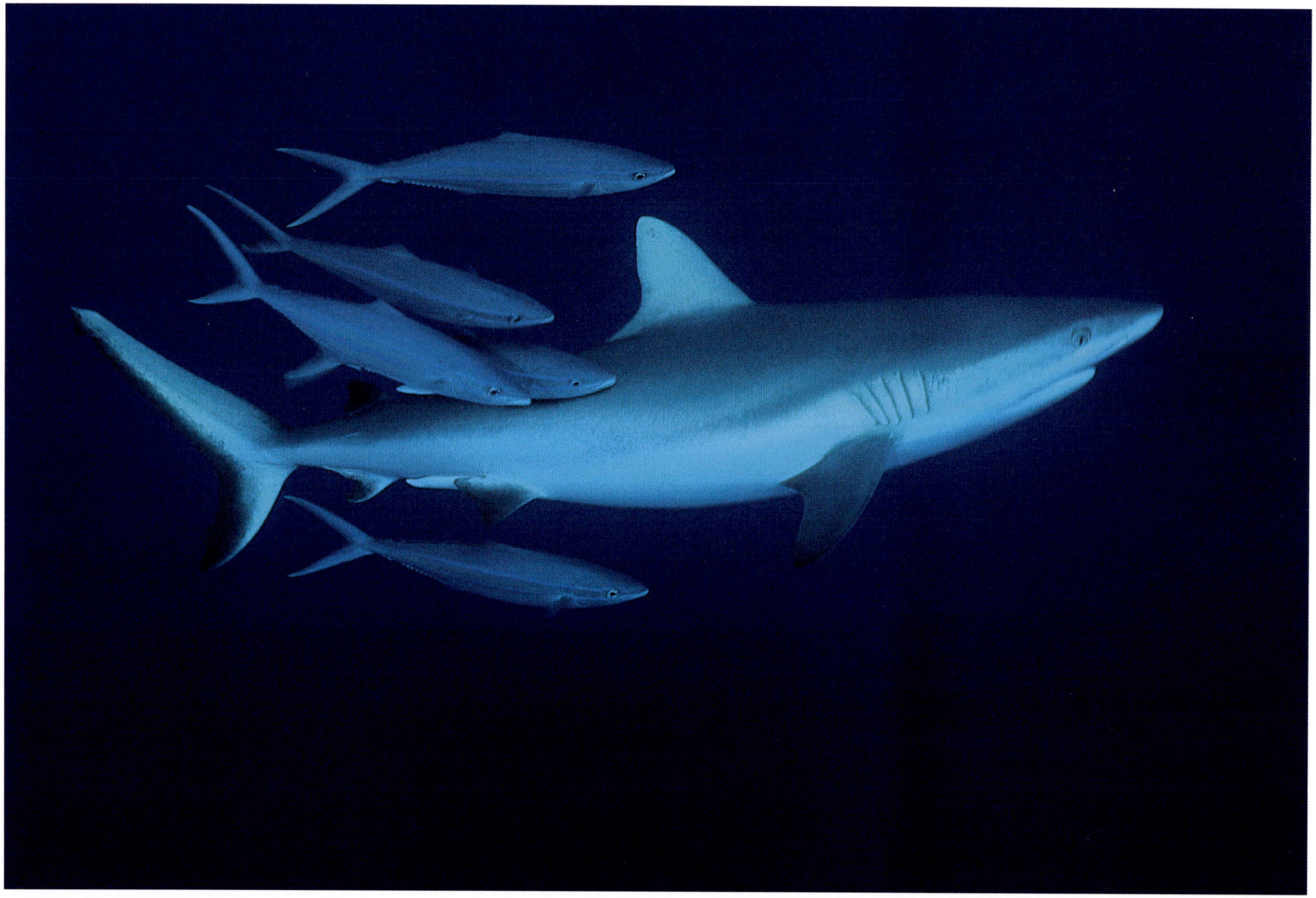

Squalo dalle punte argentate, Atollo di Rangiroa, Polinesia Francese, 1996

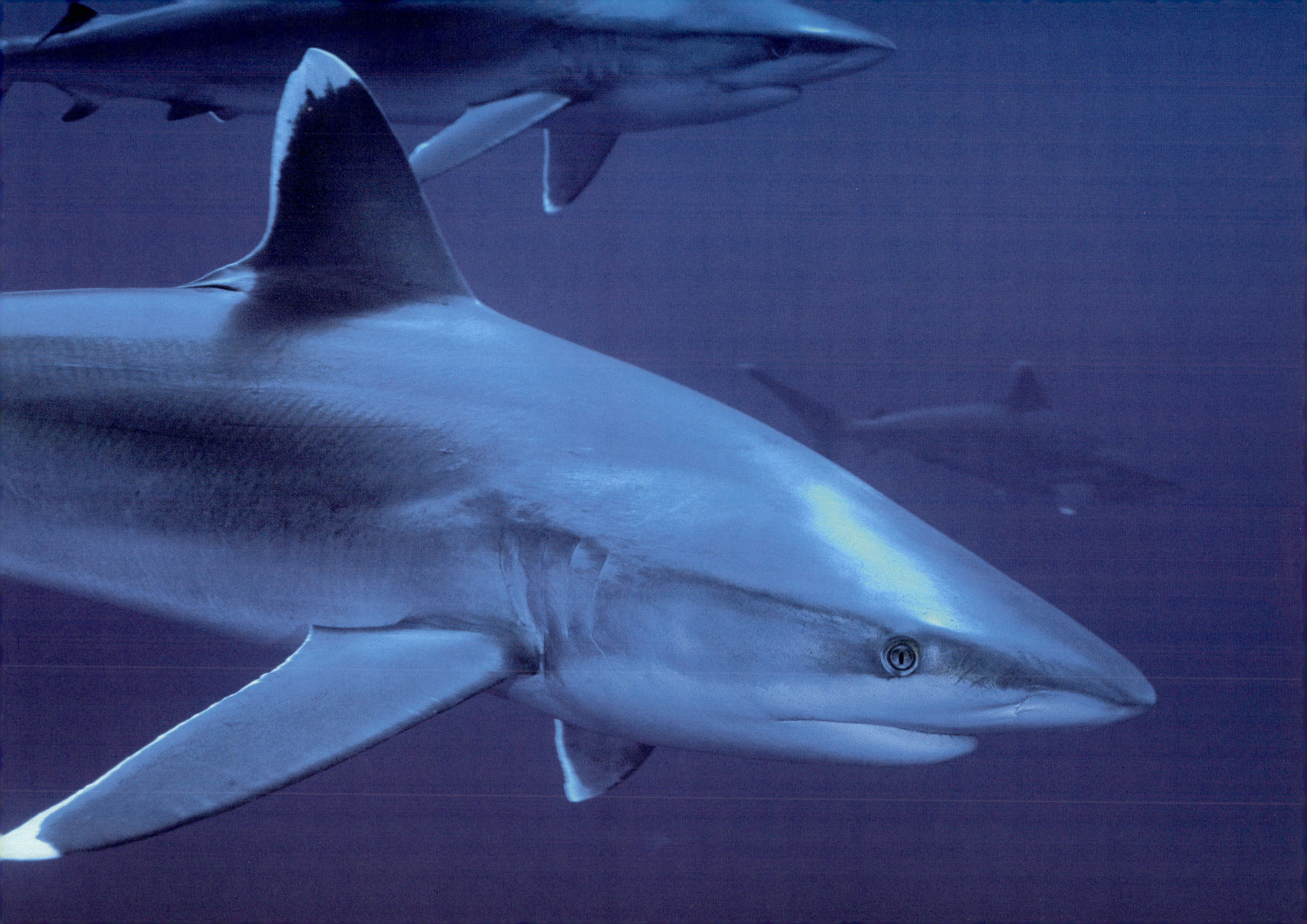

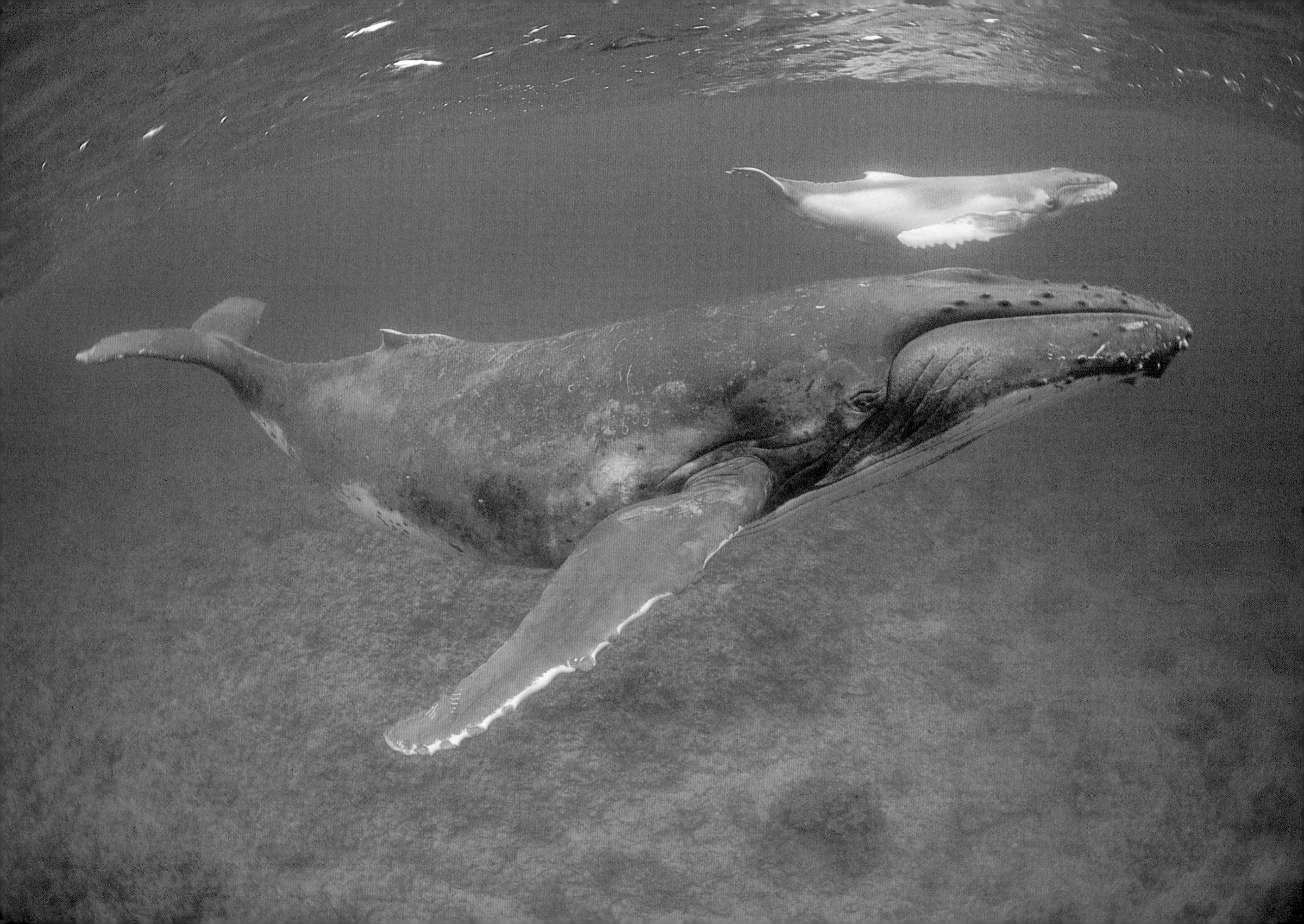

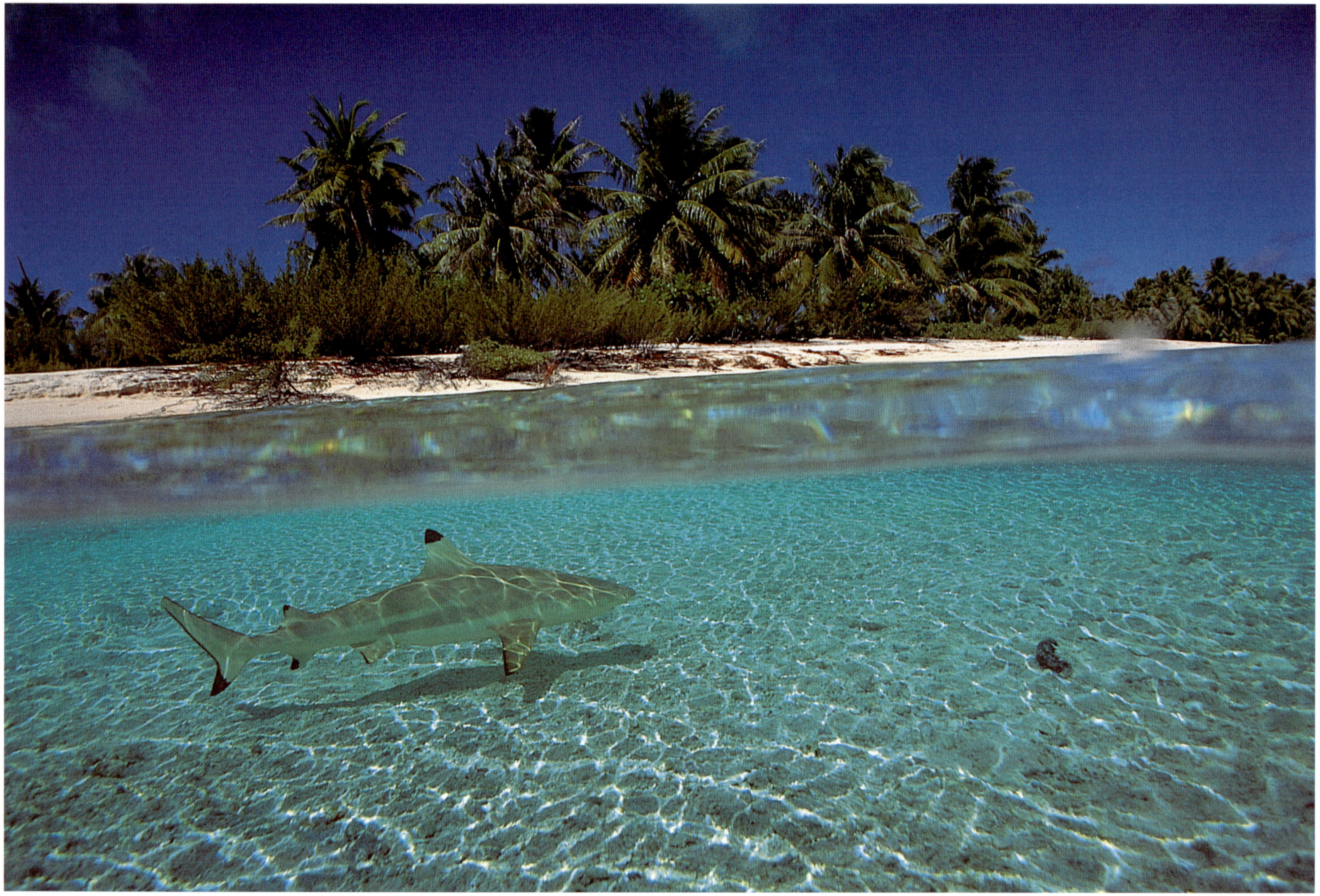

Squalo dalle punte nere, Laguna di Rangiroa, Polinesia Francese, 1995

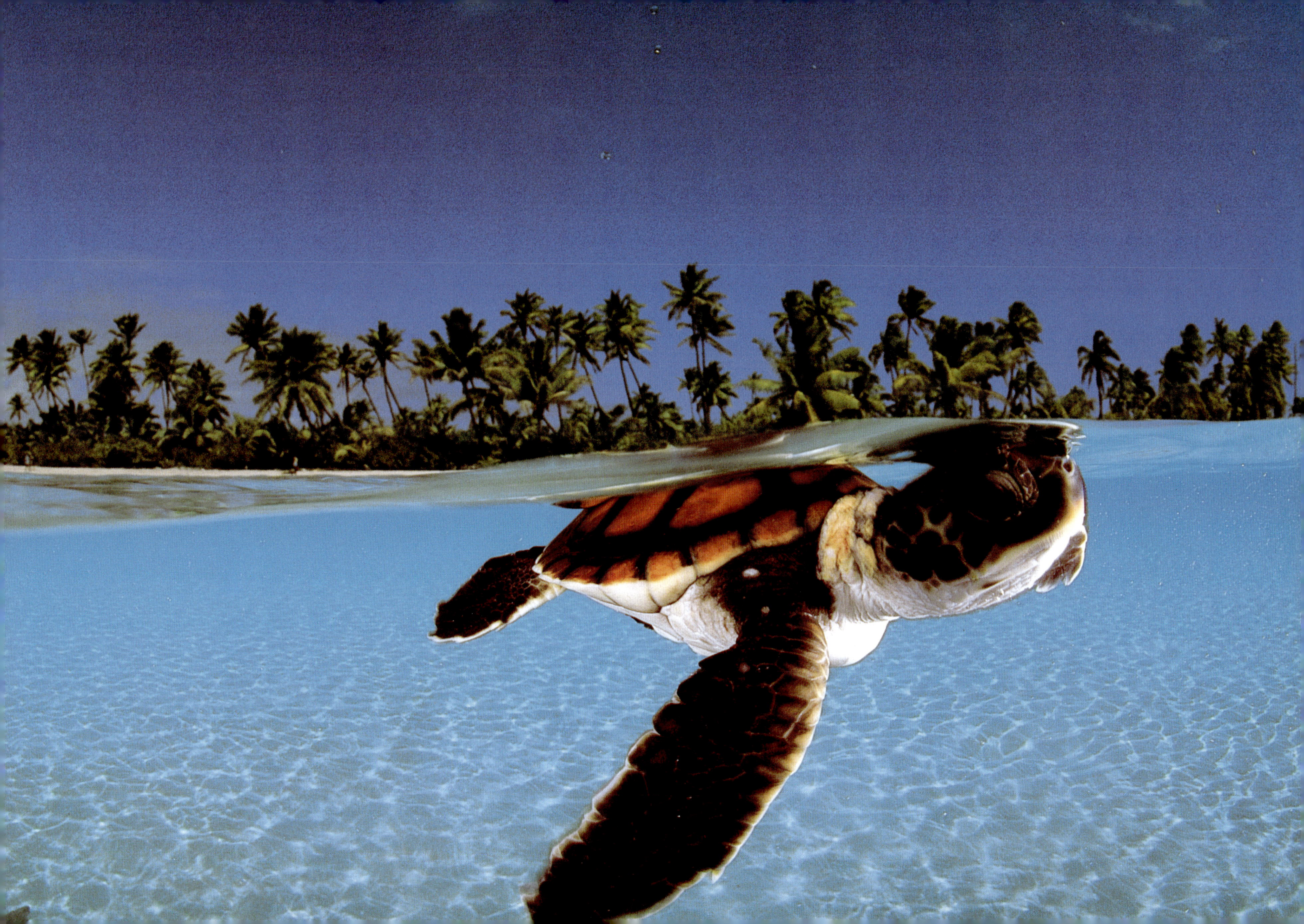

Teatro giapponese

A sud di Tokio la penisola di Izu si allunga nella corrente di Kuroshiro (la corrente del golfo del Pacifico) fino a sfiorare questo colossale fiume marino d'acqua calda. Il lato nordoccidentale di Izu è dominato dal vulcano perfetto, il monte Fuji. Acque molto profonde circondano questa penisola a forma di pollice. Sotto la superficie il panorama sottomarino è fatto di macigni immensi e da scogliere vulcaniche scoscese che s'inabissano; a cento metri dalla riva l'acqua è profonda oltre 300 metri.

Sulle scogliere di Izu si inarcano pini. Le acque meno profonde ribollono al gonfiarsi dell'oceano. In profondità gorgonie e morbidi coralli rivestono i cupi macigni. Il mare ha un aspetto giapponese, i coralli sembrano disposti ad arte. La vita marina imita le maschere *kabuki* – o forse è il contrario.

Verso occidente la penisola di Izu è un braccio teso a protezione della vasta e profonda baia di Suruga che giace ai piedi del monte Fuji. Queste sono le più profonde acque che esistano al mondo in prossimità di terra. A sessanta metri di profondità trovo una foresta di coralli neri i cui rami scattano dal letto marino come cavi elettrici impazziti. Banchi di piccoli pesci cardinale argento si lasciano trasportare attraverso questo groviglio, formando sipari e quinte per un leggiadro *Anthias* maschio rosso e bianco chiamato "fior di ciliegio".

È un morbido mondo verde quello sui fianchi profondi della baia di Suruga, un'alcova dell'oceano. Non riesco a sottrarmi alla sua teatrale scenografia *kabuki*: quella di un palcoscenico pulito e semplice, su cui gli attori (i pesci) sfilano in splendide vesti: variopinte murene, *Anthias* "fior di ciliegio", pesci fantasma, draghi. Tutte queste creature recitano nel teatro giapponese delle profondità marine.

Banco di pesci cardinale argento e *Anthias* "fior di ciliegio", Suruga Bay, Giappone, 1989

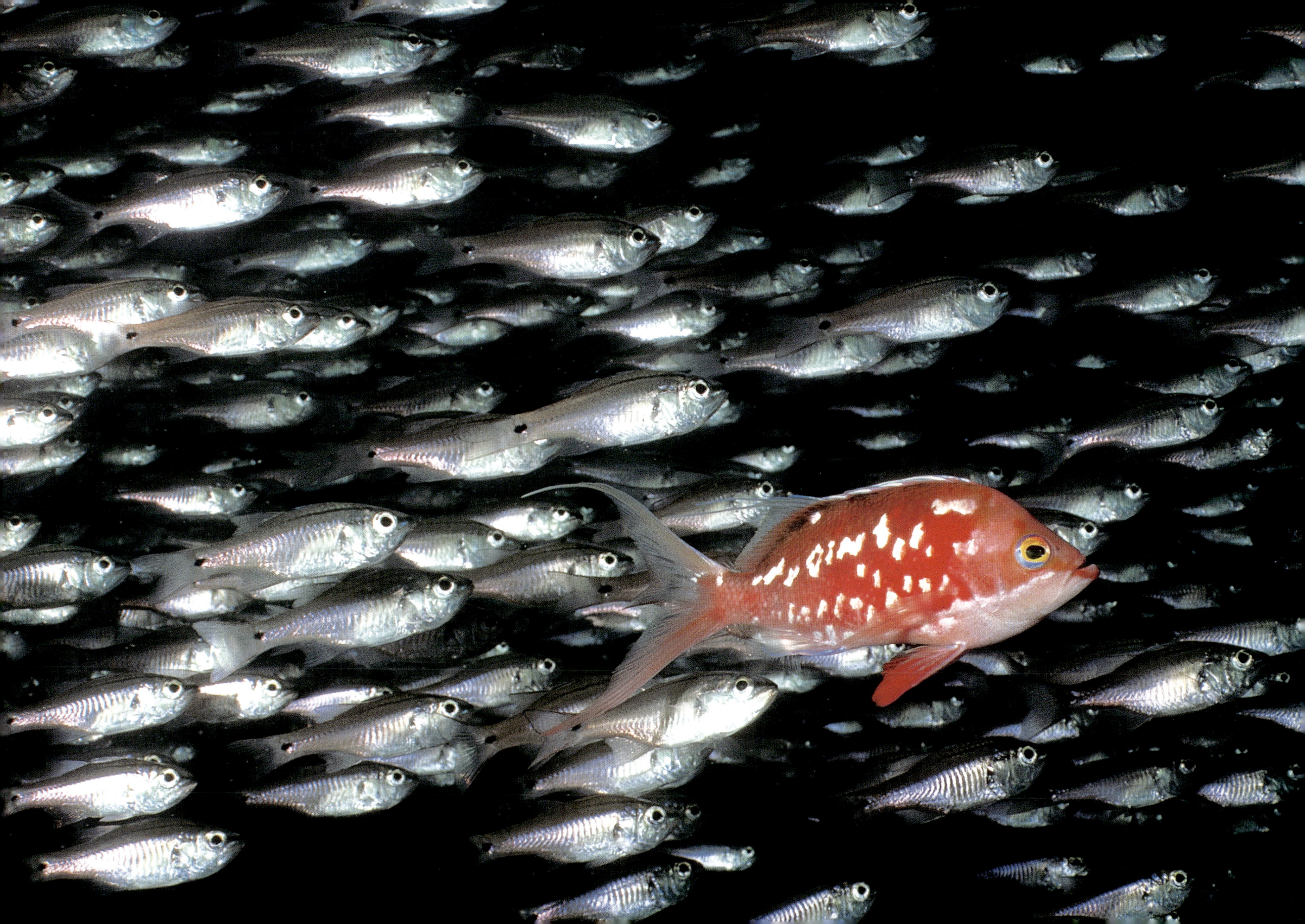

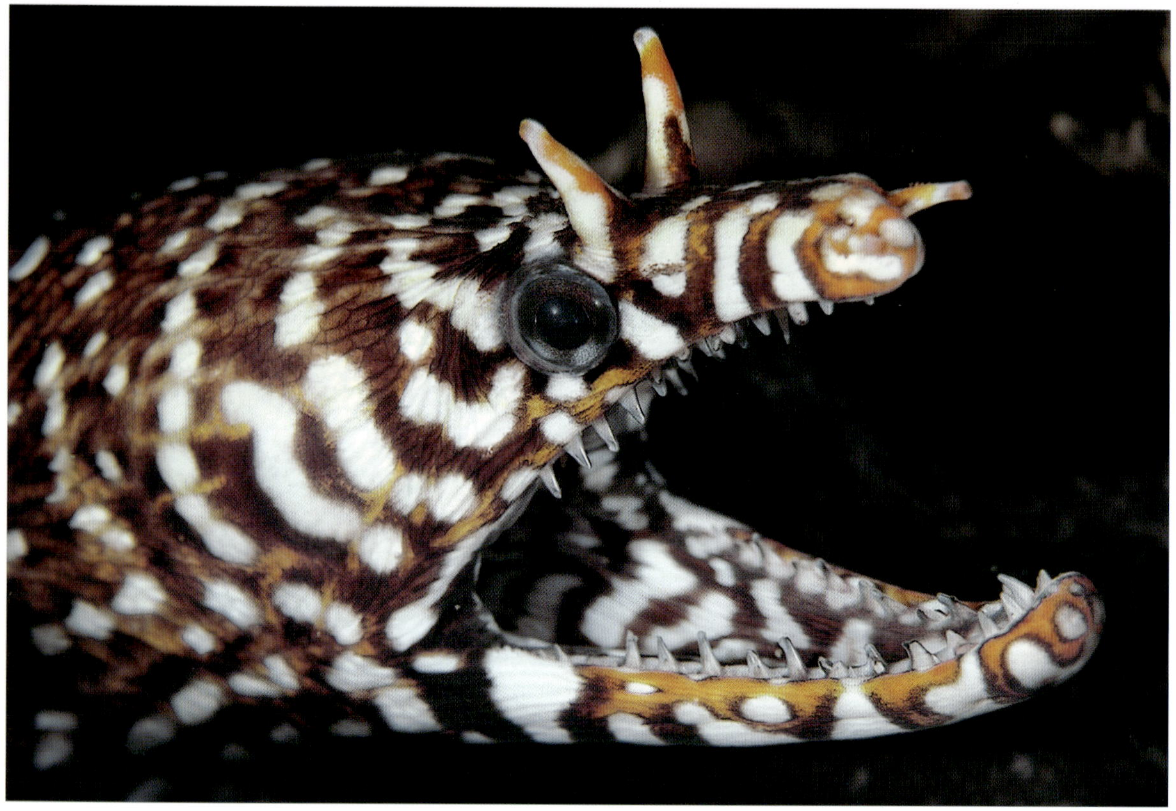

Murena Tora, Penisola di Izu, Giappone, 1984

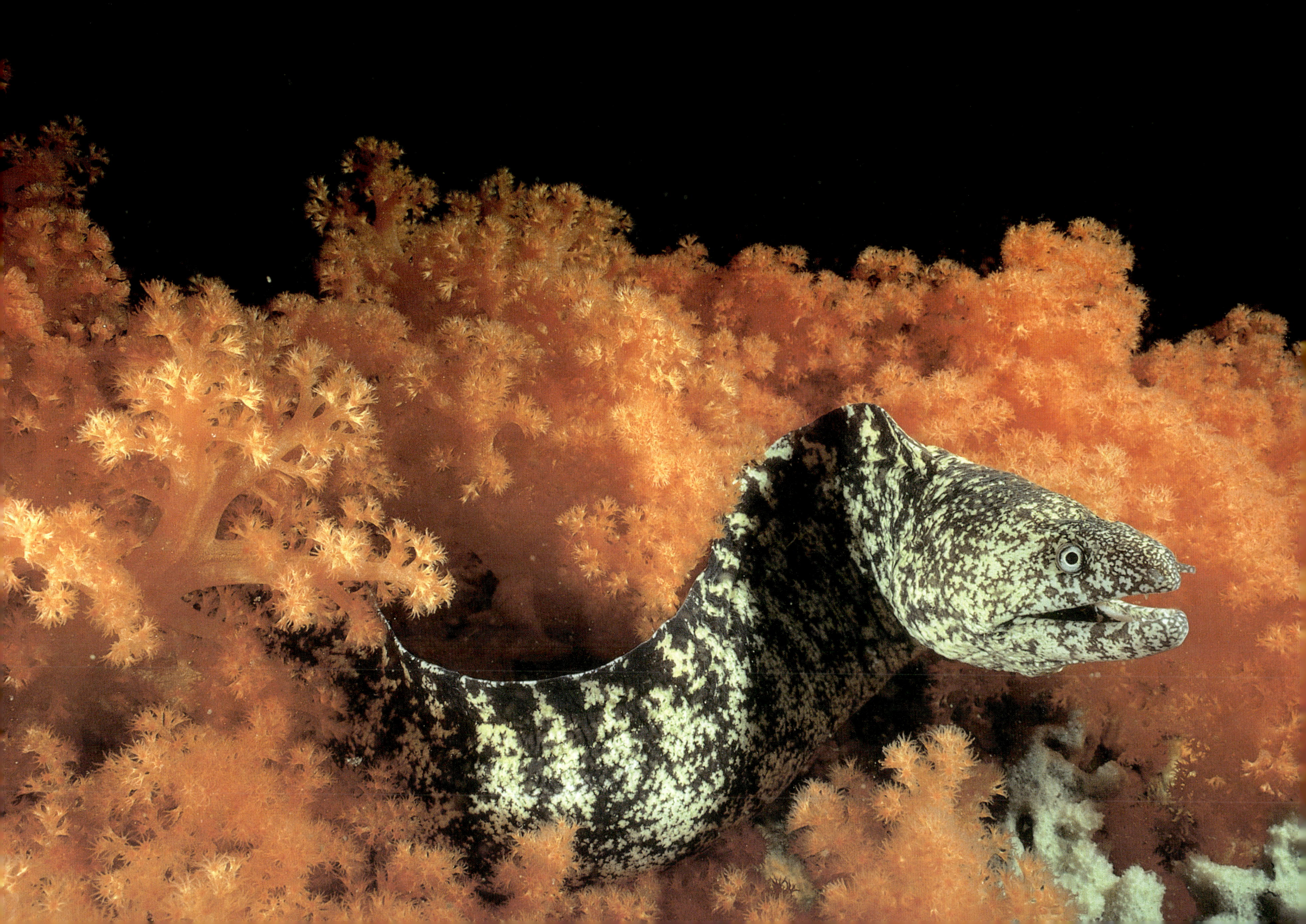

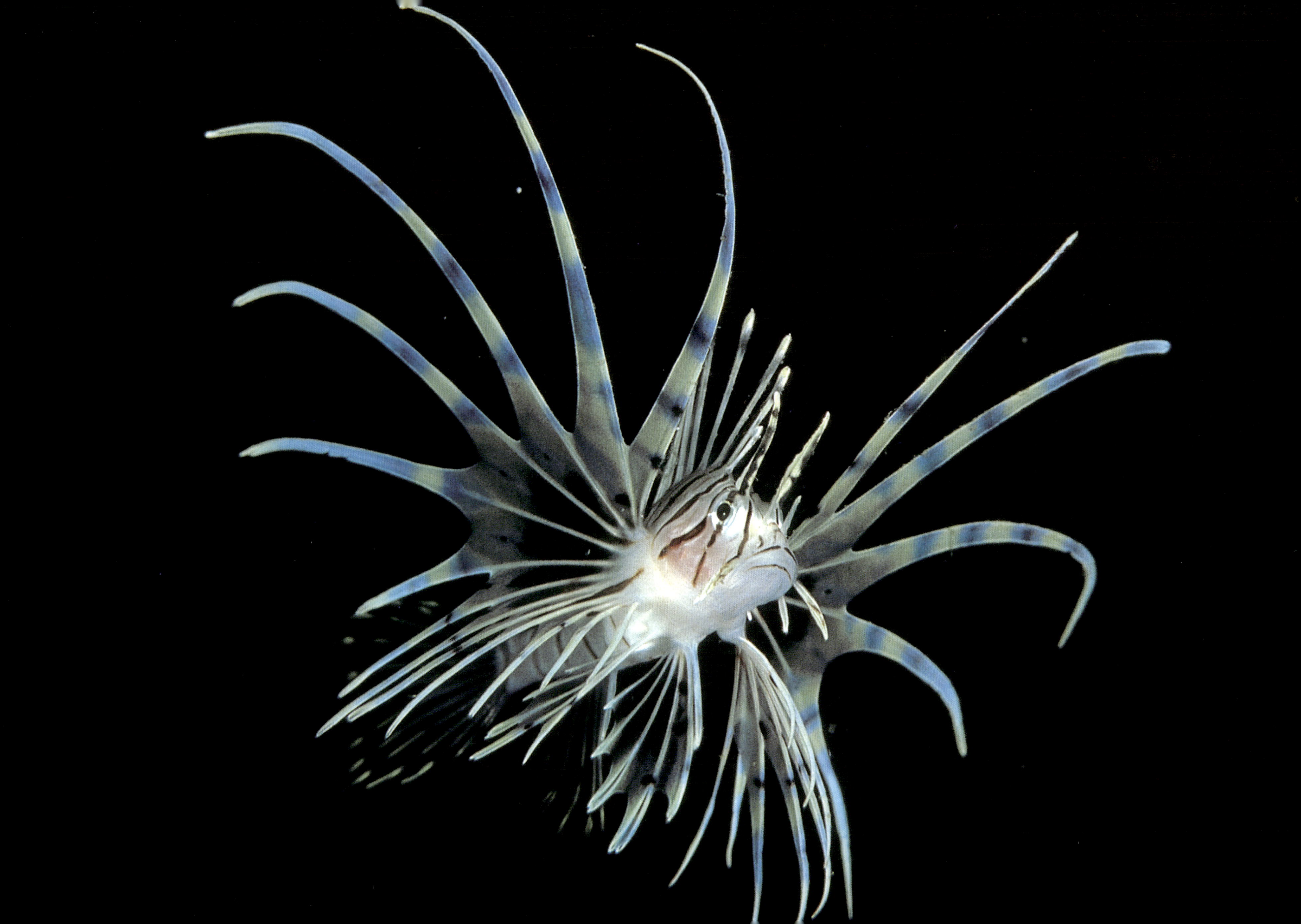

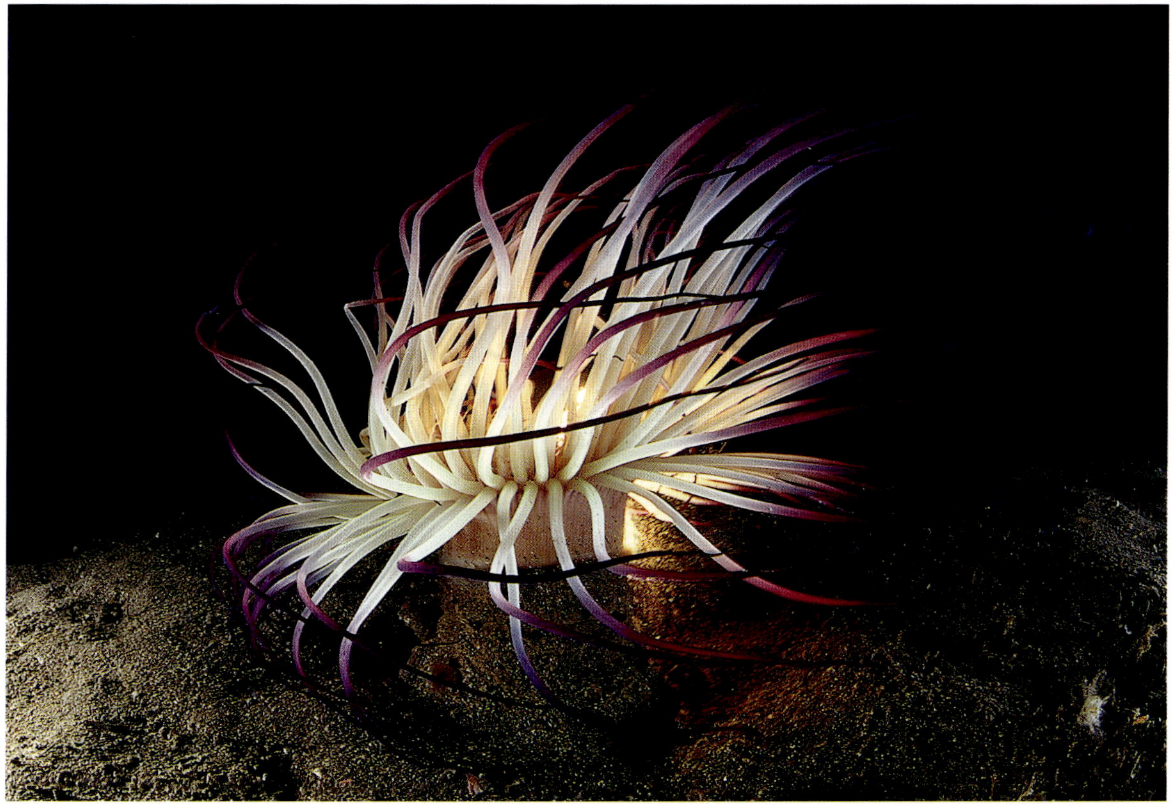

Anemone ceriantide, Baia di Suruga, Giappone, 1989

Onde, ombra, luce e cefali, Penisola di Izu, Giappone, 1984

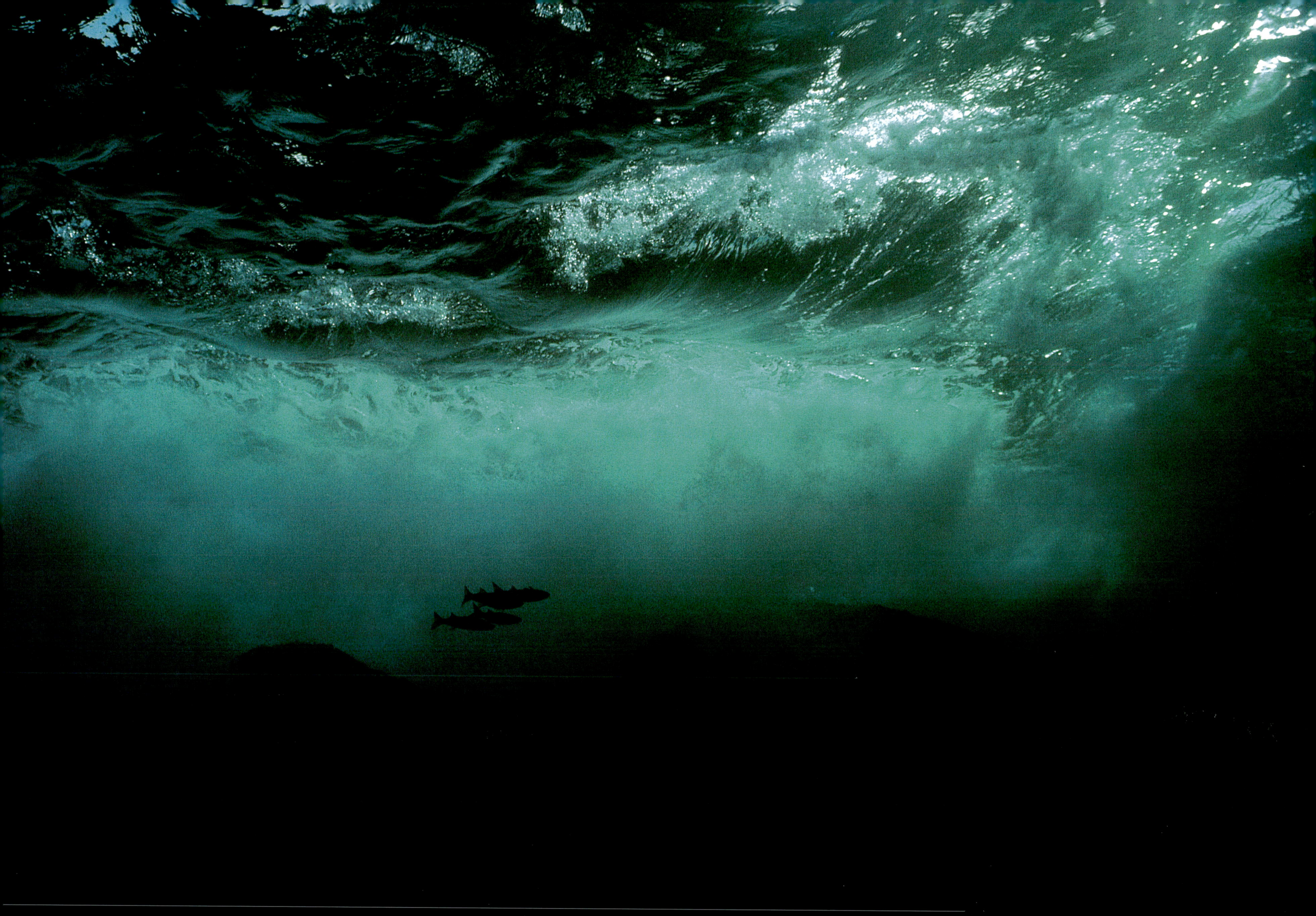

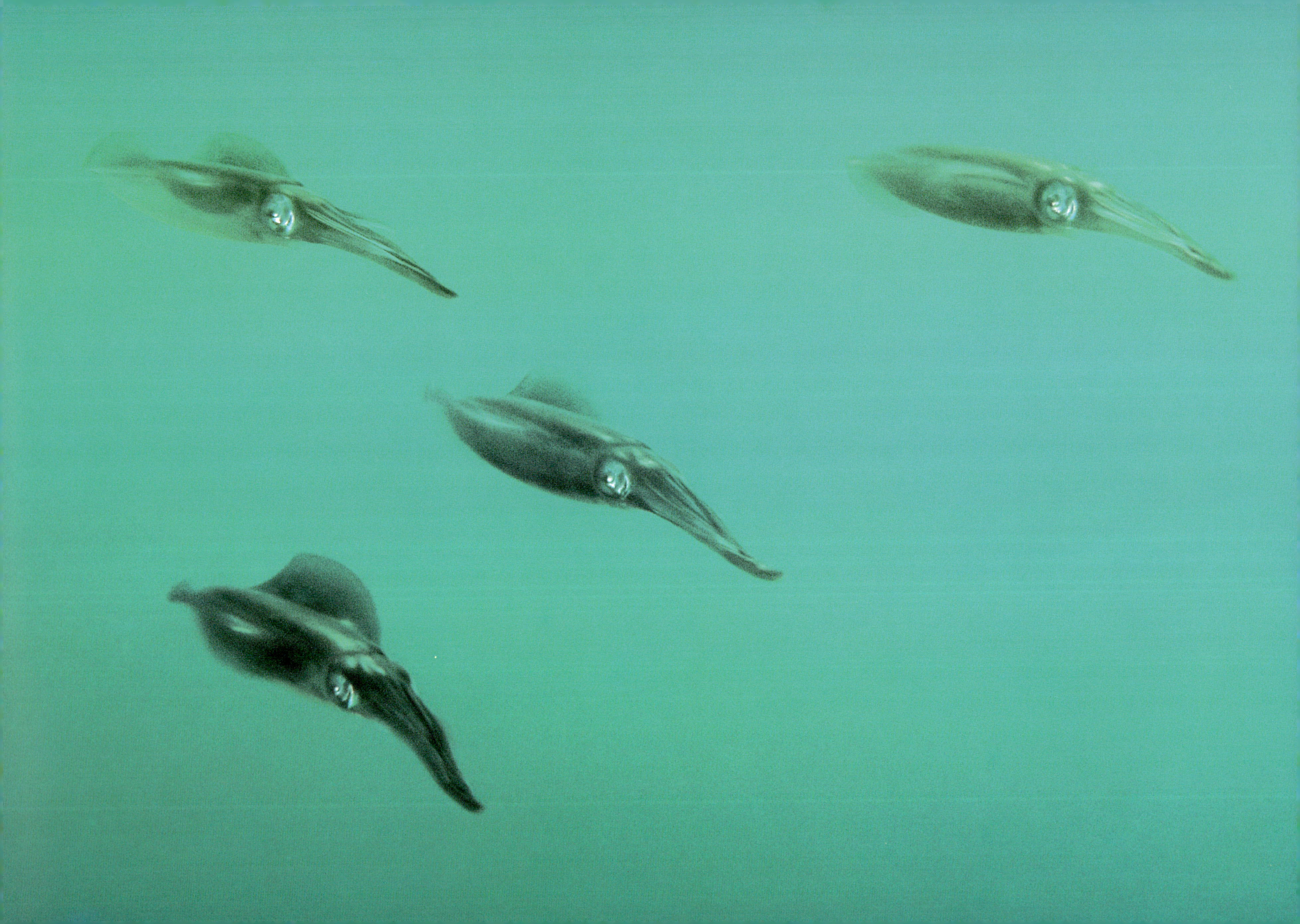

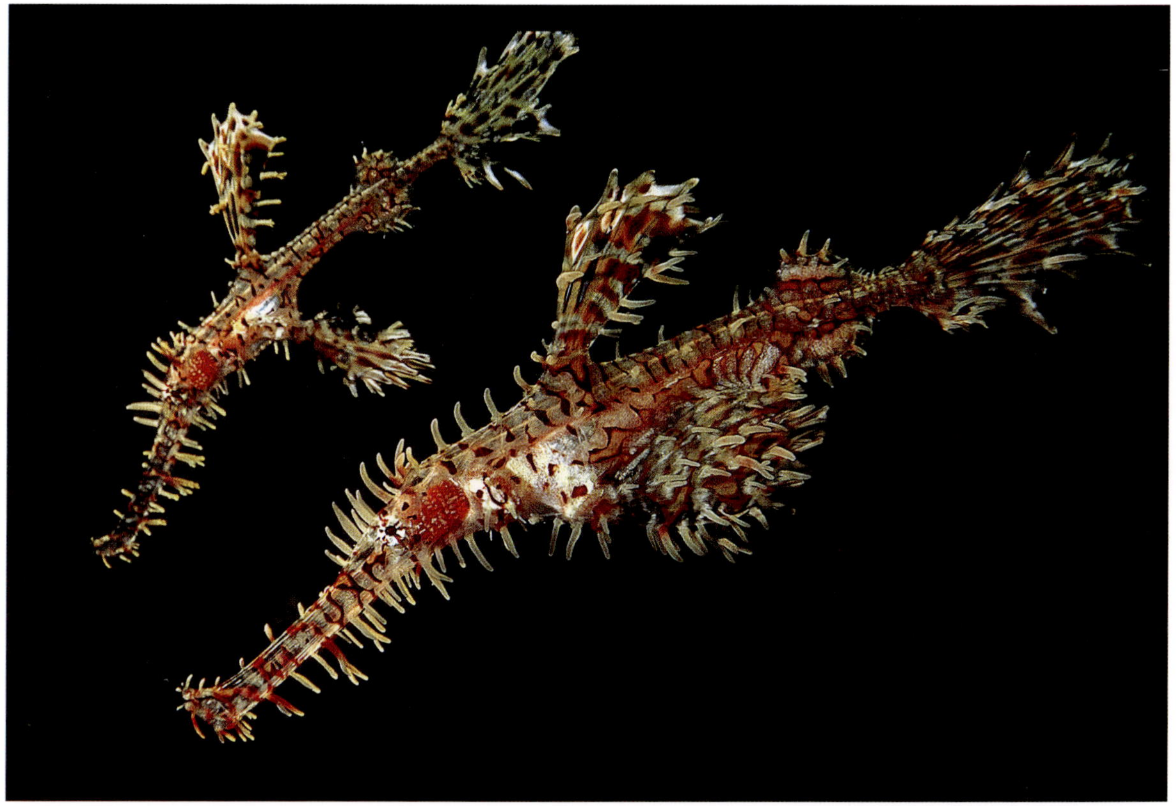

Coppia di Solenostomidi (la femmina è più grande), Baia di Suruga, Giappone 1989

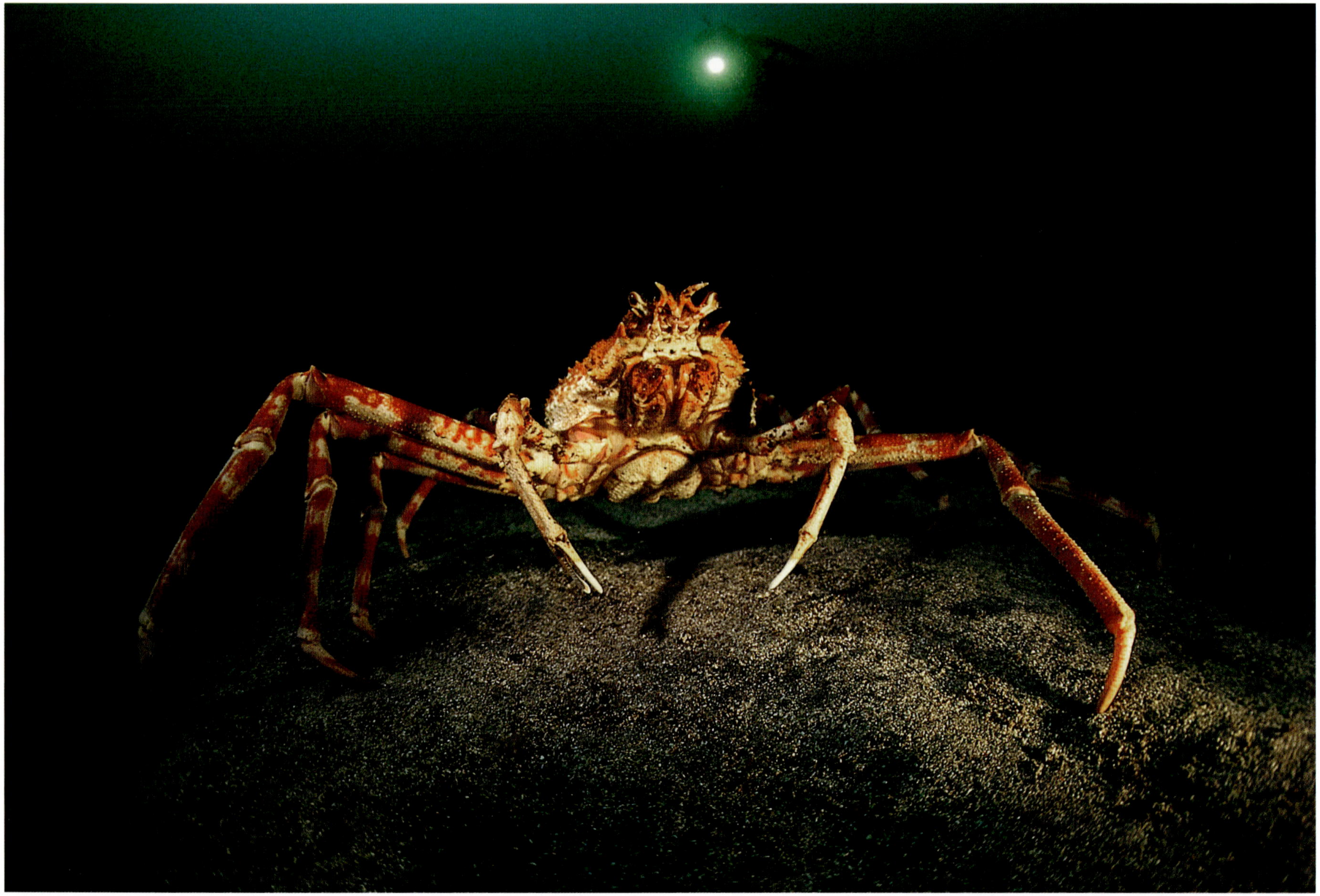

Femmina di gambero ragno giapponese gigante, Penisola di Izu, Giappone, 1984

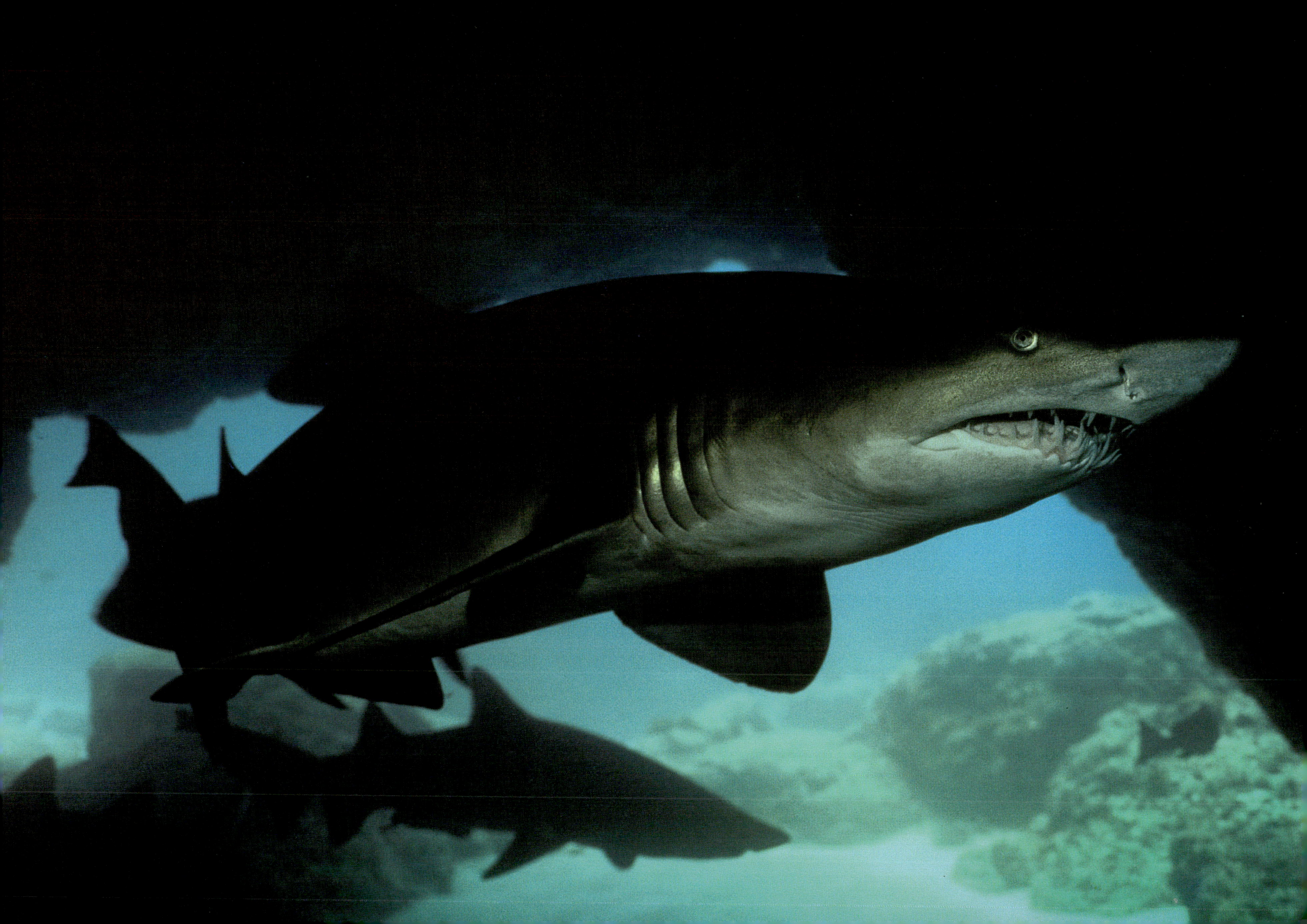

Eden di corallo

Il centro e il cuore dei caldi mari corallini del mondo si trova da qualche parte entro la complicata geografia dell'oceano Pacifico centro-occidentale. Fra la punta orientale di Papua Nuova Guinea, attraverso l'immensa nazione insulare dell'Indonesia, fino agli estremi bastioni della Malaysia – è qui che il corallo raggiunge il suo massimo splendore.

Questi mari equatoriali sono un labirinto di vulcani e di bacini profondi sopravvissuti alle ere glaciali. Ne è risultata una stupefacente diversificazione di specie. Vi sono ad esempio 67 specie di corallo nei Caraibi – in Indonesia ben 450. La differenza fra i Caraibi e questo eden corallino è la stessa che corre fra un giardino inglese e una giungla africana.

È una festa per gli occhi, in cui alle più bizzarre funzioni si associano forme stravaganti. Ho osservato un pesce scorpione aprire la bocca per ingoiare la preda; un banco di enormi pesci pappagallo da cento chili pascolare sul corallo come bisonti e un pesce pagliaccio volare sopra un campo di tentacoli di anemoni color lavanda. Tutta la vita ho nuotato attraverso questo eden come per sfuggire a un sogno; in realtà le sue lande subacquee erano al di là dei sogni.

Mi immersi lungo i pendii di sabbia nera a nordovest di Bali, dove murene blu emergono dal fondo tenebroso e i gamberi di mantis dai complicatissimi occhi scavano le loro tane. Nell'isola di Banggai al largo di Sulawesi trovai straordinari pesci cardinale argento, oro e nero che vivono fra le spine degli echinodermi; in nessun'altra parte del mondo si trovano questi pesci.

Questi mari di sogno hanno un lato oscuro. L'enorme espansione della popolazione umana minaccia l'equilibrio di un mare fragile. Una scogliera poteva un tempo nutrire un villaggio di cento anime, ma quello stesso villaggio ne conta oggi mille e l'economia di sussistenza è diventata economia monetaria. La pesca eccessiva, la pesca con esplosivi e con il cianuro sono fenomeni ampiamente diffusi. Queste scogliere sono ambienti nuovi per gli esseri umani, i più ricchi al mondo per le gioie che offrono alla vista; è da appena cinquant'anni che noi uomini abbiamo cominciato a scendere nelle profondità del mare, ma nel cuore dell'oceano stiamo già inscenando una gara rischiosa fra scoperta e distruzione.

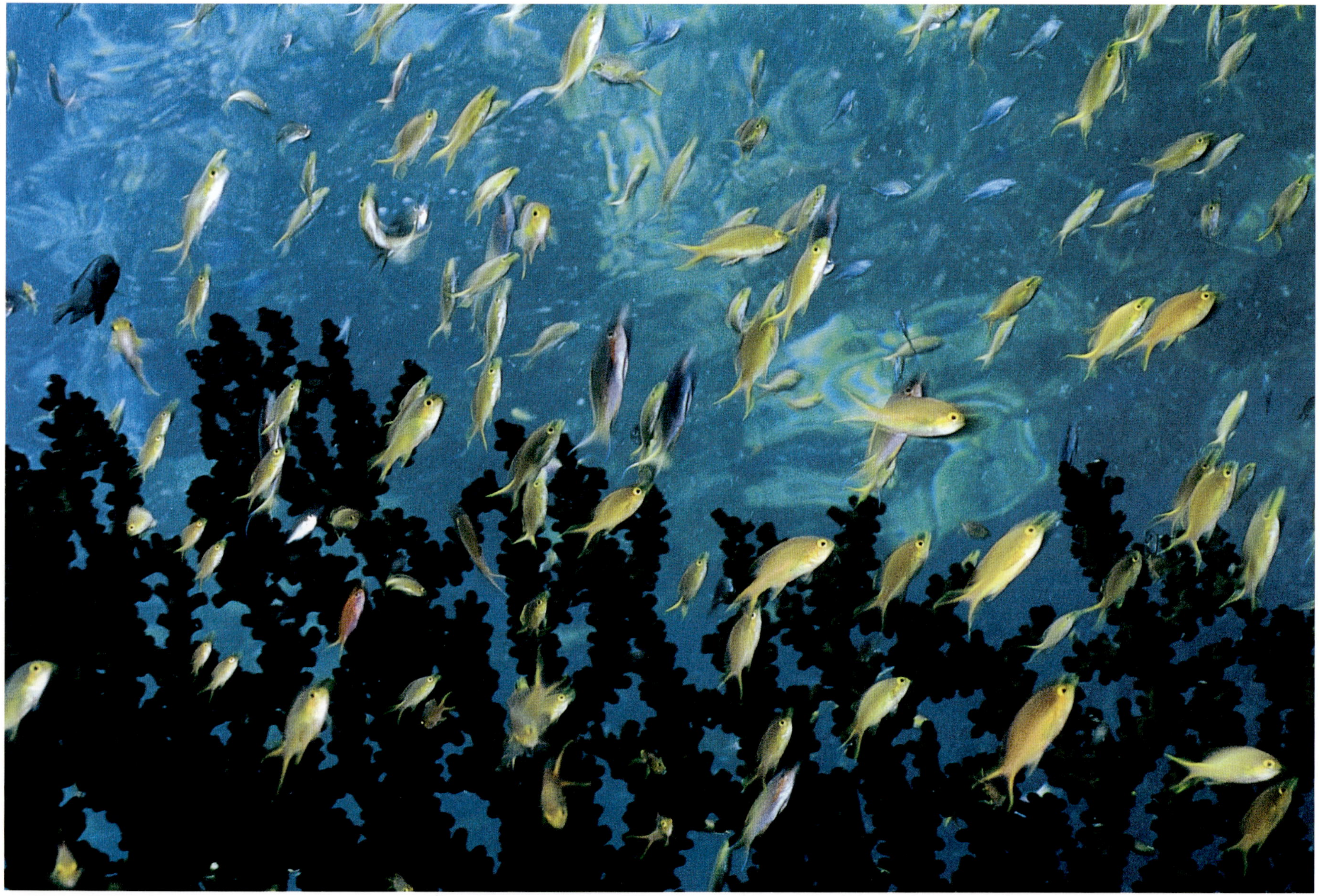

Anthias e "alberi" di corallo verde, Milne Bay, Papua Nuova Guinea, 1996

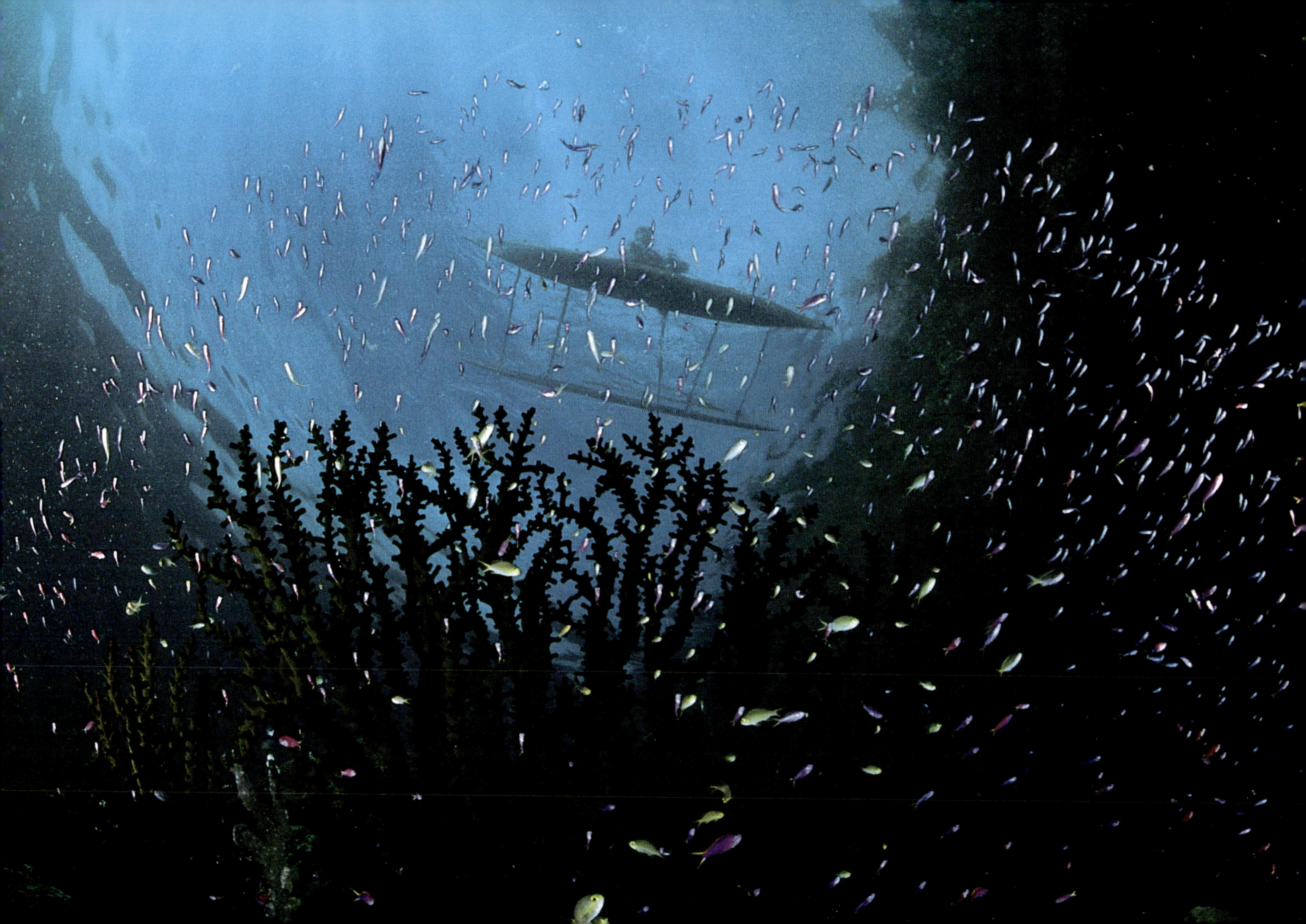

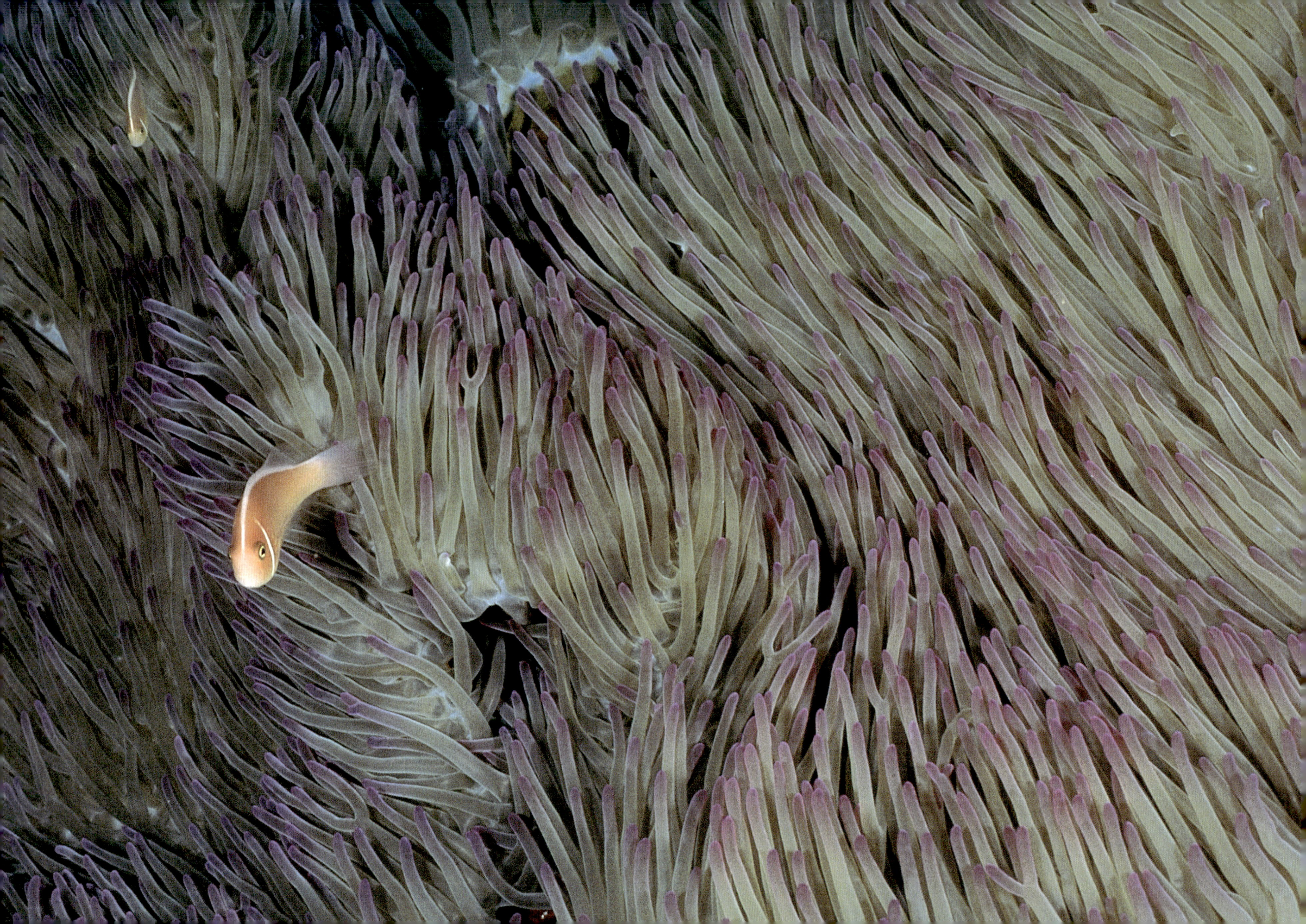

Anemone dalle punte porpora e pomacentride, Bali, Indonesia, 1996

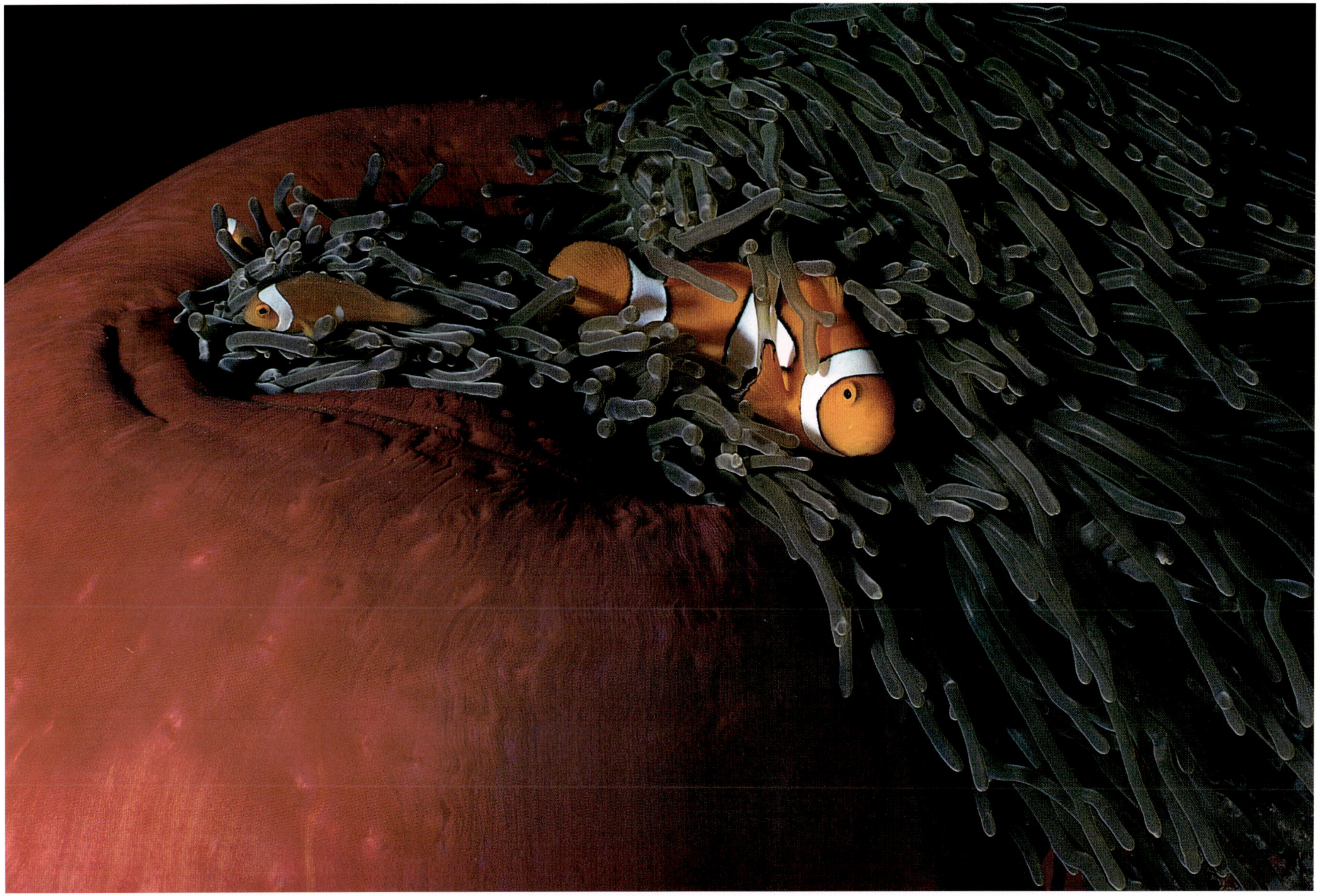

Pomacentride pagliaccio, New Ireland, Papua Nuova Guinea, 1987

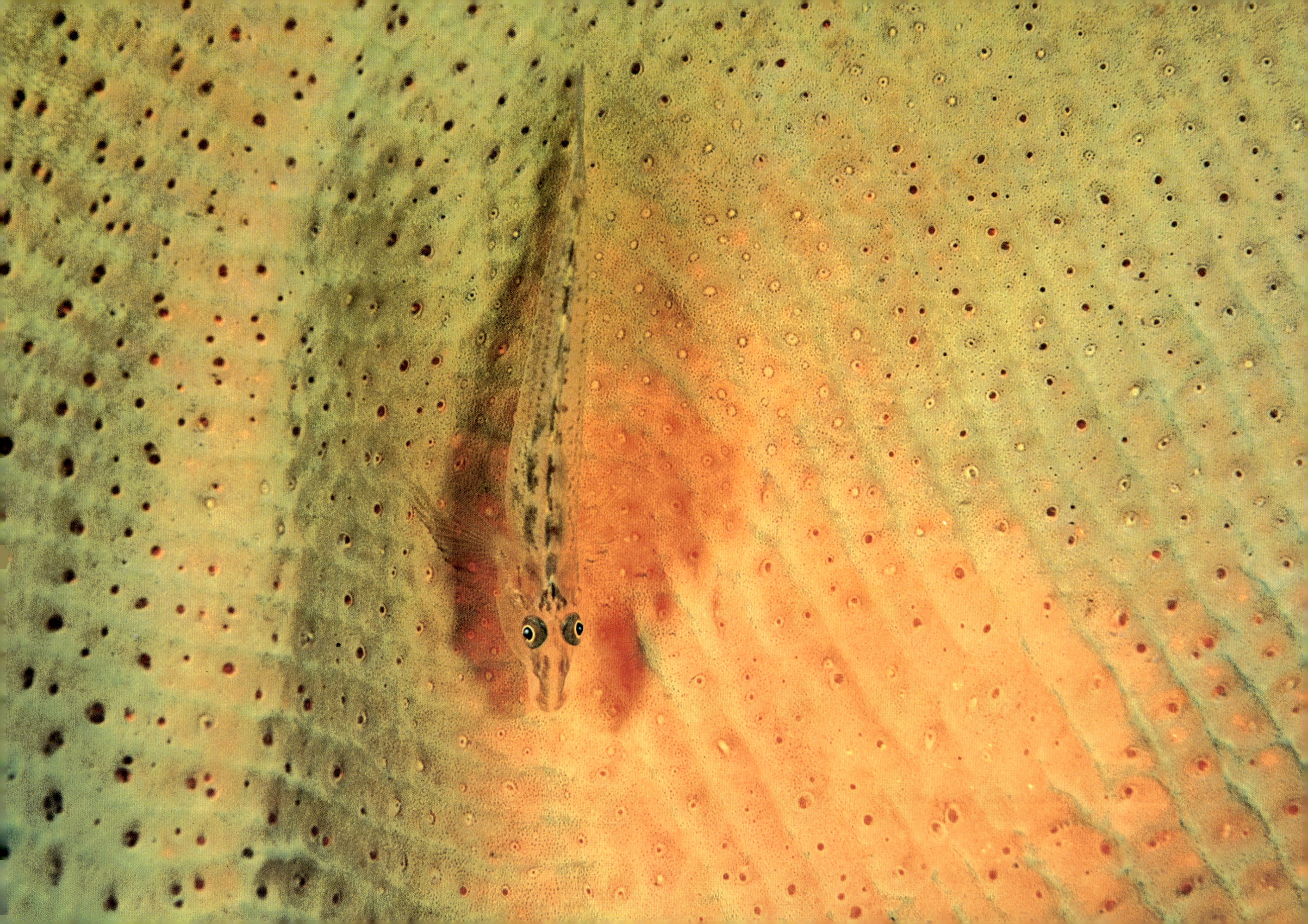

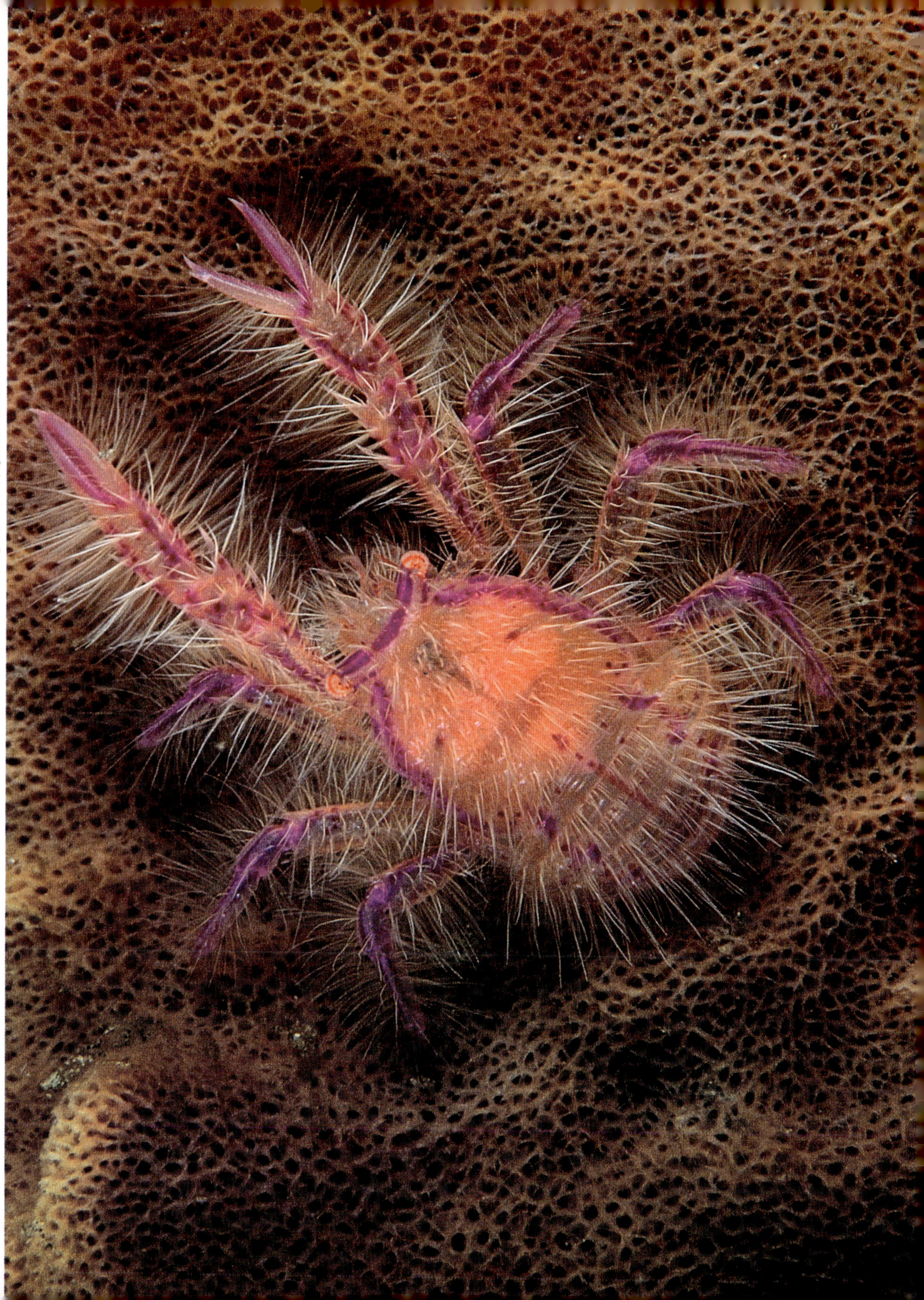

Piccolo granchio su una spugna, Bali, Indonesia, 1996

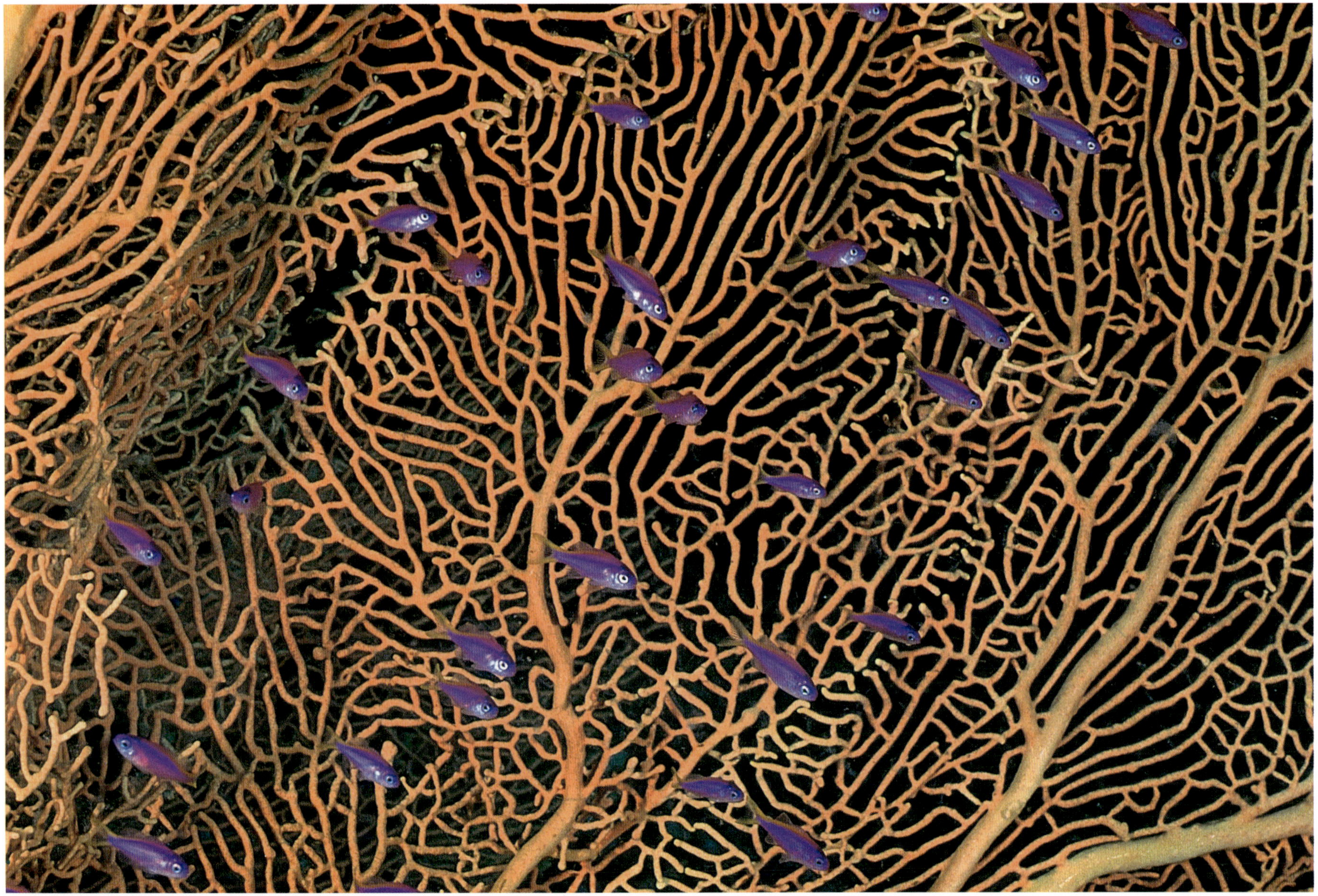

Piccoli *Anthias* sullo sfondo di un ramo di gorgonia, Milne Bay, Papua Nuova Guinea, 1996

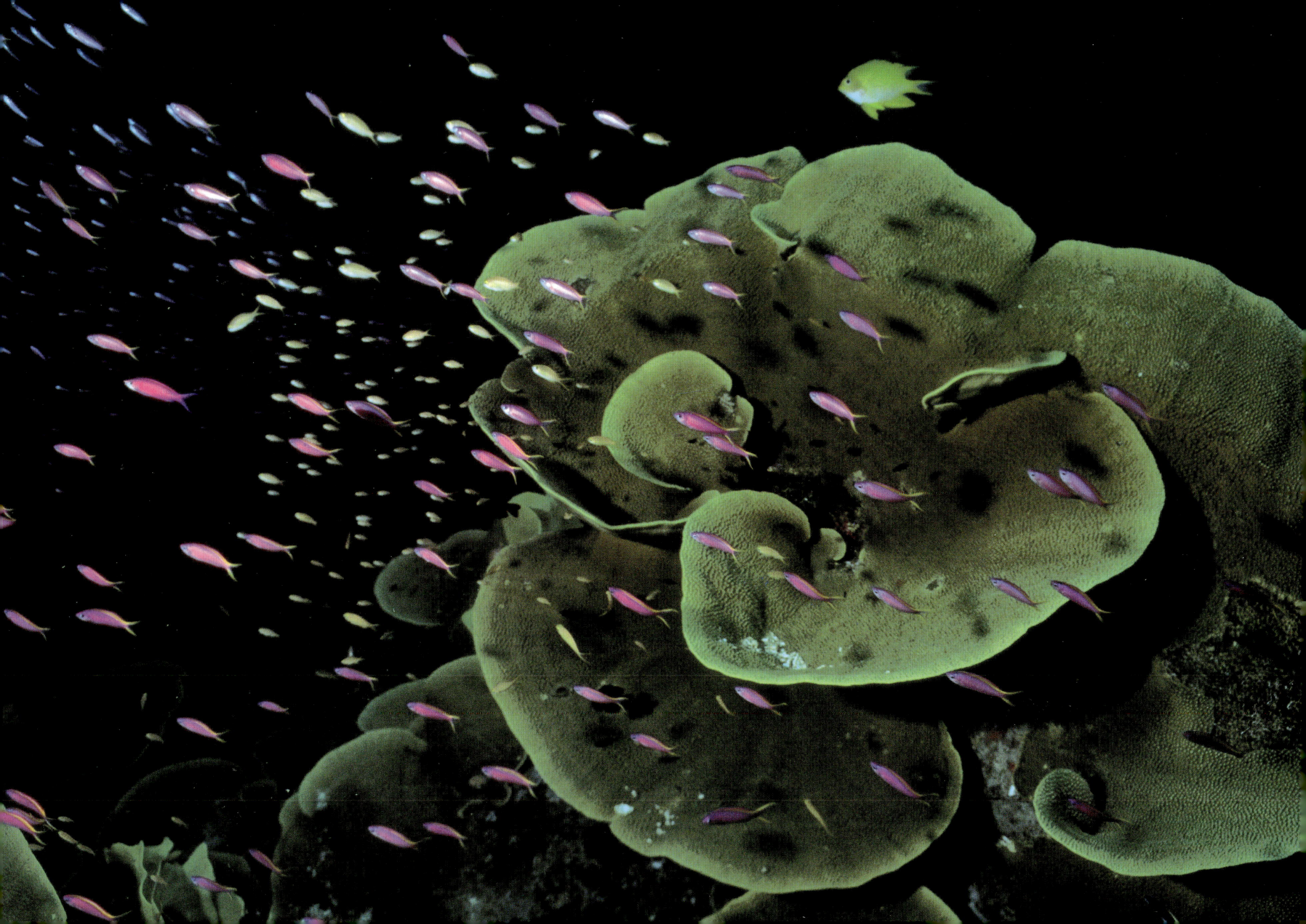

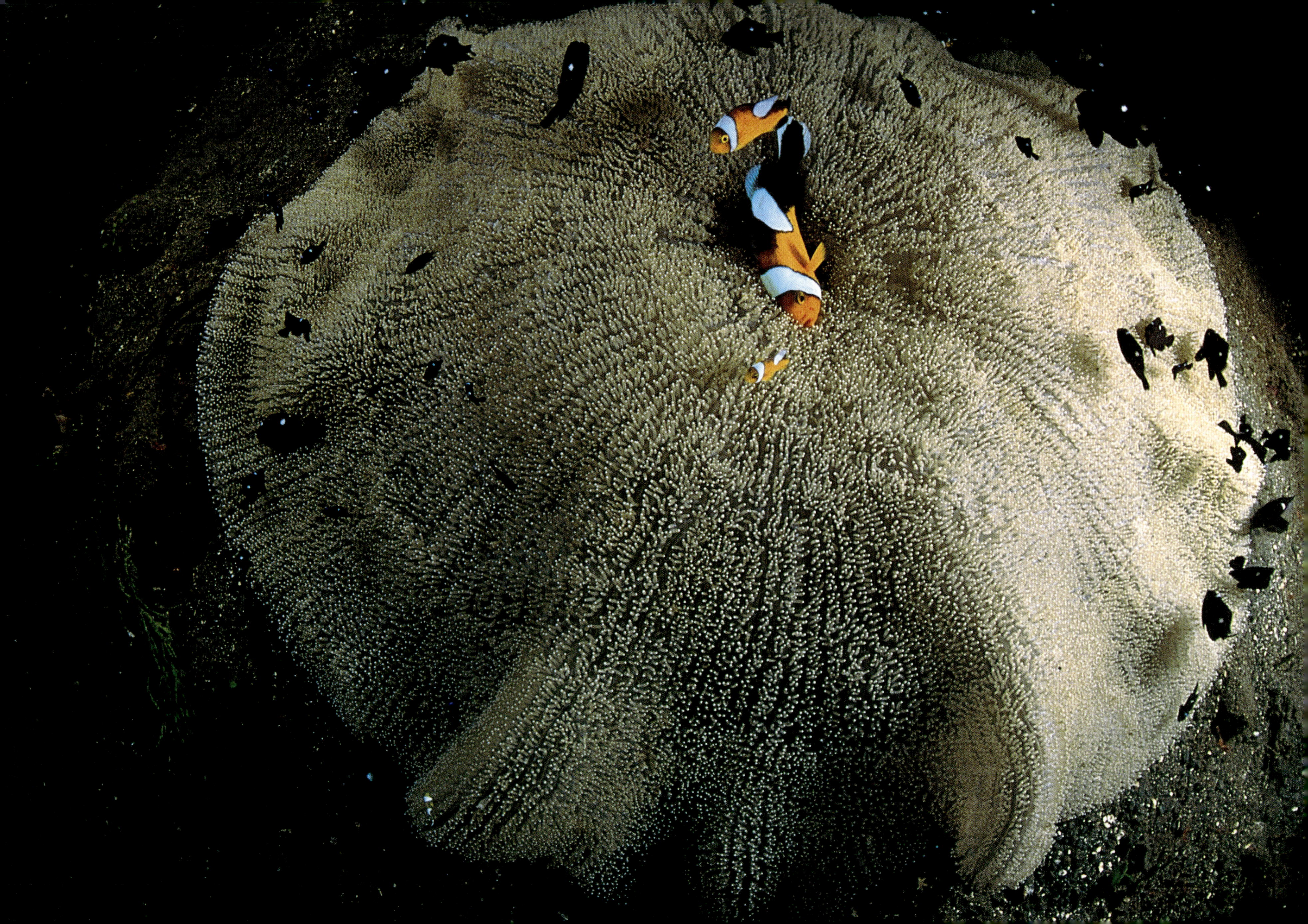

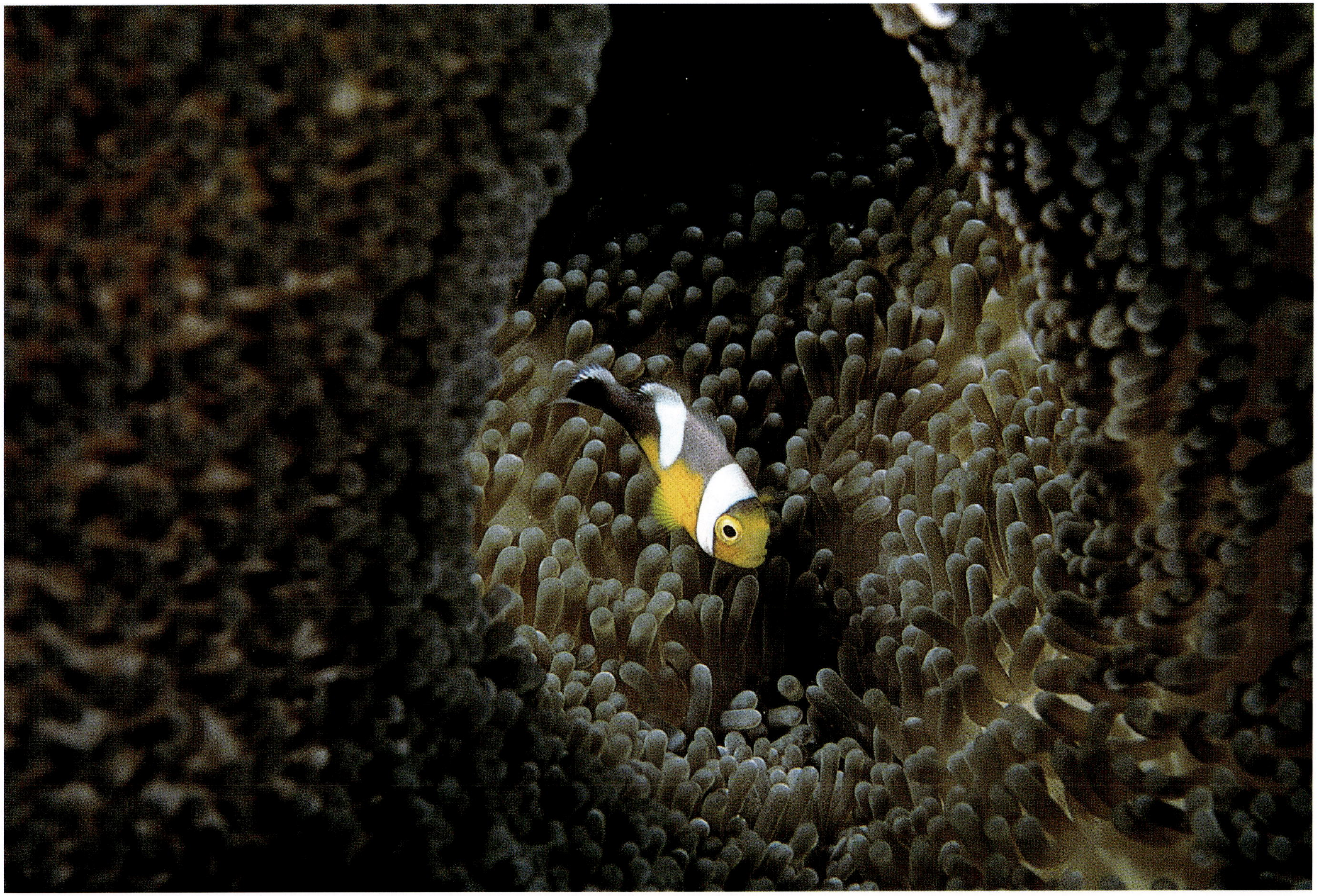

Pomacentride (*Amphiprion polymnus*), Baia di Milne, Papua Nuova Guinea, 1996

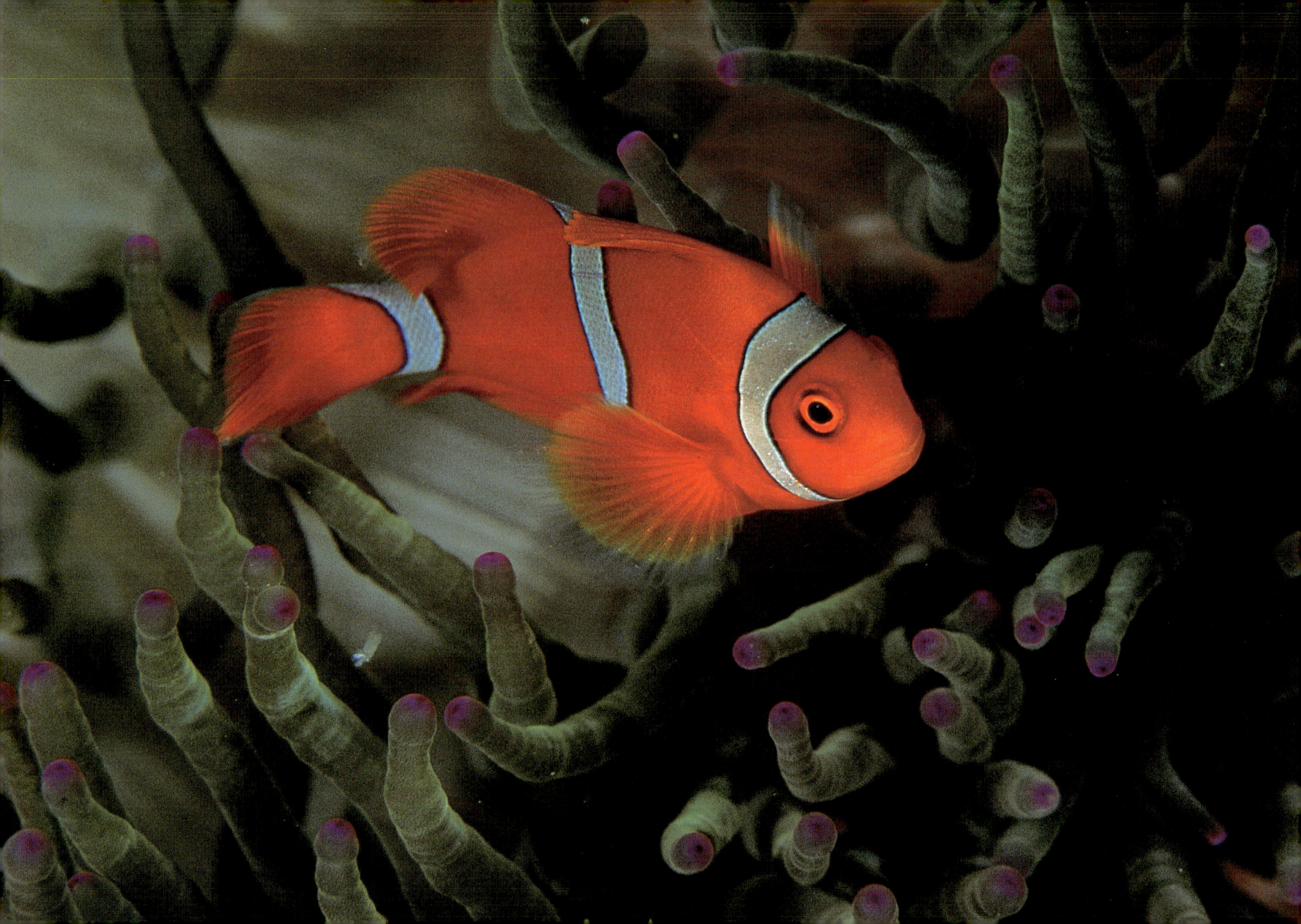

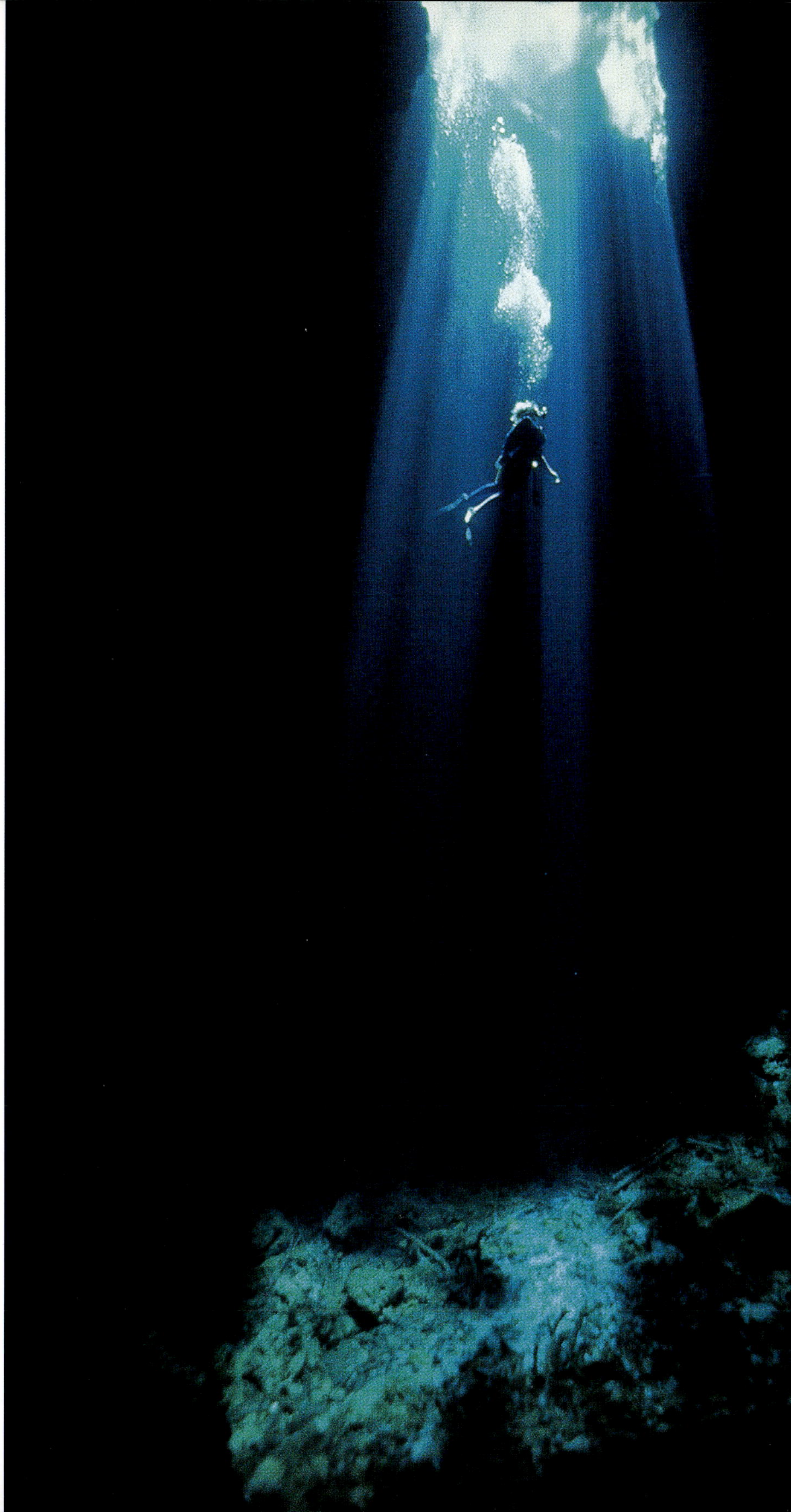

Sommozzatore in una grotta, Solomon Islands, 1987

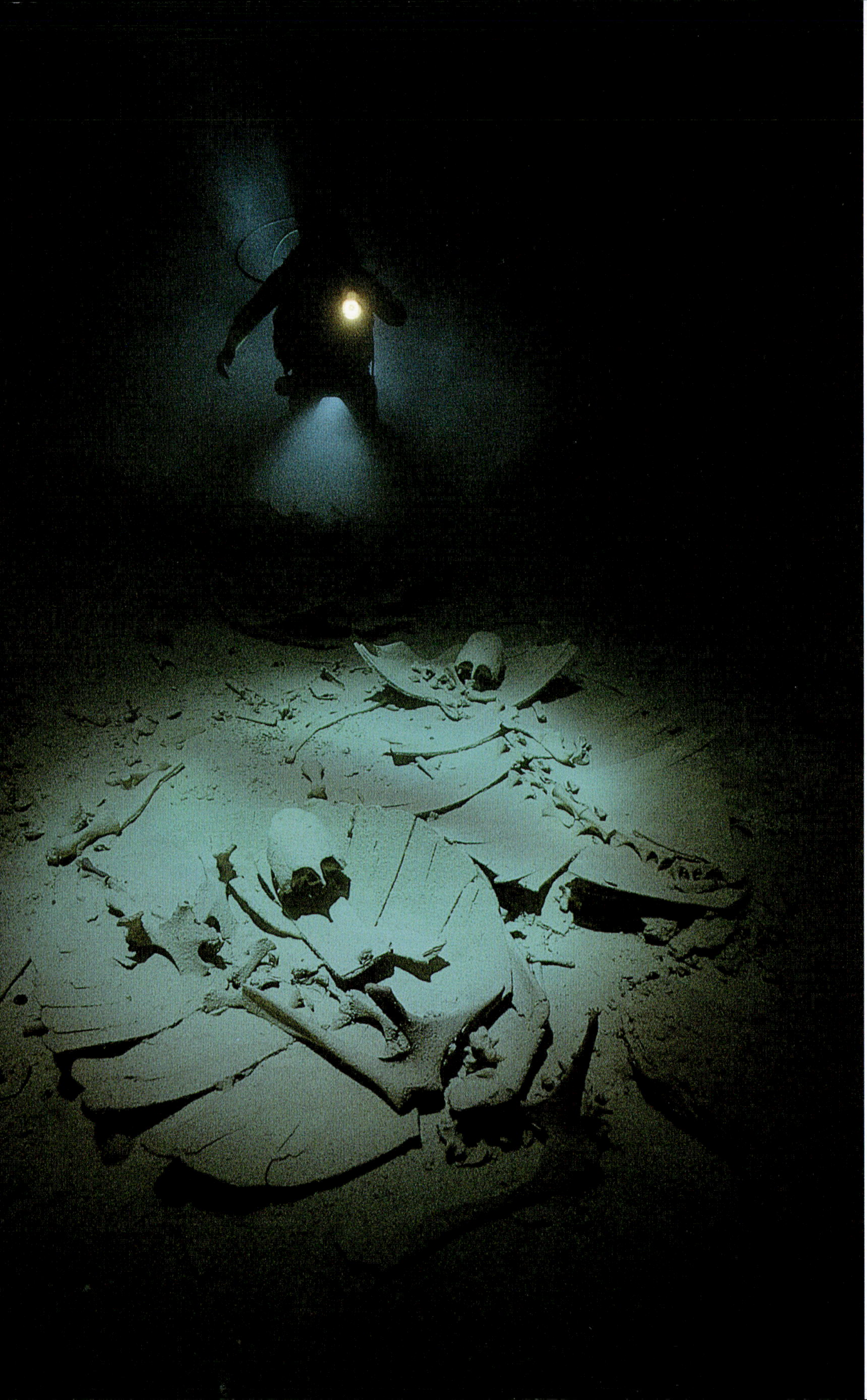

Cimitero di tartarughe nei pressi dell'Isola di Sipadan, Sabah, Malaysia, 1996

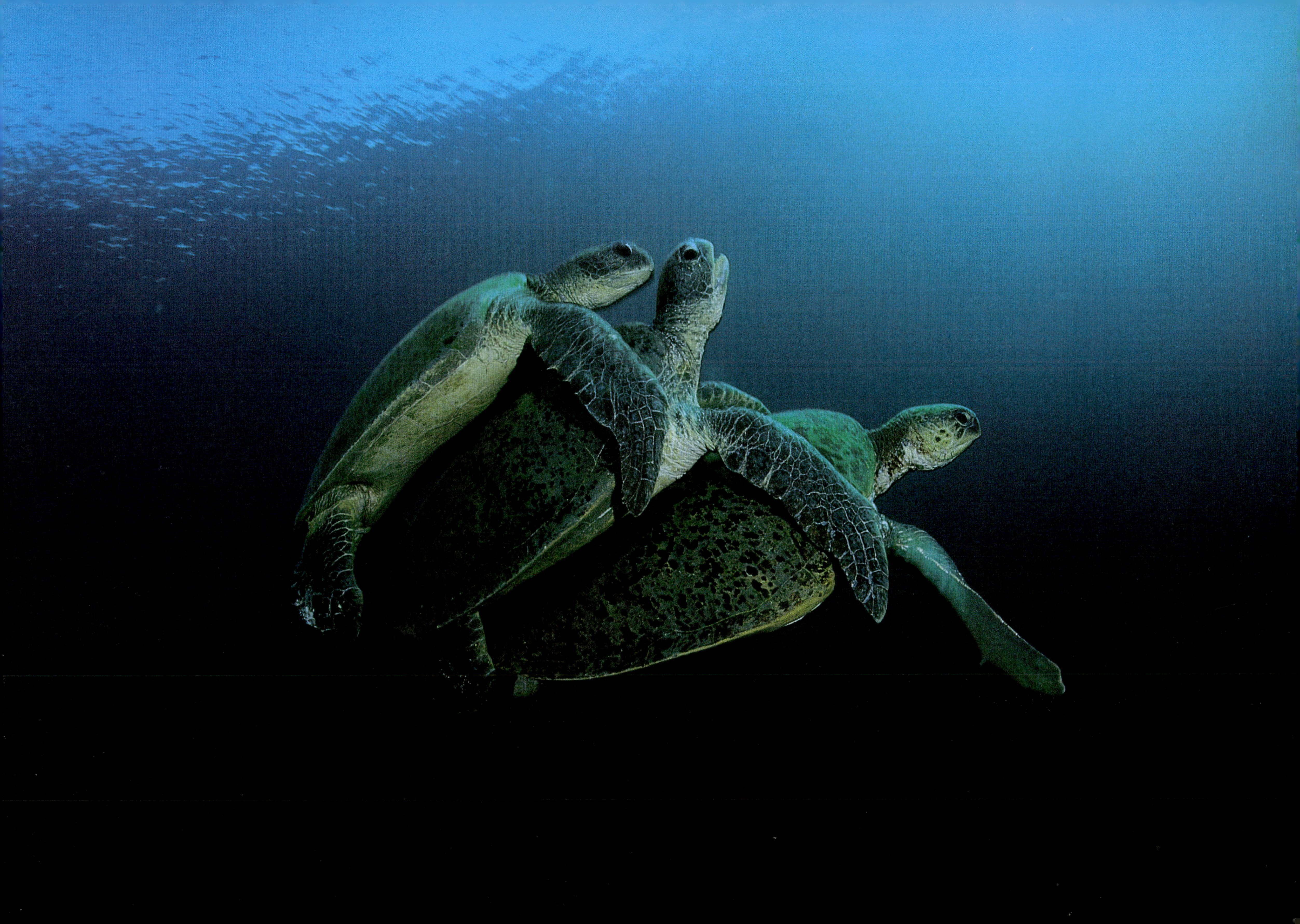

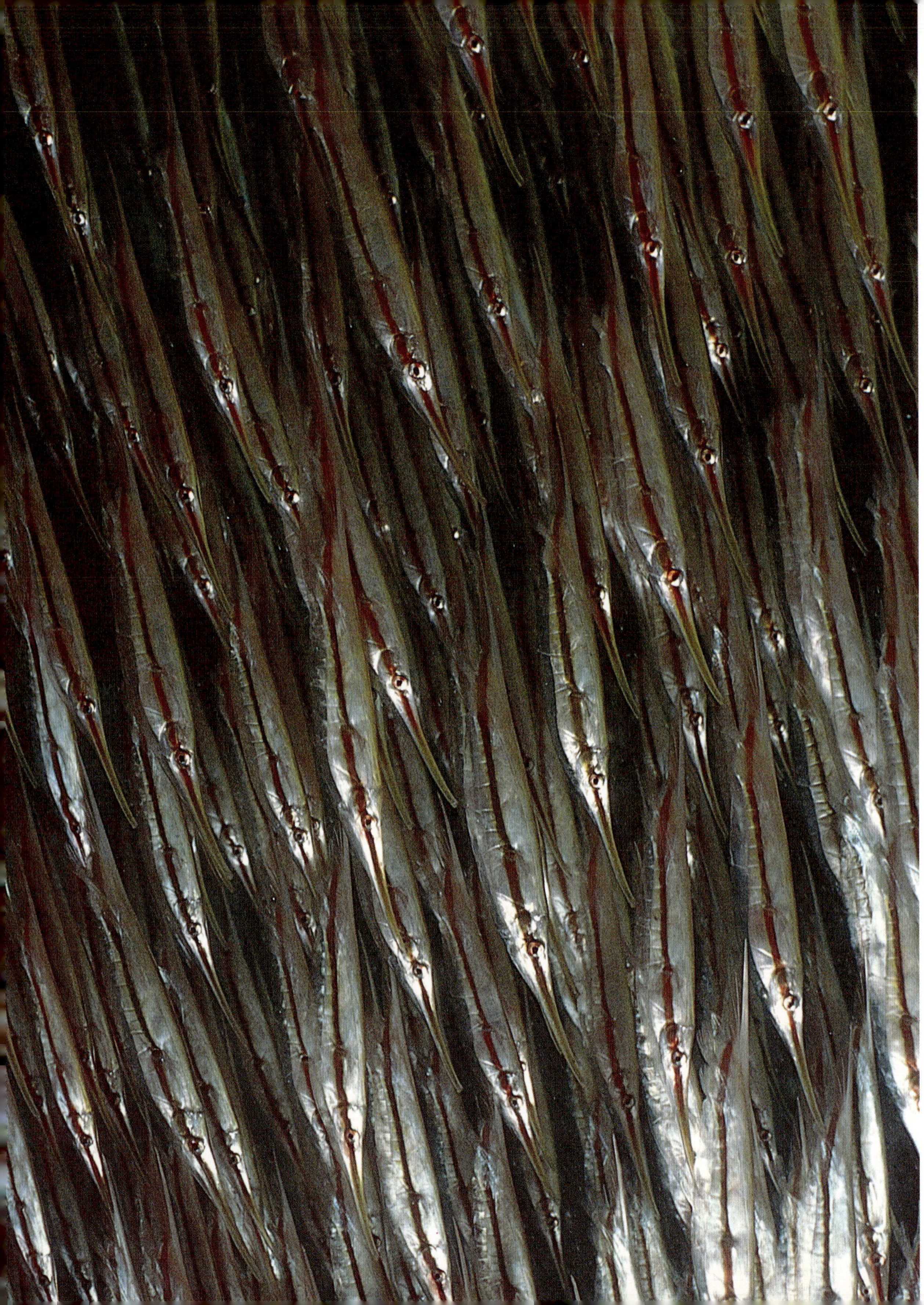

Pesci rasoio, Baia di Milne, Papua Nuova Guinea, 1994

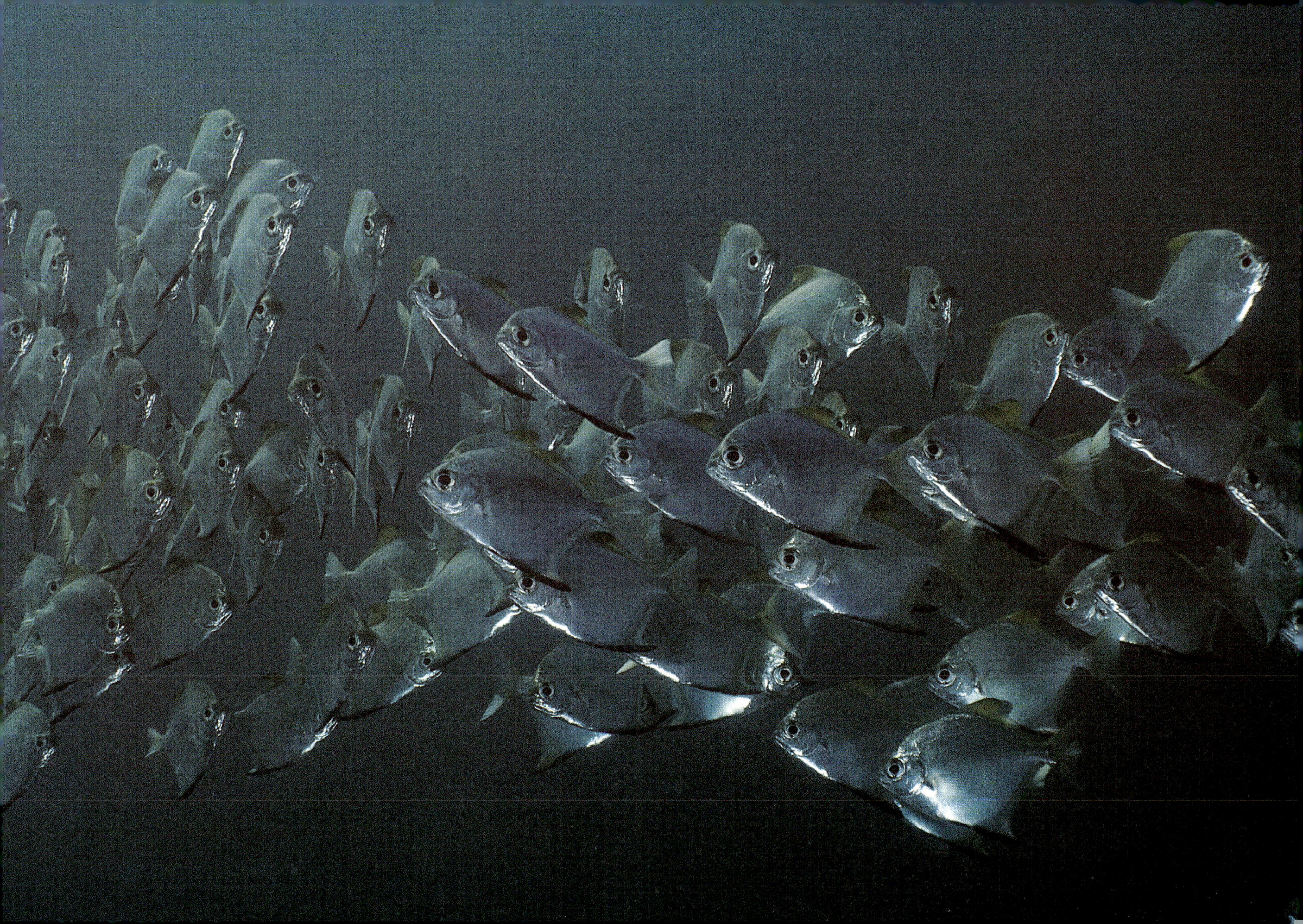

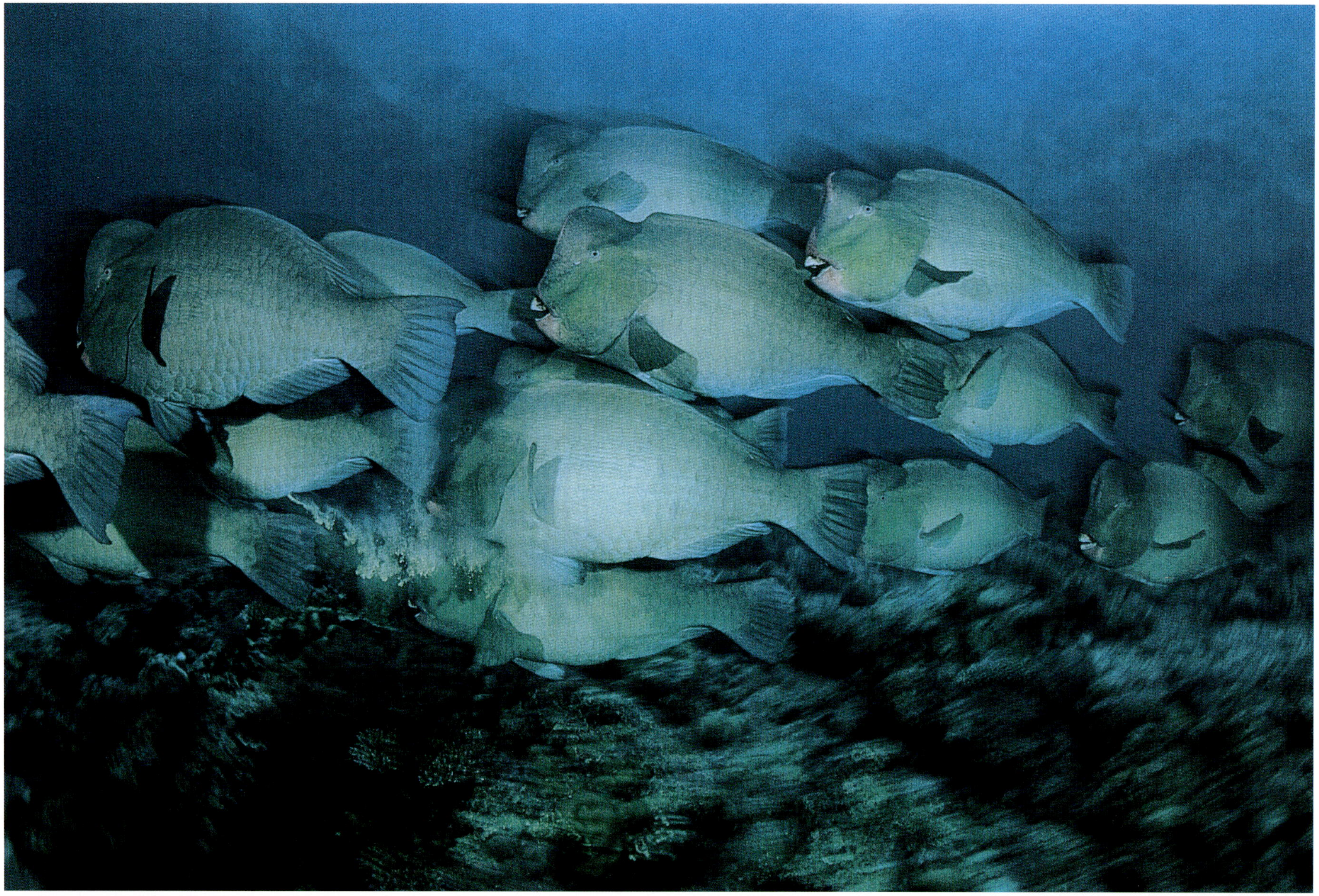

Pesce pappagallo, Isola di Sipadan, Sabah, Malaysia, 1996

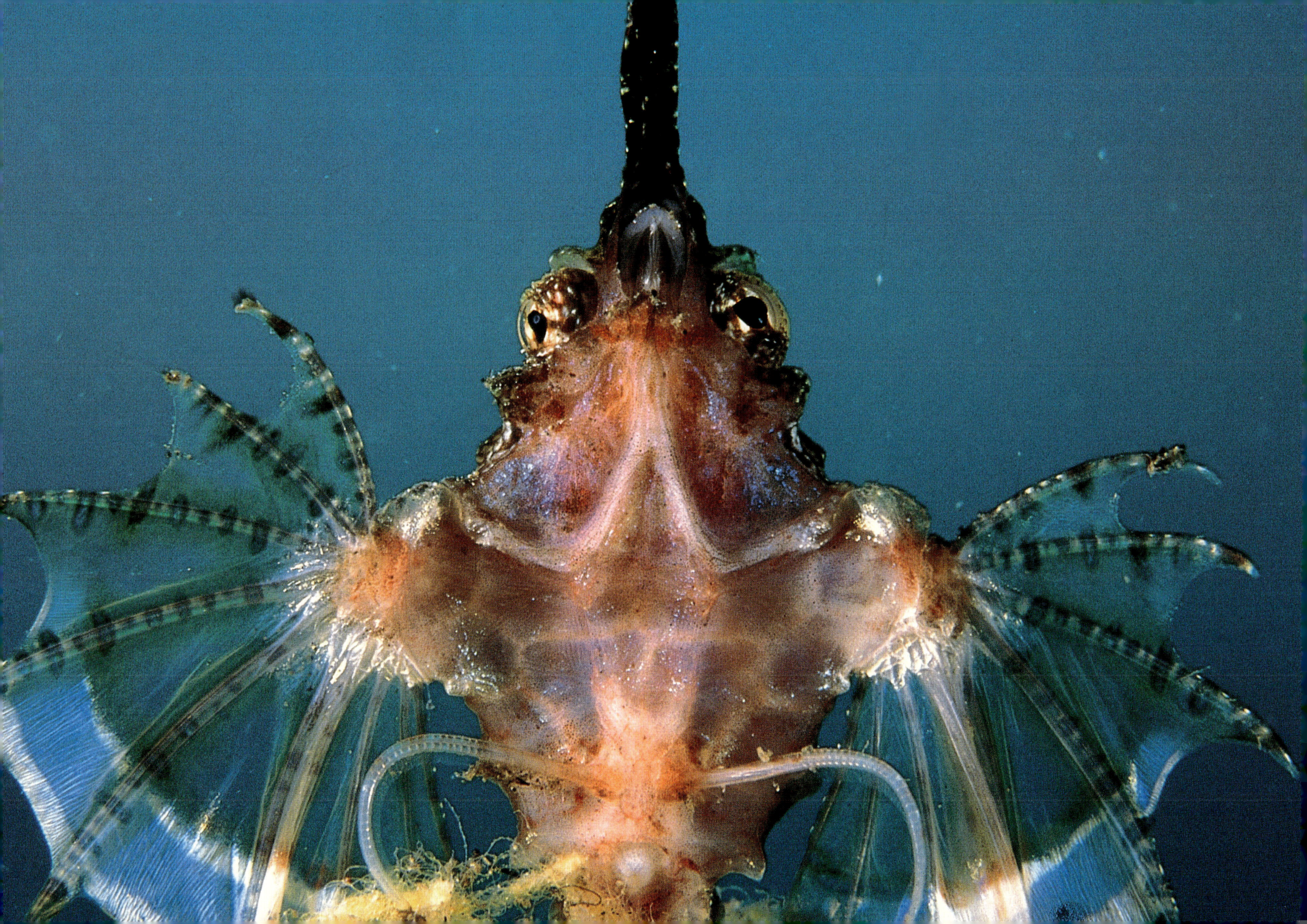

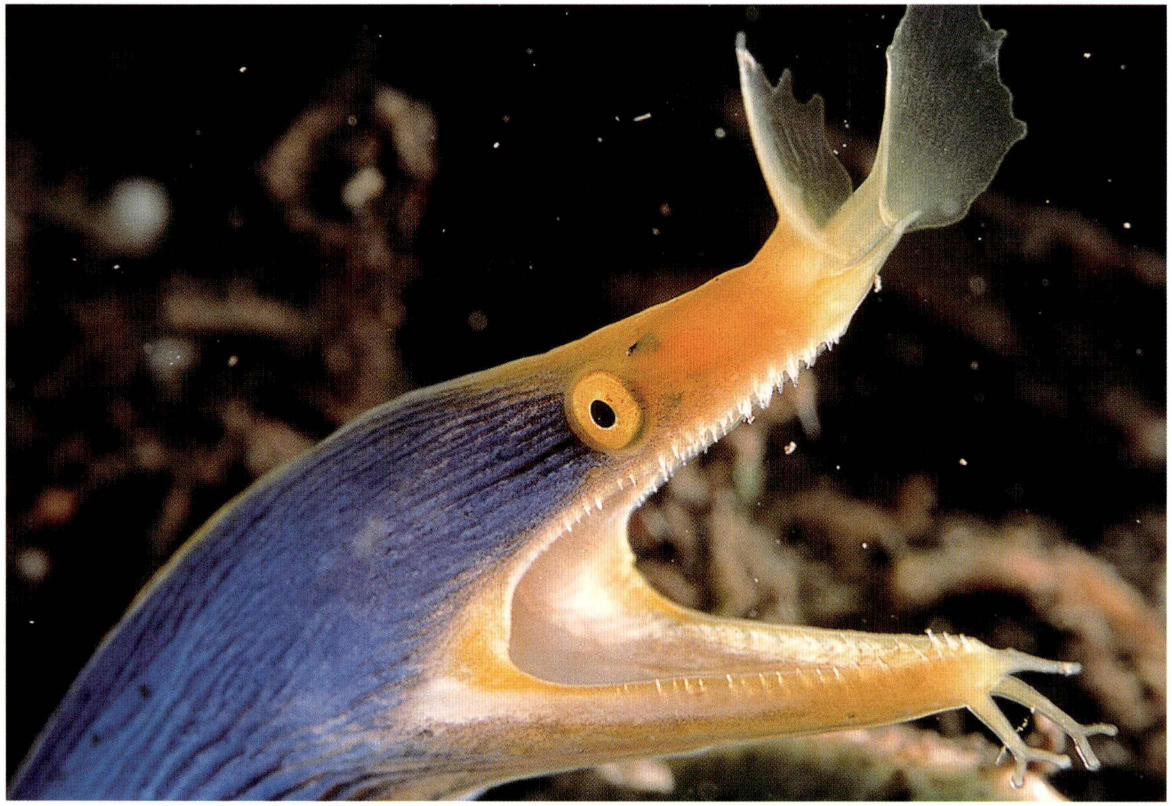

Rinomurena blu, Milne Bay, Papua Nuova Guinea, 1994

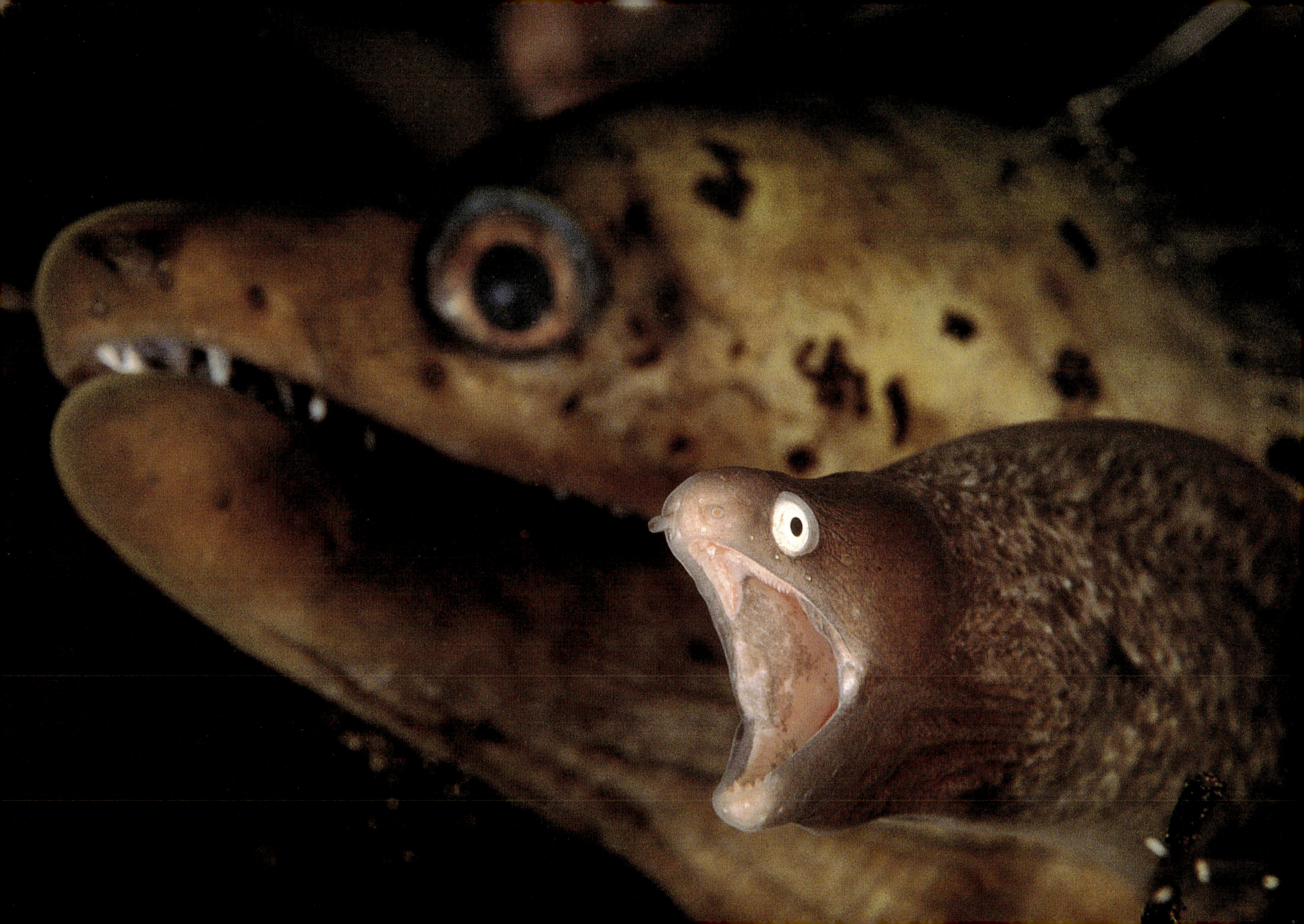

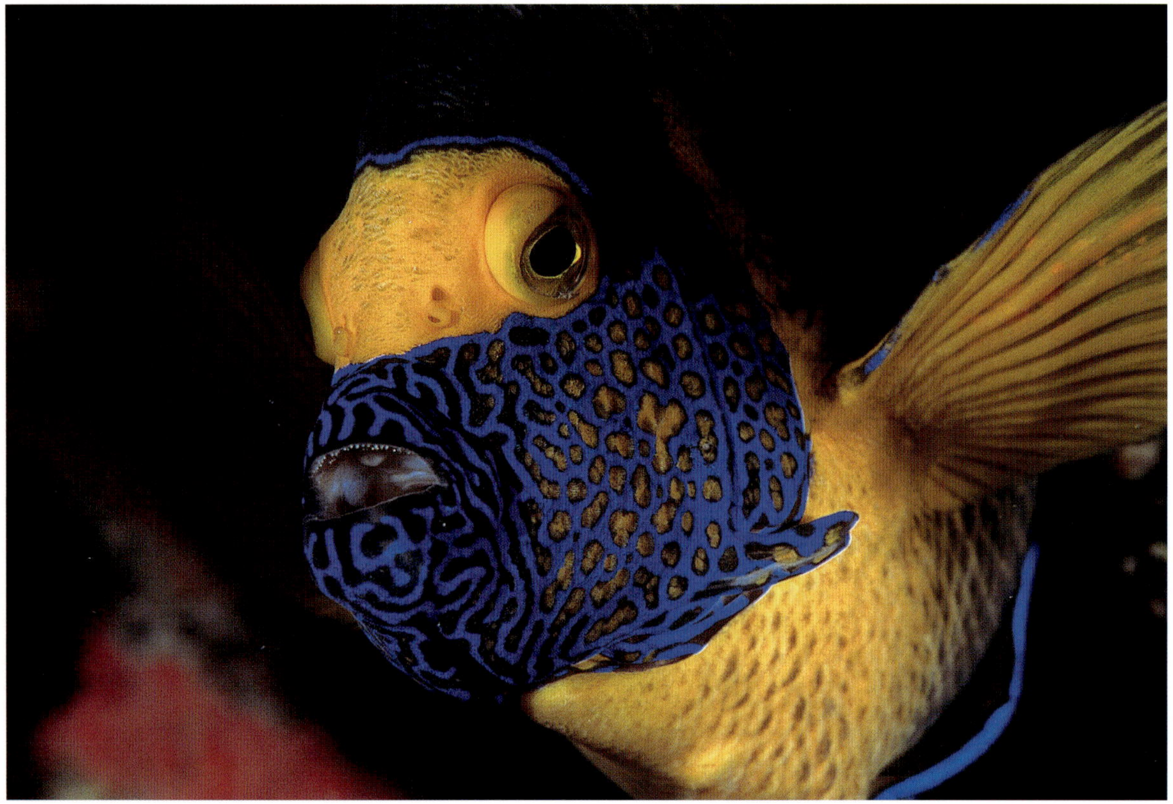

Pomacantide, New Ireland, Papua Nuova Guinea, 1987

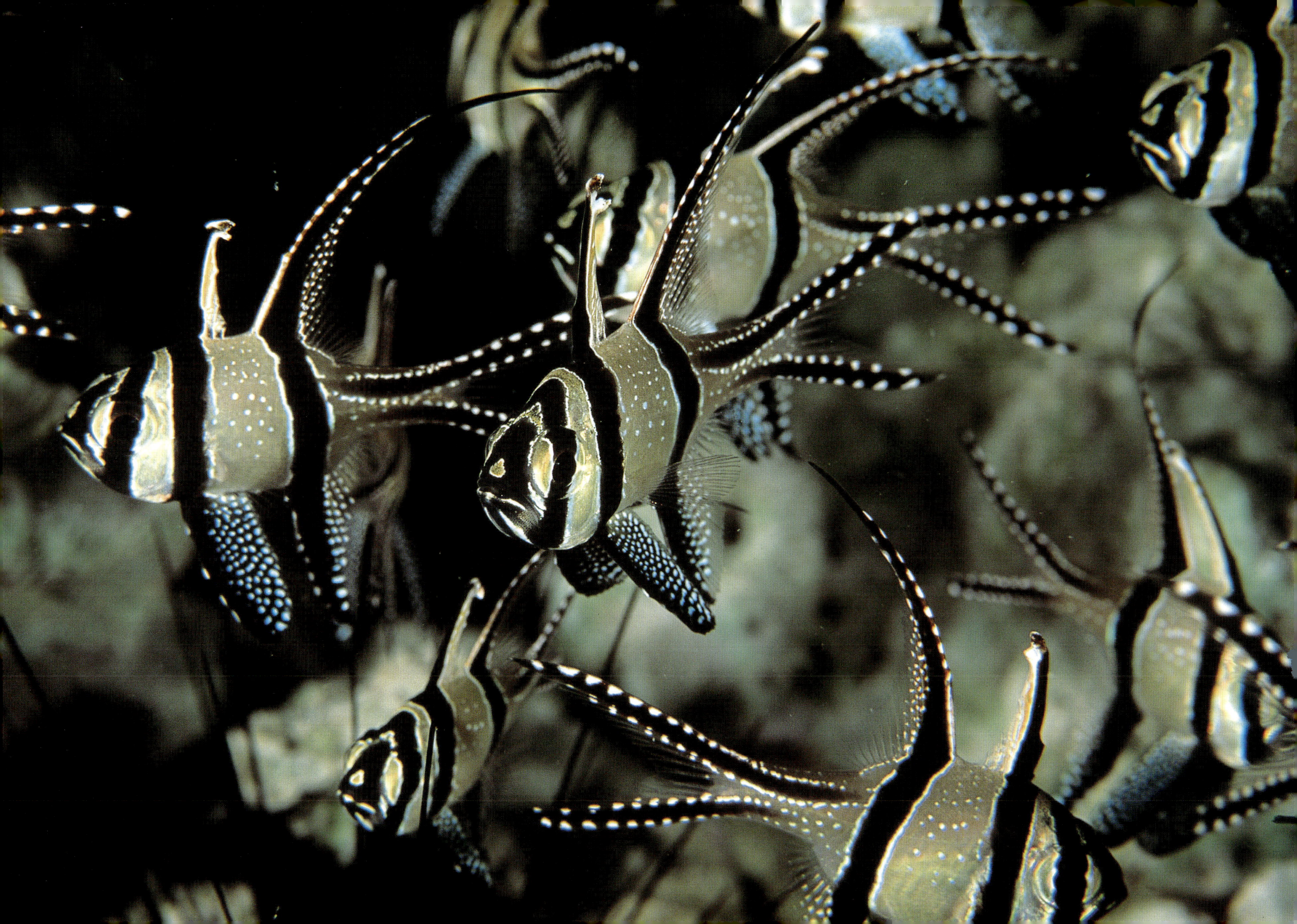

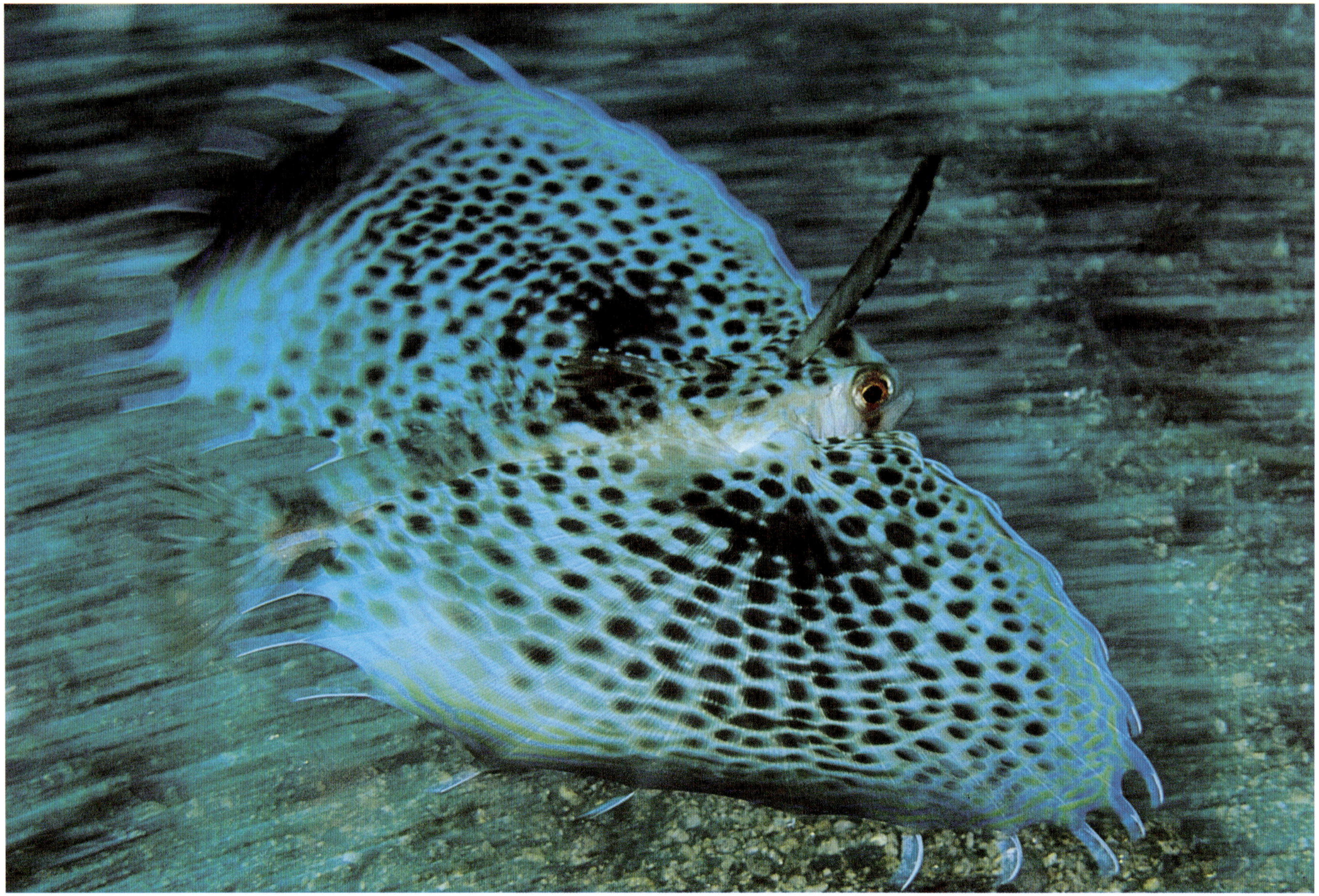

Pesce volante (*Dactyloptena orientalis*), Milne Bay, Papua Nuova Guinea, 1996

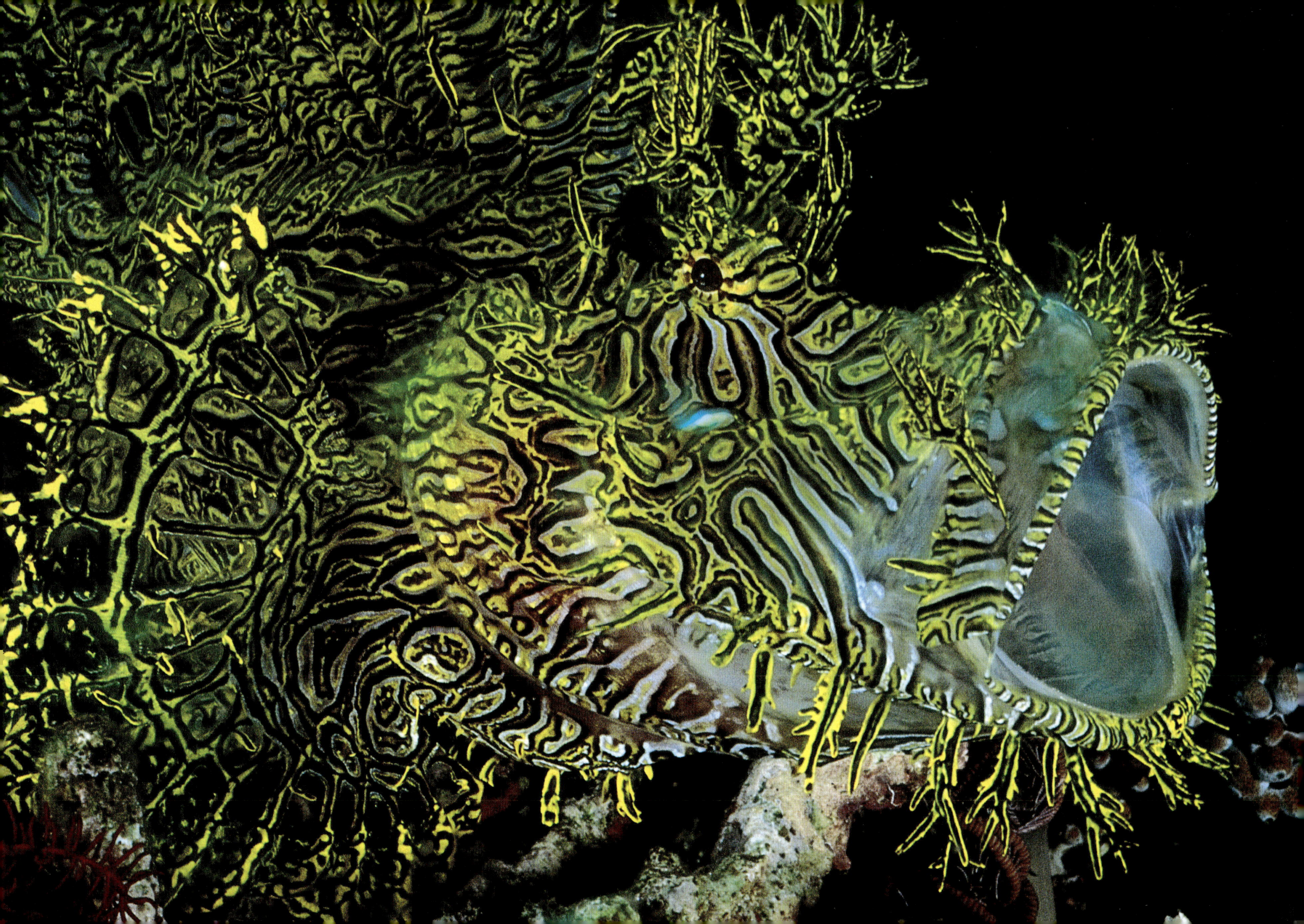

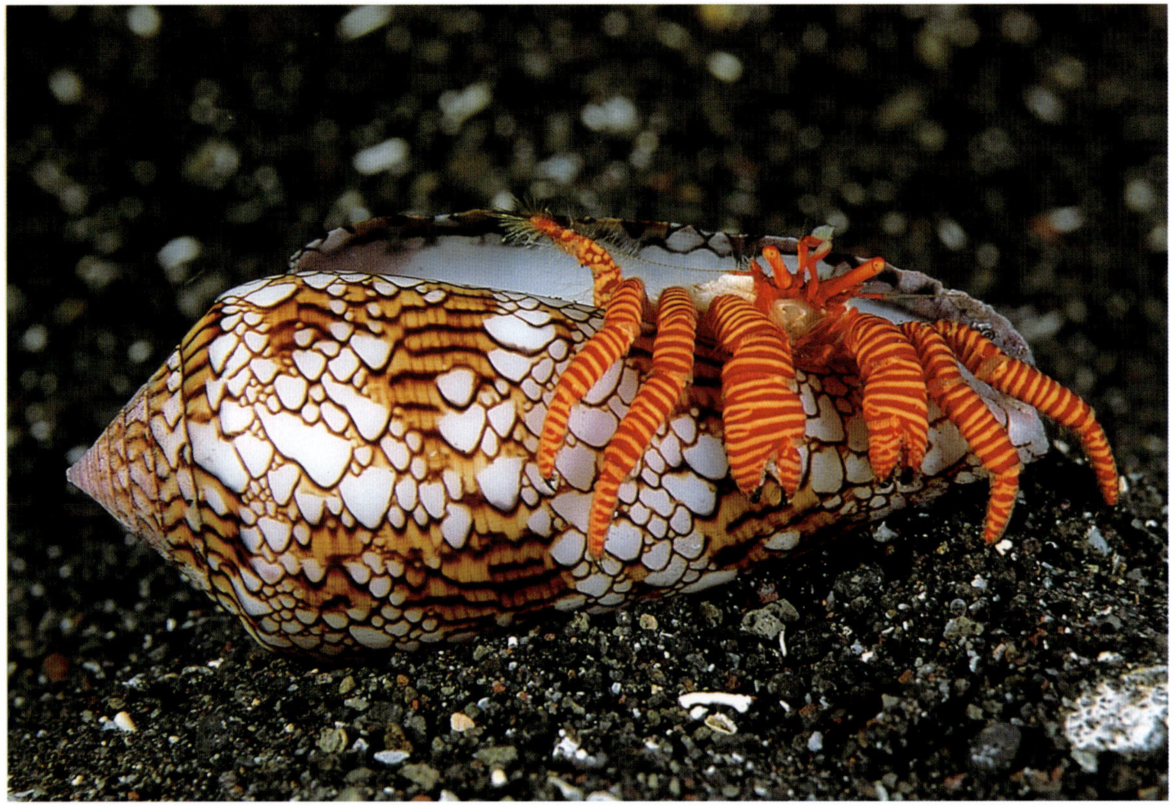

Paguro dalle chele arancioni, Bali, Indonesia, 1996

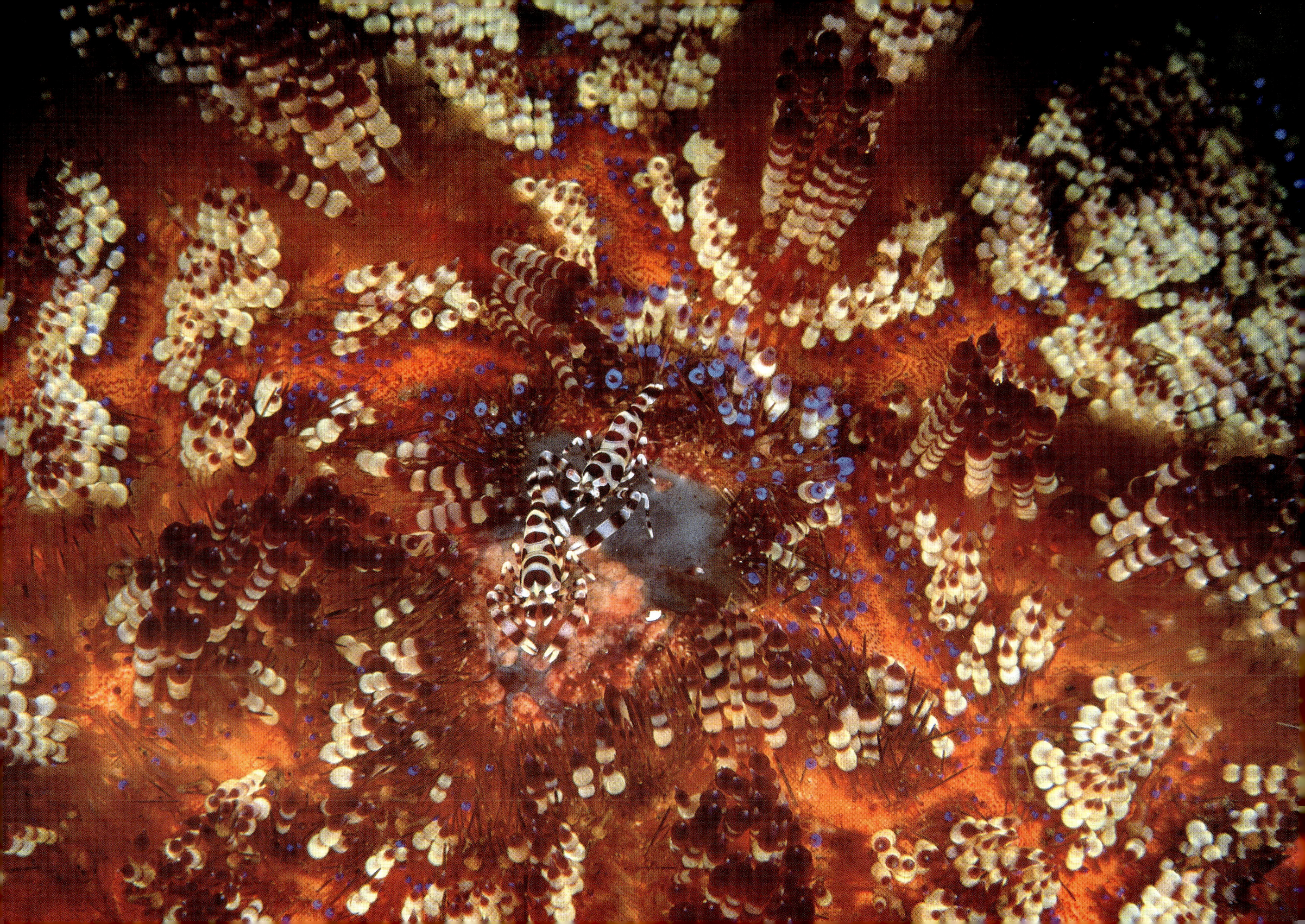

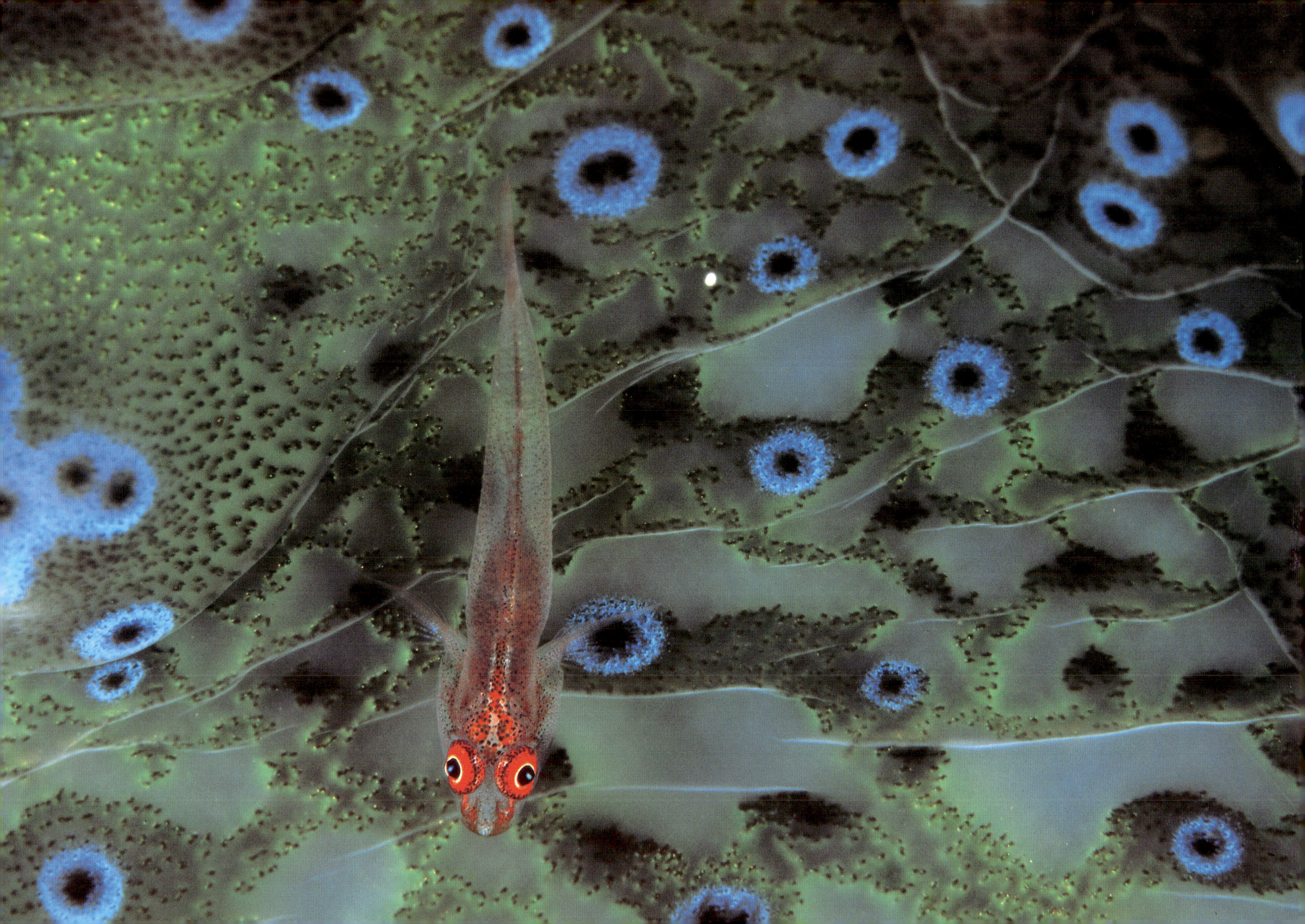

Ringraziamenti

Per un fotografo gli amici sono fondamentali; per questo vorrei ringraziare: l'immortale Gary Bell, Maurcio Handler, Asher Gal, Nicky Konstantinou, Burt Yates, Koji Nakamura, Rodney Fox, Howard Rosenstein, Dr Yehuda Melamed, Dinah e Bob Halstead, Jim Watt, Jim e Julie Robinson, Jay Ireland, Randy Davis, Ron Holland, Gary Myors, Jeff e Kevin Deacon, Sue Steere, Penny Pritchard, Tom Campbell, Peter Benchley e Richard Ellis. Per la consulenza scientifica: Dr Eugenie Clark, Dr William Hammner, Peggy Hammner, David Fridman (re del mar Rosso) e Karen Gowlett Holmes. Al *National Geographic*: Kathy Moran, Bill Allen, Bob Poole, David Jeffries, Kenj Yamaguchi, Connie Phelps, Kent Kobersteen, Al Royce, John Fahey, Robert Gilka, Tom Kennedy, Rick Clarkson, David Arnold e Bill Garrett. Un ringraziamento particolare a Jennifer S. Hayes.

Questo libro è dedicato alla mia famiglia: a mia moglie Anne, mia figlia Emily, mia sorella Jane Doubilet Kramer, mia nipote Rain Doubilet Kramer e alla cara memoria di mia sorella Ann e di mia madre Bobby Doubilet.

In copertina: Razza, Grand Cayman, Indie Occidentali, 1990
Quarta di copertina: Banco circolare di carangidi, Bali, Indonesia, 1999

Attrezzatura

La fotografia subacquea è un lavoro che dipende molto dall'attrezzatura. Le buone immagini sono il prodotto di una buona attrezzatura e chi si occupa della sua manutenzione, come il mio amico Joe Stancampiano, è un genio che sogna la realtà.

Le mie prime foto sono state scattate con una macchina Rolleiflex biottica, all'interno di una custodia subacquea Rolleimarin progettata originariamente da Hans Hass.

Lo sviluppo successivo fu la custodia "ocean eye" per la Nikon F, elaborata da Gomer McNeill e dal fotografo del *National Geographic* Bates Littlehales. Nel 1984 avevo cominciato a usare la custodia subacquea Aquavision Aquatica 3 per la Nikon F3. A questa fece seguito la Nikon F4 nella custodia Aquatica 4. Mi servo inoltre della custodia più piccola e leggera Nexus F4 e delle custodie della stessa marca per una macchina Nikon N90.

Gli obiettivi vanno dal Nikkor da 13 mm al micro Nikkor da 200 mm. Le lenti fondamentali sono la fisheye da 16 mm, la micro Nikkor da 60 mm e la micro Nikkor da 105 mm.

Come riflettori uso Sea + Sea YS300, YS200, YS150, YS120: sono lampade eccezionali. Uso anche riflettori small sonic research SR-2000 e lampade di aiuto. Un'illuminazione supplementare è ottenuta con lampade cinematografiche Giddings Pace HMI da 1200 Watt. Ho fatto ricorso a queste lampade per illuminare grotte, relitti e per il controluce, nonché, muniti di filtri ultravioletti, per la sezione sui coralli fluorescenti.

Pellicole: quando ho iniziato usavo principalmente Kodachrome 64, oggi Fuji Velvia 50 ASA, Provia 100 ASA e 400 ASA, e Kodachrome200.

Phaidon Press Limited
Regent's Wharf
All Saints Street
London N1 9PA

www.phaidon.com

Edizione italiana 2003

ISBN 0 7148 9763 9

Realizzazione dell'edizione italiana:
Durante & Zoratti, Colonia
con la traduzione dall'inglese di Paolo Zoratti

Stampato in Hong Kong